本田由紀 編

小山 治・椿本弥生・二宮 祐・
香川めい・河野志穂・久保京子・
松下佳代 著

文系
大学生は
専門分野で
何を学ぶのか

● 専門分野別習得度から考える

What Do Students Learn in
Each Discipline of the Humanities
and Social Sciences?

ナカニシヤ出版

目　次

序　章　大学教育での「学び」をいかに把握するか ———————— *1*
　　　　分野別参照基準に依拠した分野別の習得度項目を使用した調査の概要　本田 由紀・香川 めい

　　1　大学教育での「学び」をいかに把握するか　*1*
　　2　「習得度」項目の作成　*6*
　　　　2-1　分野別参照基準における「知識・スキル」の記述のされ方と位置づけ／
　　　　2-2　質問項目の作成プロセス
　　3　調査の概要　*9*
　　4　本書の構成　*11*

第Ⅰ部　専門分野別習得度を軸とした分析

第1章　「習得度」からみる専門教育の学習成果 ———————————— *19*
　　　　10 分野の習得度項目の回答結果　　　　　　　　　　　　　　本田 由紀

　　1　本章の目的：個々の専門分野で学生は何をどれほど学んでいるか　*19*
　　2　10 分野の習得度項目の回答結果　*20*
　　　　2-1　言語・文学／2-2　哲　学／2-3　歴史学／2-4　法　学／2-5　政治学／2-6　経済学
　　　　／2-7　経営学／2-8　社会学／2-9　社会福祉学／2-10　心理学
　　3　習得度項目の回答結果が示唆する専攻分野別の教育課題　*30*

第2章　専門分野別習得度と関連する大学教育とは何か ———————— *33*
　　　　何を考え、どのように学んだかという学習経験の重要性　　　　小山 治

　　1　問題設定　*33*
　　2　先行研究の検討　*35*
　　3　変数の設定　*37*
　　4　分　析　*39*
　　　　4-1　学部の偏差値・大学の成績と専門分野別習得度との相関関係／
　　　　4-2　専門分野別習得度の規定要因
　　5　結　論　*47*

第 3 章　専門分野の習得度は卒業後にどう影響しているか——————— 51
職業スキルおよび社会意識への影響を検討する　　　　　　　　　　本田 由紀

1　問題関心と仮説　*51*
2　変数・データ・分析方法　*53*
3　分析結果　*54*
　3-1　仮説 A に関する分析／ 3-2　仮説 B に関する分析
4　結論と考察　*59*

第 4 章　専門分野習得度と大学教育の有効性認識——————————— 65
パネルデータを用いた「学び習慣仮説」の再検討　　　　　　　　　椿本 弥生

1　問題と目的　*65*
2　分析 1：分野ごとの「習得度」と大学教育の有効性との相関［Wave1 〜 4 の推移］　*66*
　2-1　使用した変数、対象者、分析方法／ 2-2　分析 1 の結果と考察
3　分析 2：専門分野習得度と大学での学びの仕事への活用度の順序ロジスティック回帰　*71*
　3-1　使用した変数、対象者、分析方法／ 3-2　結果と考察
4　専門分野別の回帰モデルの検討　*74*
5　まとめと今後の課題　*77*

第 5 章　聞き取り調査の結果から見る人文社会系大学教育の職業的レリバンス——— 81
学問分野別の知識習得度項目に着目して　　　　　　　　　　　　　二宮 祐

1　はじめに　*81*
　1-1　本章の目的／ 1-2　大学から職業への移行に関する近年の先行研究／
　1-3　調査の概要／ 1-4　解釈の観点
2　仕事に関連すると認識される知識　*87*
　2-1　「関連がある」とされる仕事／ 2-2　言語・文学／ 2-3　歴史学／ 2-4　政治学／
　2-5　経済学／ 2-6　社会学／ 2-7　心理学
3　考察と課題　*101*

目　次　*iii*

第Ⅱ部　大学教育の諸側面

第6章　入試方法は大学での学びや成果とどう関連しているのか ――――――― *107*
　　「年内入試」利用者と「一般入試」利用者の違いに注目して　　　　　　　香川 めい

　　1　拡大する「年内入試」：一般入試とどう異なるのか？　*107*
　　2　データと変数　*109*
　　3　分析結果：入試方法によるさまざまな違い　*112*
　　　3-1　入試方法と大学受験経験／ 3-2　入試方法と大学での学び方／
　　　3-3　入試方法と能力評価
　　4　まとめ　*122*

第7章　大学時代のレポート学習行動は職場における経験学習を促進し続けるのか ――*127*
　　卒業後2年目までの追跡　　　　　　　　　　　　　　　　　　　　　　小山 治

　　1　問題設定　*127*
　　2　先行研究の検討　*129*
　　3　変数の設定　*130*
　　4　分　析　*132*
　　　4-1　全体像の確認／ 4-2　職場における経験学習の規定要因
　　5　結　論　*138*

第8章　大学の地域教育は出身大学所在地と居住地の一致の有無と関連するのか――― *141*
　　COC+ に着目した卒業後2年目までの追跡　　　　　　　　　　　　　　小山 治

　　1　問題設定　*141*
　　2　先行研究の検討　*144*
　　3　分析方法　*146*
　　　3-1　分析対象／ 3-2　分析手法と変数の設定
　　4　分　析　*147*
　　　4-1　出身大学の比較／ 4-2　COC+ 関連大学内での比較／
　　　4-3　考　察
　　5　結　論　*152*

第 9 章　職業資格の取得の規定要因は何か ———————————— 155
大学入学偏差に着目して
河野 志穂

1　はじめに　*155*
2　先行研究の検討と課題設定　*156*
3　どのような資格が取得されているのか　*158*
4　誰が資格を取得するのか　*162*
　4-1　使用する変数と基礎統計量／ 4-2　分析の結果と考察
5　おわりに　*169*

第 10 章　人文・社会系大学生の学習経験と進学行動 ———————————— 171
学部時代の経験に着目した大学院進学要因分析
久保 京子

1　問題設定　*171*
2　先行研究の検討と課題の設定　*172*
3　学部時代の経験・獲得された能力が進学行動に与える影響　*173*
　3-1　使用するデータ／ 3-2　使用する変数／ 3-3　分　析
4　人文社会系学生の進学決定時期と進学理由　*181*
　4-1　使用するデータ／ 4-2　インタビュー結果
5　まとめ　*187*

第 11 章　大学教育の質の把握に関する理論的検討 ———————————— 191
学生の習得度から何が見えるか
松下 佳代

1　本章の問題と目的　*191*
　1-1　大学教育の質とは何か／ 1-2　大学教育の質をどう把握するか／ 1-3　本章の目的
2　学生を通した大学教育の質の評価のタイプ　*193*
　2-1　タイプ分け／ 2-2　タイプごとの事例
3　習得度による大学教育の質の把握　*206*
　3-1　本研究の位置づけ／ 3-2　大学教育の質はどう把握されたか
4　おわりに　*209*

事項索引　*211*
人名索引　*214*

序 章	大学教育での「学び」をいかに把握するか

分野別参照基準に依拠した分野別の
習得度項目を使用した調査の概要

本田 由紀（1・3・4 節）＋香川 めい（2 節）

1 大学教育での「学び」をいかに把握するか

2022 年度の学校基本調査によれば、当該年度の大学学部卒業者約 59 万人のうち、「人文科学」分野の卒業者は約 8 万 5 千人、「社会科学」分野の卒業者は約 19 万 3 千人であり、合わせて約 27 万 8 千人が、いわゆる「文系」の大学教育を受けて卒業している。その割合は大学学部卒業者の 47％と、半数弱を占める。高校卒業者の大学進学率はすでに 50％を超えていることから、若年層の約 4 分の 1 は「文系」の大学教育を受けて仕事や大学院へと送り出されていることになる。

「文系」に限らず、多額の私的・公的費用と、個人にとって少なくとも 4 年間の時間が費やされる大学教育の内部において、何が学ばれており、それは社会と個人にとっていかなる意味を持つのかという問いは、長きにわたり国内外で多くの政策的・実践的・学術的な関心をひきつけてきた[1]。しかし、この問いに対して多様な理論的・実証的な把握の取り組みがなされてきたにもかかわらず、明らかにされたことはいまだきわめて少ない。いわば、大学教育の内実は、いまだにブラックボックスといってもよい状態にある。

「学校や大学は何を教えているのか」という問いに関する従来のさまざまな理論的な立場として、まず古典的な技術的機能主義は、大学教育を含む教育全般の普及拡大の要因を、産業や技術の発展に求めた（Davis & Moore 1945）。より高度な知識やスキルが必要とされるようになったため、それを供給するために教育機会や進学率の拡大が生じたという見方である。人的資本論（ベッカー 1976）も、教育を投資とみ

---

1) 関連する研究についての近年のレビューとして、多喜ら（2022）を参照。

2

なし、教育終了後の賃金増によってコストが回収できるという基本前提に立っており、教育を通じて有用な知識やスキルを得ることができると想定している。

それに対して、シグナリング理論やスクリーニング理論（Arrow 1973, Spence 1973, サロー 1984）は、教育は個々人の「能力」に応じた選抜を行うことにより、「訓練可能性」のシグナルを教育歴として提供しているにすぎないと論じた。また対応理論（ボウルズ & ギンタス 1986）、文化的再生産論（ブルデュー & パスロン 1991）、葛藤理論（コリンズ 1984）は、それぞれ細部は異なるが、教育を社会階層との関連で捉えるという点では共通している。一方、近年のスキル偏向的技術進歩（Skill Biased Technical Change: SBTC）論（Goldin & Katz 2008）は、技術変化の特性から教育の効用を説明するものであり、技術的機能主義の再興という性格を帯びている。

こうした従来の諸理論の多くは、推測や解釈により教育の機能や教育機会拡大の原因を説明することに主眼が置かれており、個別の教育機関の教育内容や方法が詳細に吟味されていたわけではない。

同様のことは、日本で 1970 ～ 80 年代にさかんであった学歴社会論についてもあてはまる。学歴社会論は、学校段階という意味での学歴に加えて、出身大学の特性（入試難易度、設置者など）が就職先の企業規模やその後の職業的地位、収入などをどの程度規定しているかについて繰り返し検証してきた（小池・渡辺 1979, 竹内 1981 など）。また、ここに出身階層を加えて、教育歴に媒介された階層の流動化や再生産がどのように発生しているかを検討する研究も、社会学・教育社会学の中核的テーマとして国内外でおびただしい蓄積がある。これらの学歴社会論や社会階層研究においては、大規模質問紙調査や人事記録などのデータを使用して実証的な検証が行われてきたが、「学校や大学は何を教えているのか」「人びとは大学などの教育機関で何を学んでいるのか」という問いについては、踏み込んだ検討を行なってこなかったといえる。

他方で、とくに近年において各国で「教育の質」とりわけ「大学教育の質」への関心が高まるにともない、大学を含む教育の内実や効果の計測に取り組む調査研究や施策が世界的に広がってきている。それらは各々の目的に応じて、「教育の質」や「何が学ばれているのか」に関する多様な指標を採用してきた。主に大学教育を対象とする従来の主要な指標としては以下が挙げられよう [2]。

① 大学や学部別の中退率、卒業率、就職率、卒業生の賃金水準など（英国の

---

2) 既存研究の整理については本田（2018）の第 1 章も参照。

大学教育評価制度（Teaching Excellence Framework：TEF）など）

② 個々の学生の成績（GPA、優の数など）

③ 個々の学生に対する質問紙調査により学習態度や学習経験、教育への満足度や意義の実感をたずねるもの（英国の全国学生調査（National Student Survey：NSS）、日本の文部科学省が試行してきた全国学生調査など）

④ 学生や卒業生に対する質問紙調査により仕事の状況や社会意識などをたずねるもの（個別の調査研究など）

⑤ 学生や卒業生に対して実施したテスト結果（OECD の国際成人力調査（Programme for the International Assessment of Adult Competencies：PIAAC）、アメリカの Collegiate Learning Assessment（CLA）、Collegiate Assessment of Academic Proficiency（CAAP）、Measure of Academic Proficiency and Progress（MAPP）、ブラジルの National Student Performance Examination（ENADE）、学問分野別の検定試験など）

　多くの研究では、これら①〜⑤のなかから複数の指標を使用し、いずれかを独立変数、いずれかを従属変数とするかたちで影響関係の分析が行われている。

　たとえば国内でよく知られている「学び習慣仮説」（矢野 2009）は、学生時代の学習や読書への積極性（③）が、卒業後のそれらを介して収入（①）に影響していることを指している。また、Araki（2020）は、PIAAC データ（⑤）を使用して学歴とスキルのそれぞれが収入（①）に及ぼす影響に関して国際比較を行なっている。本書のプロジェクトの前身の成果である『文系大学教育は仕事の役に立つのか』（本田 2018）は、追跡調査により①〜④を組み合わせて多角的な分析を加えたものである。

　しかし、こうした大学での学びの内容や成果、質や水準を把握するための従来の実証研究にはそれぞれ制約がともなっており、それは使用されてきた指標が持つ限界を反映している[3]。

　いうまでもなく、上記①の指標は外形的なものであり、学びの内実を直接に把握してはいない。②の指標は個々人の達成を相対的に捉えることはできるが、やはり個々人が習得した具体的な知識やスキルの内容には迫っておらず、また教育機関やその下位組織、大学教員によって成績評価の厳密さには相違がある。③および④の指標は回答者の主観に左右される面が大きいことに加えて、満足度や意義の実感は

3）従来の研究の詳細な整理は本書の終章にあたる第 11 章を参照されたい。

「何をどれほど学んだか」についての情報を伝えるものではない。⑤はテストにより直接習得した知識やスキルを計測している点で強みがあるが、大学教育の多様性に照らして、テストという画一的な形式が適合しているか、テスト項目が妥当であるかについては疑問や検討の余地が大きく残されている。

これらの指標の多くに共通する欠点は、「学問分野」という視角が希薄であることである。いうまでもなく、大学教育の内部にはきわめて多様な分野が含まれる。学際的な教育はかつてよりも広がってはいるが、それでも大学教育の下位組織や個別の授業で教授されているのは、個々の学問分野のなかで蓄積・発展してきた理論や概念、方法論、そして対象に関する知識が主軸である。大学教育がこのように運営されているからには、こうした「＊＊学」のそれぞれに即して、求められる知識やスキルを設定し、それらを学生が実際にどれほど習得しているかを検討する必要がある。

しかし、従来の指標の多くは、GPA など相対的な達成の上下や、ジェネラルなスキルの（しばしば主観的な）把握に留まってきた。読解力、数的思考力、問題解決力を計測する PIAAC はジェネラルな指標の典型である。ただし、⑤の指標のなかには、学問分野別に実施されているケースが含まれる（CAAP, MAPP, ENADE, 検定試験など）。しかし、とくに日本においては、学問分野別の検定試験がすべての分野で実施されているわけではなく、また検定試験の結果データは公開されていないため、大学在学中および卒業後の学習や仕事の状況など、他の変数と結びつけて分析することは不可能な状況にある。

以上に述べてきた現状をふまえ、本プロジェクト[4] では、人文・社会科学系の学問分野から 10 の分野（言語・文学、哲学、歴史学、法律学、政治学、経済学、経営学、社会学、社会福祉学、心理学）[5] を選定し、分野別の「習得度」項目を独自に作成したうえで、調査協力が得られた大学学部の最終学年に在学する学生に対して調査を実施した。この習得度項目はテストではないが、個別の学問分野を専門と

---

4) 本プロジェクトは以下の科学研究費助成事業に基づいて実施されたものである。研究種目：基盤研究（A）（一般）、研究機関：2018-2022、課題番号：18H03657、研究課題名：「大学教育の分野別内容・方法とその職業的アウトカムに関する実証研究」、研究代表者：本田由紀

5) 10 分野の選定は、本プロジェクトが開始した 2018 年時点で後述の「参照基準」がすでに作成され公開されていたということ、専門家から「習得度」項目について承認が得られたこと、その分野を専攻する大学生が一定規模に達すること、という基準による。

する者が身につけるべき具体的な知識とスキルを質問項目に落とし込んだものである。次節で詳述するように、習得度項目は、日本学術会議がこれまでに作成してきた各学問分野の「大学教育の分野別質保証のための教育課程編成上の参照基準」（以下、「参照基準」と略記）[6]に依拠している。

　本プロジェクトがこの習得度項目に取り組んだのは、前身のプロジェクトにおいては人文社会科学内部の各個別学問分野における学習の実態（さまざまなタイプや方法による授業の割合、レポート執筆経験、ゼミのあり方、卒業論文のあり方など）や、大学での学習経験が卒業後の職業生活にどのように関連しているかについては、分野間の相違を念頭に置いてかなり詳細な分析を加えたものの、「それらの分野で学生がどのような内容をどれほど身につけているのか」という根幹の問いについては取り組めていなかったという反省からである。

　他方で、日本学術会議の「参照基準」は、大学教育の質保証に役立てることを目的として、各分野の第一人者からなる委員会により膨大な人員や時間を投入して作成されてきたが、その「参照基準」に記載された個々の学問分野の特性や学ぶべき内容が、実際の大学教育にどれほど即しているかは不明であり、また大学の教育現場でもそれほど活用されていない。

　それゆえ、この「参照基準」から項目を切り出し、大学最終学年段階での習得度を把握したうえで、卒業後の職業生活や意識と結びつけて分析するということが本プロジェクトの目指した研究であった。2018 年から 2022 年まで、5 年間をかけて実施してきた独自の調査結果が何を明らかにしてきたかを紹介することが本書の目的である。

　日本では、とくに「文系」の大学教育は仕事の役には立たないという通説がいまだ広く見られる。そうした通説に乗ずるかたちで、文系分野の「廃止・縮小」の圧力が政界から生じたり、理系の学生に対して優先的に修学支援がなされたりする状況もみられる。総じて「文系」への蔑視のようなものが社会のなかにただよっている。しかし、「文系」であっても、それぞれの学問分野は歴史のなかで彫琢され発展してきたものであり、その知見や方法は広く人間と社会のあり方に関する知識やスキルと密接に関わっている。そして、個々の学生が大学在学中に専攻し多くの授業に出て学んだ「文系」各分野の内容は、その後の社会生活にさまざまなかたちで

---

6) 日本学術会議が作成した「参照基準」については、以下のサイトですべて公開されている。〈https://www.scj.go.jp/ja/member/iinkai/daigakuhosyo/daigakuhosyo.html（最終確認日：2024 年 12 月 24 日）〉

影響していないはずがない、ということが、本プロジェクトの中心的な仮説である。それに加えて、どのような要因が各分野の習得度を高めるのか、「習得度」以外に卒業後の生活に影響する要因はいかなるものがあるのか、といった問いに対しても、本書の各章ではそれぞれの切り口から取り組んでいる。

　以下、本章では、次節において「参照基準」から習得度項目をどのように作成したかを説明し、第3節では実施した調査の概要を述べる。第4節では本書の構成と、各章の主な分析内容、およびその結果を概説する。

2 「習得度」項目の作成

■ 2-1　分野別参照基準における「知識・スキル」の記述のされ方と位置づけ

　上述のように本プロジェクトでは、「大学教育の分野別質保証のための教育課程編成上の参照基準」の記載内容に基づいて、分野別に習得度に関する質問項目を作成した。個々の「参照基準」は日本学術会議の専門分野の下におかれた分科会が作成したものであるが、ここで、「参照基準」が作成されるに至った経緯を簡単に振り返っておく。

　2008年5月、大学教育の質保証のあり方について審議するよう文部科学省高等教育局から日本学術会議に要請があった。これを受け日本学術会議は課題別委員会「大学教育の分野別質保証の在り方検討委員会」を設置した。この委員会での計4回の審議を経て、その下に三つの分科会[7]を設置し、さらに具体的な検討を行なった。これら三つの分科会の審議結果を取りまとめたのが、2010年8月に文部科学省に提出された報告書「大学教育における分野別質保証の在り方について」である。同報告書のなかで、分野別の質保証の枠組みとしての参照基準の策定が提案されたのを受け、日本学術会議は「参照基準」の作成を進めることとなった（日本学術会議2010, n.d.）。専門分野ごとに分科会が組織され、これまでに33の「参照基準」が作成されている。なお本研究プロジェクトでは、前節で示した10分野を対象とした。選定にあたって、本プロジェクトが開始した2018年時点で後述の「参照基準」がすでに作成され公開されていたことと、専門家から「習得度」項目について承認が得られたことに加え、公的統計において、その分野を専攻する大学生が一定規模に達

7）「質保証枠組み検討分科会」「教養教育・共通教育検討分科会」「大学と職業との接続検討分科会」の三つである。

しているか否かを基準にした。

　分野によって記述の仕方や分量に相違はあるものの、「参照基準」は基本的に以下の4項目で構成されている（日本学術会議 n.d.）。

1.　分野の定義・特性
2.　すべての学生が身に付けることを目指すべき基本的な素養
3.　学習方法及び学習成果の評価に関する基本的な考え方
4.　市民性の涵養をめぐる専門教育と教養教育の関わり

　このなかで、知識やスキルに関連するのは二つ目、「すべての学生が身に付けることを目指すべき基本的な素養」である。「参照基準」では、この「基本的な素養」をさらに三つの項目に分けて記述している。一つ目が分野の学びを通じて獲得される基本的な「知識と理解」、二つ目が基本的な知識と理解を活用して発揮される「能力」、そして三つ目が分野固有の知的訓練を通じて獲得される「ジェネリックスキル」である。

　参照基準の「解説」では、「基本的な素養」について「各分野の定義・特性との関係を重視しつつ、専門的な知識や能力を数多く列記することは避け、［…］基礎・基本となるものに絞り、一定の抽象性を持たせた形で記述することとしています」（日本学術会議 n.d.）と述べている。さらにこの「基本的な素養」は「各分野の教育が目指すべき「理想」として構成されるもので、一律に達成すべき最低基準（threshold）のようなものとは異な」（日本学術会議 n.d.）るとも指摘している。したがって、「参照基準」は、高度な専門性を学生が身につけるべきものとしては求めておらず、さらに知識・能力を網羅的に列記するのではなく、基礎・基本となるものに厳選している。その記述にあたっては、具体的ではなく、抽象的な表現が用いられているという特徴がある。「基本的な素養」は、上述の三つの下位カテゴリーに分けて記述されているが、基礎・基本的という表現を用いつつも、そこに列挙される内容は、すべての学生が達成すべきゴール、もしくは最低基準ではなく、「理想」であると位置づけている。

■ 2-2　質問項目の作成プロセス

　このように「参照基準」は、各分野で獲得されることが「理想」的な基礎・基本の知識、能力について記述したものである。しかし、その記述の抽象度は高く、具

体性が求められる調査票の質問項目に、記述内容をそのまま用いることはきわめて困難であった。そこで本プロジェクトでは，以下のようなプロセスで質問項目を作成した。まず、「参照基準」の記述を分解し、質問になりそうな箇所を抽出した。そのうえで、そのエッセンスをくみ取り、文章から質問文の当初案を作成した。この当初案を各学問分野の専門家に見せ、意見やコメント、修正案を求め、中間案を作成した。専門家に意見を求めたのは、質問文の作成者は必ずしもその分野の専門家でなく、抽象的な表現を具体的な表現にする際に、適切な文言や表現を用いなかった可能性があったためである。その後で、中間案に対し、学術会議の各分野の委員にも意見やコメントを求め、改訂を経たうえで、最終的な質問文とした。

　イメージを具体化するため、質問項目の作成手順について、経済学分野を事例に説明する。経済学分野の「参照基準」では、基本的な知識の例として以下の 10 の具体的な概念が挙げられていた。具体的には、①市場経済システム、②需要と供給、③市場の均衡と不均衡、④国民経済計算体系、⑤経済成長と景気循環、⑥機会費用、⑦「限界」概念、⑧インセンティブ、⑨戦略的行動、⑩不確実性と期待、であった。経済学分野の「参照基準」では、これらの概念が簡単に定義されており、質問文はこの定義をベースに作成された。たとえば、②需要と供給は、「市場で行われる売買には財・サービスの需要者と供給者の存在が必要であり、需要者が求める需要量や供給者の提供する供給量の大きさは、主として市場価格に反応して決められる。したがって市場における価格の役割が重要である」(日本学術会議経済学委員会経済学分野の参照基準検討分科会 2014：7) と定義されていた。この定義をもとに、当初案として「市場において価格はどう決まるのか」という質問文を作った。二人の経済学分野の専門家に意見を求め、一人からは元の文章の文言と質問文の間の意味のズレを指摘され、もう一人からは、価格に括弧をつけて「価格」とすることを提案された。これらの意見をふまえ、中間案では「市場において、需要量と供給量が「価格」を通じてどう決まるのかを説明できる」に修正した。その後、学術会議の委員などの意見をふまえ、最終的には「市場における需要量と供給量の決定や「価格」の役割についての知識・理解が身についている」という質問文になった[8]。

　同様の手順を経て 10 の分野の習得度の質問を作成したが、調査票には習得度以外の設問も数多くあったので、各分野の習得度項目に関する設問の数は 10 を上限

---

8) 選択肢は「とてもあてはまる」「ある程度あてはまる」「あまりあてはまらない」「まったくあてはまらない」の 4 件法。

序　章　大学教育での「学び」をいかに把握するか　　9

とした。この際、上述の「基本的素養」の三つの下位カテゴリーのバランスだけで
なく、文言の明晰さも勘案して選定を行なった。

3　調査の概要

　表0-1に、本プロジェクトで実施した調査の概要をまとめた。

　追跡調査の第1波調査は、2019年10月から2020年1月にかけて実施した。本
プロジェクトは、日本学術会議が作成した「参照基準」を活用していること、習得
度項目の確認に日本学術会議第一部会員・連携会員（当時）からの協力を得たこと、
調査実施に対して日本学術会議第一部からの後援を得られたことなどにより、日本
学術会議第一部会員（2018年当時）が所属する大学をリストアップしたうえで、調
査の主眼となっている10分野を専攻する学生が一定規模で在学していると判断さ
れる学部を選定し、学部長に対して学生への調査協力依頼を告知することへの協力
依頼を行なった。協力が得られた全国50の学部では、それぞれ最終学年に在籍す
る学生に対して、メーリングリストや学内授業情報システム、ポスター掲示などの
方法で、調査画面のQRコードをご提示いただき、それに加えて学生に任意での協
力を呼び掛けていただいた。

　その結果、第1波調査では1082の有効回答が得られたが、10分野に分割すると
ケース数が少なくなる分野が生じたため、翌年度に第1波追加調査として、対象学
部を拡大する形で同じ調査票により調査を実施した。第1波追加調査で得られた有
効回答は1705となり、第1波調査と合わせて2787ケースが確保され、10分野に分
割した分析がかろうじて可能となった。ただし、後述の表0-2に示すように、各分
野のケース数にはばらつきがあり、分析によっては一定のケース数が確保された分
野のみを対象とせざるをえない場合も生じている。なお、第1波追加調査を実施し
た2020年度は、新型コロナウイルス感染症の拡大により緊急事態宣言が複数回に
わたって発せられ、大学教育の大半がオンラインなどにより実施されるようになっ
ていたという点で、第1波調査の2019年時点とは状況が異なっていた。調査結果
の検討からは、第1波追加調査は第1波調査と比べてむしろ学習への取り組みや自
己評価がやや高いという結果が見られたが、大勢としては顕著な相違が見られなか
ったことから、両調査を合わせたサンプルで分析して問題ないと判断し、念のため
に調査年をコントロールするというかたちで分析を進めた。

　第1波調査・第1波追加調査の回答者のなかで、翌年以降の追跡調査に協力する

10

表 0-1　調査の概要 [9]

	第 1 波調査 (2019 年度)	第 1 波追加調査 (2020 年度)	合計
調査対象	日本学術会議第一部会員・連携会員の勤務先学部の中から調査に協力が得られた全国 50 の文系学部 4 年生	第 1 波調査対象学部、COC ＋対象学部、某地域コンソーシアムに含まれる学部に依頼し、調査協力が得られた 99 学部の文系学部 4 年生	
調査方法	各学部事務より学生メーリングリスト等で調査画面 URL を通知し回答依頼	同左	
実施期間	2019 年 10 月〜2020 年 1 月	2020 年 11 月〜2021 年 1 月	
ケース数	1082	1705	2787
うち、10 分野に含まれるケース数			2119

	第 2 波調査 (2020 年度)	第 2 波追加調査 (2021 年度)	合計
実施期間	2020 年 11 月〜2020 年 12 月	2021 年 11 月〜2021 年 12 月	
ケース数	663	838	1501
うち、10 分野以外のケースおよび欠損値があるケースを除外したケース数			1023

	第 3 波調査 (2021 年度)	第 3 波追加調査 (2022 年度)	合計
実施期間	2021 年 11 月〜2021 年 12 月	2022 年 10 月〜2022 年 12 月	
ケース数	520	669	1189
うち、10 分野以外のケースおよび欠損値があるケースを除外したケース数			946

	第 4 波調査 (2022 年度)		
実施期間	2022 年 10 月〜2022 年 12 月		
ケース数	424		
うち、10 分野以外のケースおよび欠損値があるケースを除外したケース数			348

---

9) 第 1 波調査および第 1 波追加調査の対象学部の総定員数を分母とし、各調査の回答者数を分子として、疑似的な回収率を計算すると、第 1 波調査は 6.8％、第 1 波追加調査は 6.3％となる。各学部長に依頼し、学部事務から学生メーリングリストなどで告知をしてもらうという方法においては回答するか否かの学生の自由度が高いため、回収率は低水準にとどまった。

序　章　大学教育での「学び」をいかに把握するか　*11*

表 0-2　第 1 波調査・第 1 波追加調査のサンプル構成

	言語・文学	哲学	歴史学	法学	政治学	経済学	経営学	社会学	社会福祉学	心理学	その他
所属学部数	60	20	41	27	24	35	32	57	25	42	83
女性比率	74.4%	56.7%	58.3%	47.1%	40.4%	33.5%	47.0%	69.3%	78.6%	79.1%	71.1%
平均偏差値	56.2	60.4	55.8	60.6	61.5	54.6	52.4	57.1	49.3	54.0	50.6
ケース数	598	67	192	240	89	230	181	270	70	182	668

意向を回答した対象に対して、それぞれの翌年に追跡調査画面の URL をメール送信し、回答を依頼した。第 2 波調査・第 2 波追加調査は対象者の卒業後 1 年目にあたる。同様にして、卒業後 3 年目までを追跡した。第 3 波・第 4 波のケース数なども表 0-1 に示した。

　表 0-2 には、第 1 波調査・第 1 波追加調査の合計サンプルのなかで、本研究が対象とする人文社会科学系 10 分野を自身が専攻していると答えたケース数と、所属学部数、女性比率、所属学部の偏差値[10] の平均を示した。

　なお、本プロジェクトでは 2022 年度に、第 3 波調査の回答者のなかで同意を得られた対象に対してインタビュー調査も実施した。その結果は第 5 章に盛り込まれている。

4　本書の構成

　この序章に続く本書は、習得度を重要な変数として取り扱った五つの章からなる第 I 部と、習得度を考慮しつつも大学教育にまつわる多様なトピックを取り上げた五つの章および本プロジェクトの特徴を研究動向のなかに位置づけて考察した終章から成る第 II 部により構成されている。

　第 I 部の冒頭の第 1 章では、本プロジェクトの独自変数である習得度の回答傾向を分野別に紹介し、10 個の専門分野のそれぞれにおいて習得度項目間での習得の度合いの相違を検討している。

　第 2 章では、習得度を従属変数とし、その高低に影響する要因を、多変量解析により包括的に分析している。主要な知見は、習得度が授業の性質や学習時間よりも、学生の学習経験（何を考え、どのように学んだか）に影響されている面が大きいということである。ここから本章では、学生の学習経験そのものを高める仕組みの必

10）河合塾による 2020 年度の学部別「ボーダー偏差値」をデータ入力した。

要性を提起している。

　第3章では、習得度を独立変数の一つに位置づけ、卒業後1年目のジョブスキルと新自由主義肯定意識を従属変数として、他の多数の変数をコントロールしたうえで影響関係を検討している。総じて、習得度の高さはジョブスキルを高め、新自由主義肯定意識を低下させる傾向があるが、そうした影響関係は分野によっても異なることが確認された。この結果は、専門分野をしっかり習得することが、大学卒業後の生活にも影響することを示唆している。

　第4章では、やはり習得度を独立変数とし、卒業後の大学教育の有効性認識（大学での学びを仕事に役立てているか否か）への影響を、卒業後3年目まで追跡的に検証している。その結果、習得度の高さは大学教育の有効性認識を高めること、その関連は卒業後1年目よりも2年目、3年目の方が強くなること、いつの時点でその関連が高まるかは分野によって相違があることが見出された。本章の知見も、大学で専門分野を十分に学ぶことにより、卒業後の仕事に活かせることを意味している。

　第5章では、大学在学時の質問紙調査における習得度への回答を、卒業後3年目に実施したインタビュー調査の結果と照らし合わせて分析している。調査対象者の大半は、大学在籍時に自らの習得度が高いと回答した個別項目を、卒業後の仕事における具体的な課題や対人的な交渉などの場面で活かしているとインタビューで語っていた。その活かし方の内実は専門分野間で多様であり、専門分野に関して大学在学中に身につけた知識やスキルが、卒業後の仕事にどのように活かされうるかを、本章は質的調査を通じて描き出している。

　続く第Ⅱ部では、大学教育をめぐって政策的・実践的・学術的に注目されているさまざまなトピックを各章で取り上げ、本プロジェクトのデータを用いて分析している。

　第6章は、近年増加している、AOや推薦などいわゆる「年内入試」で大学に入学した者（その内部をさらに「一般推薦＋AO」と「指定校推薦＋附属校」に分割している）と、筆記試験による「一般入試」（「一般＋センター試験」）で大学に入学した者のそれぞれが、いかなる大学生活を送っているかを検討している。主な知見としては、「一般＋センター」は入学した大学学部への志望度が最も低く、大学生活や勉学への取り組み方も消極的であるのに対し、「一般推薦＋AO」は志望度や積極性のいずれも高く、「指定校＋附属校」は志望度は相対的に高いが積極性は必ずしも高くないという相違が見られた。一方、大学教育を通じて何を身につけたかについては、入試方法による相違よりも入学前・入学後の取り組み方に影響されている面

が大きいことも確認された。

　第7章では、大学在学中のレポート学習行動に注目し、そのあり方が卒業後の職場における経験学習（環境との相互作用を通じて個人が変化してゆくプロセス）と関連しているかについて検証した。レポート学習行動は、学術的作法、第三者的思考、情報収集・整理という三つの要素から成り、そのなかでも学術的作法（問い、結論、主張、根拠などを明確にすること）が、卒業後1年目だけでなく2年目においても経験学習と有意に関連していることが見出された。

　第8章は、大学在学中の地域学習が、卒業後に大学所在地に居住し続けるという行動を促進するか否かについて分析を加えている。文部科学省による「地（知）の拠点大学による地方創生推進事業」の代表大学・参加大学であるか否か、またそれらの大学の学生のなかで地域教育を受けた度合いにより、居住地に相違があるかを検討したところ、相違があるとはいえない結果となった。これは、政策の有効性に対する問いかけにつながる結果である。

　第9章は、大学在学中および卒業後の職業資格取得に影響する要因を検討している。大学在学中の資格取得には、専門分野、学業成績、就職先業種などが影響しており、卒業後の資格取得に対しては、初期には職場の教育訓練が影響するが、卒業後に時間を経るほど自己啓発の度合いとの関連が強まる。注目すべきは、入試難易度（偏差値）が高い大学の学生は、在学中には資格取得をしない傾向にあるが、卒業後には資格取得傾向が強まるという結果が見出されたことである。

　第10章は、大学学部卒業後の大学院進学に注目し、誰が大学院に進学するのかを、質問紙調査とインタビュー調査を合わせて分析している。計量的分析からは、大学での学業成績や、授業で学ぶ内容を授業以外や自分自身と関連づけて考えるような学び方が、大学院進学と関連していた。インタビュー調査からは、大学院進学理由として学問を深めることだけでなく、キャリアや資格取得にとって修士号が有益であることも挙げられていた。日本では「文系」の大学院進学者が国際的に見ても少ないことが課題となっている現状に対して、いかなる方策がありうるかを本章は提案している。

　終章にあたる第11章では、大学教育の「質」を把握しようとする近年のさまざまな試みをマッピングしたうえで、そのなかで本プロジェクトの独自性である習得度という指標がどのような特徴を持つものとして位置づけられるかを整理している。分野別の間接評価である習得度という指標は、他に類例が無いものであり、間接評価であることにともなう限界も含むものの、「参照基準」に依拠して、汎用的・一般

的スキルよりも解像度を上げたかたちで「質」を把握しようとする本プロジェクト
は少なからぬ意義を持つと結論づけられている。

　本書及び、本書のベースになっている研究プロジェクトは、なによりも、継続的
に質問紙調査にご回答くださり、一部はインタビューにも対応してくださった、回
答者の方々のご協力なくしては成立しなかった。心より感謝している。

　また、調査の実施にいたる過程で、習得度項目にご意見をいただいた各分野の専
門家の方々や、学生への調査の告知をお引き受けくださった各学部の学部長および
事務ご担当者のみなさまにも、お忙しいなかでのご協力をいただいた。ご助力くだ
さったすべてのみなさまに対して、御礼を申し上げる。

【文　献】

小池和男・渡辺行郎, 1979, 『学歴社会の虚像』東洋経済新報社

コリンズ, R., 1984, 新堀通也監訳, 大野雅敏・波平勇夫共訳, 『資格社会——教育と階層の歴史社会学』
　　東信堂 (Collins, R., 1979, *The Credential Society: An Historical Sociology of Education and
　　Stratification*, Academic Press.)

サロー, L. C., 1984, 小池和男・脇坂明訳, 『不平等を生み出すもの』同文舘出版 (Thurow, L. C.,
　　1975, *Generating Inequality: Mechanisms of Distribution in the U.S. Economy*, Basic Books.)

多喜弘文・荒木啓史・森 いづみ, 2022, 「「教育と階層」領域における計量的比較研究——国内外の研
　　究をめぐる分断状況を超えて」『教育社会学研究』110, 307–348.

竹内洋, 1981, 『競争の社会学——学歴と昇進』世界思想社

日本学術会議, 2010, 「回答　大学教育の分野別質保証の在り方について」日本学術会議 〈http://
　　www.scj.go.jp/ja/info/kohyo/pdf/kohyo-21-k100-1.pdf (最終確認日：2024 年 2 月 13 日)〉

日本学術会議, n.d., 「大学教育の分野別質保証のための教育課程編成上の参照基準について (解説)」
　　日本学術会議 〈https://www.scj.go.jp/ja/member/iinkai/daigakuhosyo/pdf/kaisetsu.pdf (最
　　終確認日：2024 年 2 月 13 日)〉

日本学術会議経済学委員会経済学分野の参照基準検討分科会, 2014, 「報告　大学教育の分野別質保
　　証のための教育課程編成上の参照基準——経済学分野」日本学術会議 〈https://www.scj.go.jp/
　　ja/info/kohyo/pdf/kohyo-22-h140829.pdf (最終閲覧日：2024 年 2 月 13 日)〉

ブルデュー, P., & パスロン, J. C., 1991, 宮島喬訳, 『再生産——教育・社会・文化』藤原書店
　　(Bourdieu, P., & Passeron, J. C., 1970, *La Reproduction: Éléments pour une Théorie du
　　Système D'enseignement*, Les Éditions de Minuit.)

ベッカー, G. S., 1976, 佐野陽子訳, 『人的資本——教育を中心とした理論的・経験的分析』東洋
　　経済新報社 (Becker, G. S., 1964, *Human Capital: A Theoretical and Empirical Analysis,
　　with Special Reference to Education*, National Bureau of Economic Research Distributed by
　　Columbia University Press.)

ボウルズ, S., & ギンタス, H., 1986, 宇沢弘文訳, 『アメリカ資本主義と学校教育 1——教育改革と
　　経済制度の矛盾』岩波書店 (Bowles, S., & Gintis, H., 1976, *Schooling in Capitalist America:
　　Educational Reform and the Contradictions of Economic Life*, Basic Books.)

本田由紀編, 2018, 『文系大学教育は仕事の役に立つのか——職業的レリバンスの検討』ナカニシヤ

序　章　大学教育での「学び」をいかに把握するか　　*15*

出版
矢野眞和, 2009, 「教育と労働と社会——教育効果の視点から」『日本労働研究雑誌』588, 5-15.
Araki, S., 2020, Educational Expansion, Skills Diffusion, and the Economic Value of Credentials and Skills. *American Sociological Review,* 85(1), 128-175.
Arrow, K. J., 1973, Higher Education as a Filter, *Journal of Public Economics*, 2(3), 193-216.
Davis, K., & Moore, W. E., 1945, Some Principles of Stratification. *American Sociological Review,* 10(2), 242-249.
Goldin, C., & Katz, L. F., 2008, *The Race between Education and Technology*, Harvard University Press.
Spence, M., 1973, Job Market Signaling, *The Quarterly Journal of Economics*, 87(3), 355-374.

第Ⅰ部

専門分野別習得度
を軸とした分析

第1章 「習得度」からみる
専門教育の学習成果

10分野の習得度項目の回答結果

本田 由紀

1 本章の目的：個々の専門分野で学生は何をどれほど学んでいるか

　序章で述べたように、本研究の最大の特徴は、10の人文社会科学系学問分野のそれぞれについて、日本学術会議が作成した「大学教育の分野別質保証のための教育課程編成上の参照基準」（以下「参照基準」）に準拠するかたちで習得度項目を設定し、それぞれを身につけている度合いを質問していることにある。

　次章以降では、この習得度の規定要因および習得度が卒業後の仕事生活や意識に及ぼす影響について詳細に検討していくが、本章ではまず、習得度項目への回答結果そのものをシンプルに提示しておきたい。

　各分野の回答結果は、当該分野の（少なくとも「参照基準」というかたちで定められた）基本的な知識や考え方が、それぞれの分野を専攻する学生にとって、どれほど「身についた」と認識されているかを示す。むろんこれは自己評価なのだが、「身についた」という主観的な実感を各分野の大学教育が学生に与えることができているか否かということ自体が社会的な事実であり、検討に値する。さらに、どの項目でその実感が強く、どの項目では弱いかを把握しておくことは、各分野の教育を提供している大学内の組織（学部、学科、コースなど）や大学教員にとって、教育課程や教育実践を振り返るための重要な材料となるだろう。また逆に、今回の回答結果は、「参照基準」の記述の再検討や更新のためにも利用可能である。

　以上の理由により、本章では10の学問分野別に、習得度項目の回答結果を示していく。習得度項目に回答した分野別の回答者数は表1-1の通りである。これは第1波調査と第1波追加調査を合わせたサンプル（大学最終学年の学生が対象）から、調査実施年度に大学を卒業しなかった回答者を除外し、また10の分野のいずれかを主

表 1-1　10 分野別の習得度回答者数

分野	言語・文学	哲学	歴史学	法学	政治学	経済学	経営学	社会学	社会福祉学	心理学
ケース数	598	67	192	240	89	230	181	270	70	182
全国の学生数	136166[1]	48598	25644[2]	154189[3]		462294[4]		137303	[5]	[5]

注) (1) 学校基本調査では「文学」。(2) 学校基本調査では「史学」。(3) 学校基本調査では「法学・政治学」。(4) 学校基本調査では「商学・経済学」。(5) 学校基本調査では該当する学科分類なし。

に専攻していたと回答した対象である。

　表の下欄には、参考として文部科学省の学校基本調査（平成 22 年度）の「関係学科別　学生数」を示した。表 1-1 からは、今回の分野別回答者数には分野間で大きなばらつきがあり、かつそのばらつきは大学生全体のなかでの分布と必ずしも対応していないこと（たとえば、哲学の回答者数が過少、言語・文学の回答者数が過多であること）には留意が必要である。

　以下の第 2 節では、10 の学問分野別に、習得度項目回答結果を検討してゆく。

2　10 分野の習得度項目の回答結果

■ 2-1　言語・文学

　表 1-2 には、言語・文学分野の 10 個の習得度項目について、回答分布と、「まったくあてはまらない」＝ 1、「あまりあてはまらない」＝ 2、「ある程度あてはまる」＝ 3、「とてもあてはまる」＝ 4 というかたちでスコア化した場合の平均値および標準偏差を示した。また、最下行には全項目の平均値と標準偏差、そして指標としての一貫性を示す Cronbach の α を示している（以下、他分野についても同様）。

　なお、この分野が「言語・文学」という括りになっているのは、日本学術会議の「参照基準」自体がそのような括りで作成されていることによる。その説明として、当該分野の「参照基準」には、次のように書かれている。

　　「文学」は、大分類（人文科学）に所属する中分類であるが、それは狭い意味での文学ばかりでなく、語学、言語学、言語教育学、言語文化学等々の教育課程を含んでいる。このような意味での文学分野について参照基準を考えるのなら、そこに言語が本質的な契機として含まれている以上、言語・文学という枠組みで参照基準を考えた方がよい。これが、日本学術会議第一部に所属して、本分科の立ち上げに関与した言語・文学委員会の判断であった。（日本学術会議 大

表 1-2 言語・文学分野の習得度項目回答結果

	まったくあてはまらない	あまりあてはまらない	ある程度あてはまる	とてもあてはまる	合 計	平均値	標準偏差
1 第一言語（母語・現代日本語）を通じた限られた経験をこえて、客観的で広い視野から言葉をとらえられる	1.7	14.2	49.2	34.9	100.0	**3.17**	0.727
2 習得した外国語や古語などの知識によって、言葉一般や現代日本語について関心と理解が深まった	3.5	14.2	46.7	35.6	100.0	**3.14**	0.787
3 音声を作り出す生理的メカニズム（調音・構音）の理解が身についている	18.2	31.4	37.6	12.7	100.0	2.45	0.931
4 個別言語の構造を把握するための文法概念（音節、主語、時制など）の理解が身についている	7.2	19.2	53.0	20.6	100.0	2.87	0.818
5 言語や文学が、歴史的に発展してきたものであることを理解している	1.5	10.4	40.1	48.0	100.0	**3.35**	0.724
6 言語・言語表現が精神活動や社会・文化において果たしている役割について理解が向上している	2.0	11.9	46.7	39.5	100.0	**3.24**	0.734
7 テクストをその背景に照らして読み解く能力によって、「いま、ここ」にいない他者を理解する能力が向上した	3.7	22.9	45.2	28.3	100.0	2.98	0.812
8 文章構造やレトリックなど言語のさまざまなあり方を学ぶことによって、文章や発言一般を正確に、また批判的に捉える能力が向上した	4.2	25.9	46.8	23.1	100.0	2.89	0.804
9 多様な表現媒体（言葉、身体動作、画像、映像等）とその特徴についての知識・理解が身についている	5.7	30.3	44.5	19.6	100.0	2.78	0.824
10 自分の思考と判断を、言葉によってより適切に表現することができるようになった	0.8	17.9	54.0	27.3	100.0	**3.08**	0.693
全項目			Cronbach's α	0.826		2.99	0.492

注）網掛けは、スコアの最小値1〜最大値4の中間となる2.5以下のスコア平均値、太字は3を上回るスコア平均値（以下の表についても同様）。

学教育の分野別質保証推進委員会 言語・文学分野の参照基準検討分科会 2012：iii-iv)

　表1-2によれば、最も習得度が高いのは項目5「言語や文学が、歴史的に発展してきたものであることを理解している」次いで項目6「言語・言語表現が精神活動や社会・文化において果たしている役割について理解が向上している」であり、総じて歴史、社会・文化との関わりで言語や言語表現を捉える姿勢についてはよく伝えられているといえる。また項目1「第一言語（母語・現代日本語）を通じた限られた経験をこえて、客観的で広い視野から言葉をとらえられる」、項目2「習得した外国語や古語などの知識によって、言葉一般や現代日本語についても関心と理解が深まった」、項目10「自分の思考と判断を、言葉によってより適切に表現することができるようになった」も相対的に習得度が高く、複数の言語の経験による日本語の相対化や、言語の運用についても、この分野での学習を通じて身についていると感じられている度合いがかなり高い。

　他方で、項目3「音声を作り出す生理的メカニズム（調音・構音）の理解が身についている」については「まったく」もしくは「あまり」あてはまらないとする回答が約半数に達しており、言語の音声的側面については「言語・文学」分野での教育が普及していないことがうかがわれる。それ以外の項目4（文法）、項目7（他者理解）、項目8（文章構造・レトリック）、項目9（多様な表現媒体）は、過半数が習得について肯定的に回答しているものの、3割前後が否定的に回答しており、習得のばらつきがある項目といえる。

■2-2　哲　学

　表1-3には、哲学分野の回答分布と平均値を示した。この分野では総じて習得度を高く認識する傾向がみられ、10項目中8項目でスコア平均値が4点中3を超えている。なかでも項目5「なじみのない考え方や感じ方もできる限り理解しようとする姿勢が身についている」、項目4「他者の主張をよく聴き、共生する姿勢が身についている」は「とてもあてはまる」が4割を超えている。逆に相対的に習得度が低い項目は項目7「現実の社会から学び、社会に貢献しようとする姿勢が身についている」および項目10「自分野（じぶんや）の考え方を日常生活に活用することができる」であり、現実社会や日常生活への応用・貢献の姿勢が比較的弱いといえる。

表 1-3 哲学分野の習得度項目回答結果

	まったくあてはまらない	あまりあてはまらない	ある程度あてはまる	とてもあてはまる	合計	平均値	標準偏差
1 様々な分野を横断する根本的な問いに取り組む姿勢が身についている	1.5	6.0	65.7	26.9	100.0	**3.18**	0.601
2 現在の課題に取り組むのに、人類の知的遺産を活用する姿勢が身についている	0.0	17.9	49.3	32.8	100.0	**3.15**	0.702
3 従来の考えを吟味し、創造的な探求を継続する姿勢が身についている	1.5	6.0	58.2	34.3	100.0	**3.25**	0.636
4 他者の主張をよく聴き、共生する姿勢が身についている	0.0	6.0	52.2	41.8	100.0	**3.36**	0.595
5 なじみのない考え方をもできる限り理解しようとする姿勢が身についている	1.5	4.5	49.3	44.8	100.0	**3.37**	0.648
6 他者との対話により、自分を成長させようとする姿勢が身についている	3.0	11.9	49.3	35.8	100.0	**3.18**	0.757
7 現実の社会から学び、社会に貢献しようとする姿勢が身についている	7.5	19.4	50.7	22.4	100.0	2.88	0.844
8 自分野（じぶんや）の概念や思想を理解し、さらに新しくしようとする	3.0	16.4	47.8	32.8	100.0	**3.10**	0.781
9 関心をもつ思想や社会事象を、多角的な視点から捉えることができる	0.0	9.0	53.7	37.3	100.0	**3.28**	0.623
10 自分野（じぶんや）の考え方を日常生活に活用することができる	3.0	19.4	55.2	22.4	100.0	2.97	0.738
全項目	Cronbach's α	0.825				3.17	0.434

■ 2-3 歴史学

　歴史学分野の回答結果を示したものが表1-4である。歴史学も哲学と同様に習得度の自己評価は総じて高く、8項目中の6項目でスコア平均値が3を超えている。とくに高い項目8「国家や社会や人間のあり方を、歴史的に形成されたものとして考えることができる」は回答者の半数が「とてもあてはまる」と答えており、次いで項目2「他者の歴史観を尊重する姿勢が身についている」でも「とてもあてはまる」が4割を超える。項目1（歴史観の多様性）、項目3（一国中心の歴史の相対化）、項目5（異文化への態度）、項目6（生涯にわたる歴史学習）についても同様であり、こうした考え方や姿勢については歴史学においてよく伝達されていることがうかがえる。

　しかし、項目4「資料の発掘・踏査の方法や現場での記録法が身についている」はスコア平均値が2.5を下回り、「まったくあてはまらない」という回答が25％に及んでいる。また項目7「様々な形の史資料を客観的に選別することができる」も相対的に習得度が低く、こうした史資料に関する実証的な研究方法については、歴史学分野における教育が十分に行き渡っていないといえる。

■ 2-4　法　学

　表1-5は、法学分野の回答結果である。法学では10項目中の5項目でスコアが3を超えている。そのなかでとくに習得度が高いのは、項目2「法令の基礎には基本原則（罪刑法定主義など）が存在することを理解している」および項目3「法を運用する諸機関（裁判所など）の役割を理解している」であり、いずれも基礎的な内容である。それらに次いでスコアが相対的に高い項目1（三原則）、項目4（法の規範性）、項目9（民事法学）も、原理的な内容の項目であり、それらはよく伝達されているといえる。

　これら以外の5項目については、スコアが2.5を下回るものはないが、相対的に習得度が低いのは、項目5「多くの国が関係する国際的な法律問題をその背景から理解している」という国際法に関する項目、そして項目7「法令にもとづきながら異なる利害を有する当事者の意見を調整できる」という実践的な調整力に関する項目である。これらは法律学教育のなかで比較的充実の度合いが弱い内容といえる。項目6（法的説得）、項目8（公法学）、項目10（刑事法学）は中間的であり、「あまりあてはまらない」という回答がいずれも2割を超えている。

第1章 「習得度」からみる専門教育の学習成果　25

表 1-4　歴史学分野の習得度項目回答結果

項目	まったくあてはまらない	あまりあてはまらない	ある程度あてはまる	とてもあてはまる	合計	平均値	標準偏差
1 歴史観の多様性についての理解が身についている	1.0	6.3	54.7	38.0	100.0	**3.30**	0.631
2 他者の歴史観を尊重する姿勢が身についている	0.5	9.4	46.9	43.2	100.0	**3.33**	0.664
3 一国（自国）中心の歴史を相対化し、より広い視野で歴史を捉える姿勢が身についている	2.1	14.6	45.8	37.5	100.0	**3.19**	0.756
4 資料の発掘・踏査の方法や現場での記録法が身についている	25.0	31.3	31.3	12.5	100.0	2.31	0.985
5 自分とは異なる文化や価値観に対する寛容かつ批判的な態度が身についている	2.1	8.3	50.0	39.6	100.0	**3.27**	0.701
6 生涯にわたって歴史を学び続ける姿勢が身についている	4.7	12.5	44.8	38.0	100.0	**3.16**	0.819
7 様々な形の史料を客観的に選別することができる	6.3	16.7	53.1	24.0	100.0	2.95	0.811
8 国家や社会や人間のあり方を、歴史的に形成されたものとして考えることができる	1.0	6.8	41.7	50.5	100.0	**3.42**	0.666
全項目		Cronbach's α		0.832		3.11	0.517

表 1-5　法学分野の習得度項目回答結果

項目	まったくあてはまらない	あまりあてはまらない	ある程度あてはまる	とてもあてはまる	合計	平均値	標準偏差
1 国民主権・三権分立・基本的人権の尊重という３つの要素がなぜ重要なのか理解している	2.1	9.6	45.8	42.5	100.0	**3.29**	0.724
2 法令の基礎には基本原則（罪刑法定主義など）が存在することを理解している	0.8	4.2	29.2	65.8	100.0	**3.60**	0.612
3 法を運用する諸機関（裁判所など）の役割を理解している	1.3	2.5	41.7	54.6	100.0	**3.50**	0.614
4 法的判断とは法令が予定する価値にもとづいた規範的なものであることを理解している	1.3	8.3	45.0	45.4	100.0	**3.35**	0.685
5 多くの国が関係する法律問題をその背景から理解している	5.8	37.9	33.8	22.5	100.0	2.73	0.876
6 法令にもとづき論理的に他人を説得できる	4.6	24.6	49.2	21.7	100.0	2.88	0.796
7 法令にもとづきながら異なる利害を有する当事者の意見を調整できる	7.1	25.8	45.8	21.3	100.0	2.81	0.850
8 公権力の存在理由とその行使が許される条件を理解している（公法学に関する知識）	4.6	23.8	45.4	26.3	100.0	2.93	0.826
9 私人間（しじんかん）の権利・義務に関する基本的なルールとそれを実現する手続を理解している（民事法学に関する知識）	3.8	15.8	55.4	25.0	100.0	**3.02**	0.749
10 刑罰権の行使を可能にする条件と手続を理解している（刑事法学に関する知識）	5.8	21.7	47.9	24.6	100.0	2.91	0.831
全項目		Cronbach's α		0.878		3.1	0.526

第Ⅰ部

第Ⅱ部

■ 2-5　政治学

　表1-6には政治学の回答結果を示した。政治学は総じて習得度の回答が中位のものが多く、スコアが3を超える項目は項目10「メディアの報道をうのみにせず、自ら検証を試みようとする」のみである。それ以外の9項目にはスコアが2.5を下回るものはなく、いずれも「あまりあてはまらない」が2割前後、「ある程度あてはまる」が5～6割、「とてもあてはまる」が2割前後となっている。

■ 2-6　経済学

　経済学の回答結果が表1-7である。経済学は項目間で習得度に開きがみられる。もっとも習得度が高いのは項目1「市場における需要量と供給量の決定や「価格」の役割についての知識・理解が身についている」であり、経済学の中核的な考え方に関する項目である。項目2（市場の均衡）、項目4（機会費用）、項目5（「限界」概念）という、概念の理解に関する項目も、スコアが3を超えている。

　逆に習得度が低い項目は、項目8「仮定に基づいた理論モデルから論理的に法則を引き出すことができる」、項目7「複雑な問題を分析するために「モデル」を用い問題を抽象化して考えることができる」という、「モデル」に関する項目と、項目10「数値データを数学的、統計的に分析し、説明することができる」という、数値データの分析に関する項目であり、これらはスコアが2.5以下、「まったくあてはまらない」がいずれも1割を超えているという回答になっている。モデルおよび数値的分析という、いわば抽象度と応用度の高い事項に関して、経済学分野の教育が行き渡っている度合いが低いことが示唆されている。

　他の項目3（国民総支出）、項目6（インセンティブ）、項目9（一般法則）は、中間的な習得度となっている。

　なお、経済学分野においてのみ、第1波調査（2019年に実施）と第1波追加調査（2020年に実施）の間で、後者の方が10％水準で項目全体の平均値が高くなっていることを付記しておく（それぞれ2.75と2.88）。

■ 2-7　経営学

　表1-8は、経営学分野の回答結果である。経営学でも政治学と同様に中位の習得度項目が多く、10項目中8項目を占めているが、他の2項目、すなわち項目8「経営活動の帳簿記録から財務諸表の作成までの理論や手法を理解している」および項目9「経営における利益管理、予算管理、原価管理、品質管理、現場管理に関する

表 1-6　政治学分野の習得度項目回答結果

項目	まったくあてはまらない	あまりあてはまらない	ある程度あてはまる	とてもあてはまる	合　計	平均値	標準偏差
1 自由民主主義体制にはどのような思想的・歴史的背景があるのか説明できる	5.6	23.6	57.3	13.5	100.0	2.79	0.746
2 市民として現実の政治や政治について成熟した選択をすることができる	2.2	15.7	62.9	19.1	100.0	2.99	0.666
3 国内政治や国際政治の動きや連関について、学問的知識にもとづいて説明できる	3.4	20.2	51.7	24.7	100.0	2.98	0.768
4 多様な個人や集団において、権力がどのように行使されているか判断することができる	4.5	23.6	53.9	18.0	100.0	2.85	0.762
5 現実に政治はどのように動いているのかを説明できる	3.4	20.2	58.4	18.0	100.0	2.91	0.717
6 政策の決定過程について説明できる	2.2	24.7	55.1	18.0	100.0	2.89	0.714
7 政治において直面する課題を客観的に理解し、よりよい政策を考えることができる	2.2	31.5	49.4	16.9	100.0	2.81	0.737
8 集団的決定が正当かどうかを批判的に検討できる	2.2	20.2	64.0	13.5	100.0	2.89	0.647
9 感情的な思い込みに左右されず、統計情報を読み解くことができる	3.4	16.9	60.7	19.1	100.0	2.96	0.706
10 メディアの報道をうのみにせず、自ら検証を試みようとする	1.1	9.0	55.1	34.8	100.0	3.24	0.658
全項目						2.92	0.471
Cronbach's α					0.856		

表 1-7　経済学分野の習得度項目回答結果

項目	まったくあてはまらない	あまりあてはまらない	ある程度あてはまる	とてもあてはまる	合　計	平均値	標準偏差
1 市場における需要量と供給量の決定や「価格」の役割についての知識・理解が身についている	0.9	6.5	61.7	30.9	100.0	3.23	0.599
2 市場の「均衡」と「不均衡」についての知識・理解が身についている	0.9	11.3	62.6	25.2	100.0	3.12	0.622
3 国民総支出（Y）に関する式 $Y=C+I+G+X-M$ や国民経済計算体系についての知識・理解が身についている	7.4	16.1	52.2	24.3	100.0	2.93	0.836
4 「機会費用」についての知識・理解が身についている	4.3	14.3	50.9	30.4	100.0	3.07	0.787
5 「限界費用」などの語で用いられる「限界」概念についての知識・理解が身についている	3.5	13.5	50.0	33.0	100.0	3.13	0.769
6 インセンティブと人々の行動の関係についての知識・理解が身についている	4.8	19.6	53.9	21.7	100.0	2.93	0.776
7 複雑な問題を分析するために「モデル」を用い問題を抽象化して考えることができる	10.4	41.3	36.1	12.2	100.0	2.50	0.840
8 仮定に基づいた理論モデルから論理的に法則を引き出すことができる	11.3	45.7	34.3	8.7	100.0	2.40	0.802
9 個別の事象やデータから一般的な法則を引き出すことができる	7.8	39.6	42.2	10.4	100.0	2.55	0.784
10 数値データを数学的、統計的に分析し、説明することができる	12.6	38.3	35.2	13.9	100.0	2.50	0.885
全項目						2.84	0.562
Cronbach's α					0.900		

知識と相互関係を理解している」において、スコアが 2.5 を下回り、「まったくあてはまらない」が 1 割を超えている。これらは財務や経理に関する事項であり、こうした実務的な内容に関して経営学教育が相対的に行き届いていないことがうかがわれる。

　他の項目で習得度が 3 を上回るものはないが、そのなかで相対的に習得度が高い項目は項目 10「顧客のニーズを把握し、顧客が満足する商品を開発・販売する上で必要な理論や手法を理解している」である。

■ 2-8　社会学

　社会学分野に関する回答結果を表 1-9 に示した。社会学では 10 項目中 4 項目でスコアが 3 を超えている。とくに項目 6「社会が相互行為から成り立ち、その中で意味やアイデンティティが形成されていくことを理解している」および項目 10「社会で起こる問題を見つけ、それを自分と関連づけて考えられる」という、それぞれ社会そのものの構成と社会問題に関する項目で習得度が高い。項目 1（ジェンダー）、項目 3（格差・貧困）がそれに次いでいる。

　他方でスコアが 2.5 を下回っているのが項目 2「自殺や犯罪などの逸脱行動や社会病理についての知識・理解が身についている」であり、社会学教育の力点にやや強弱があることがうかがえる。これら以外の 5 項目では「あまりあてはまらない」が 2 ～ 3 割となっている。

■ 2-9　社会福祉学

　社会福祉学の結果が表 1-10 である。社会福祉学は社会福祉士の資格取得に結びつく分野であるためか、習得度は全般的に高い回答となっており、8 項目中 6 項目でスコアが 3 を超えている。もっとも習得度が高い項目は項目 1「人びとの多様な価値観を受容することができる」で、「とてもあてはまる」が 6 割を超えている。次いで項目 4「個人の尊厳を重視し支援を行うことができる」でも「とてもあてはまる」が 5 割を超えており、これらの社会福祉の中核となる考え方については、よく伝達されているといえる。

　他の 2 項目、すなわち項目 7「効果的かつ効率的な社会福祉の運営についての知識・理解が身についている」と項目 6「支援に係るさまざまな社会資源を調整・開発することについての知識・理解が身についている」は、2.5 を下回ってはいないが相対的に習得度が低めであり、これら運営や資源の調整に関して社会福祉教育の拡

第1章 「習得度」からみる専門教育の学習成果　29

表1-8 経営学分野の習得度項目回答結果

項目	まったくあてはまらない	あまりあてはまらない	ある程度あてはまる	とてもあてはまる	合計	平均値	標準偏差
1 企業等の継続的な事業に関する基本的な知識（組織構造、販売促進策や有価証券報告書の読み方など）が身についている	4.4	23.8	59.7	12.2	100.0	2.80	0.705
2 経営に関する専門用語（事業部制や転換社債など）の知識が身についている	5.0	31.5	54.7	8.8	100.0	2.67	0.706
3 企業等の継続的な事業体が社会の発展の中で果たす役割についての理解が身についている	4.4	21.0	59.7	14.9	100.0	2.85	0.719
4 企業等の継続的な事業体の経営上の課題を見つけ、その背後の構造や要因を分析できる	6.1	33.1	50.8	9.9	100.0	2.65	0.743
5 継続的な事業体の経営の現状や今後について、根拠をもとに自分の意見を述べることができる	5.0	38.7	45.3	11.0	100.0	2.62	0.747
6 経営に関する他者の意見を理解し、適切に評価することができる	4.4	33.1	50.8	11.6	100.0	2.70	0.731
7 経営に関する事柄について、適切に解釈・評価することができる	5.0	33.1	51.4	10.5	100.0	2.67	0.729
8 経営活動の帳簿記録から財務諸表の作成までの理論や手法を理解している	14.4	34.3	39.8	11.6	100.0	2.49	0.879
9 経営における利益管理・予算管理、品質管理、原価管理、現場管理に関する知識と相互関係を理解している	14.4	38.7	40.9	6.1	100.0	2.39	0.806
10 顧客のニーズを把握し、顧客が満足する商品・開発・販売する上で必要な理論や手法を理解している	4.4	18.8	54.1	22.7	100.0	2.95	0.769
全項目						2.67	0.534

Cronbach's α　0.889

表1-9 社会学分野の習得度項目回答結果

項目	まったくあてはまらない	あまりあてはまらない	ある程度あてはまる	とてもあてはまる	合計	平均値	標準偏差
1 ジェンダーやセクシュアリティについての知識・理解が身についている	3.3	12.6	60.0	24.1	100.0	3.05	0.707
2 自殺や犯罪などの逸脱行動や社会病理についての知識・理解が身についている	15.9	37.8	38.1	8.1	100.0	2.39	0.849
3 格差や貧困などの階層・階級・社会的不平等についての知識・理解が身についている	3.3	14.8	59.3	22.6	100.0	3.01	0.714
4 都市・農村などの地域社会・コミュニティについての知識・理解が身についている	3.3	23.7	53.0	20.0	100.0	2.90	0.749
5 情報をめぐる技術、インターネット、ソーシャルメディアなどの環境変化や社会的影響についての知識・理解が身についている	7.4	29.3	51.1	12.2	100.0	2.68	0.782
6 社会が相互行為から成り立ち、その中で意味やアイデンティティが形成されていくことを理解している	1.9	13.7	56.3	28.1	100.0	3.11	0.695
7 テーマに応じた適切な調査方法を選び、実施できる	3.3	22.2	57.8	16.7	100.0	2.88	0.714
8 社会調査の結果を適切に読み解くことができる	3.3	21.9	63.0	11.9	100.0	2.83	0.667
9 社会現象を、社会学の概念や理論枠組みと関連づけて説明できる	4.1	33.7	47.8	14.4	100.0	2.73	0.756
10 社会で起こる問題を見つけ、それを自分と関連づけて考えられる	2.2	12.6	57.4	27.8	100.0	3.11	0.695
全項目						2.87	0.432

Cronbach's α　0.791

第Ⅰ部

第Ⅱ部

30

充の余地があるといえる。

■ 2-10　心理学

　表 1-11 は、心理学分野の回答結果である。9 項目中 7 項目が中位の習得度となっている。他の 2 項目は習得度が高い項目と低い項目に分かれ、前者は項目 3「心と行動の個人差や、同じ人でも発達的変化や状況による揺らぎがあることへの理解が身についている」であり、「とてもあてはまる」が半数近くとなっている。他方で項目 1「「知」「情」「意」の三側面からなる心のはたらきについての、実証に基づいた理解が身についている」はスコアが 2.5 を下回り、「あまりあてはまらない」が 4 割となっている。これは項目 1 のワーディングが包括的であったことに影響されているおそれがある。

　習得度が中位の 7 項目のなかで、項目 4（応用例）、項目 5（諸理論）は「あまりあてはまらない」が 4 割弱となっており、心理学教育のなかで相対的に弱い内容であることがうかがえる。

3　習得度項目の回答結果が示唆する専攻分野別の教育課題

　以上、本章では、10 の学問分野の習得度項目と、それぞれについての回答結果を概観してきた。各習得度項目のワーディングの抽象性・具体性には分野間や項目間でややムラがあり、それが回答結果に反映されているおそれがある。また自己評価であるために、回答結果が実際の習得の度合いを客観的に示しているものではなく、その指標としての信頼性・妥当性については他の変数との関連などから検証が必要である。

　そのうえで注目されるのは、各分野で身につけることが期待されると各分野の専門研究者が「参照基準」に記述した事柄であるにもかかわらず、いくつかの分野では当該分野を専攻した回答者が「身についていない」と感じている項目が見出されることである。「言語・文学」分野の項目 3（音声のメカニズム）、歴史学分野の項目 4（資料の発掘・踏査）、経済学分野の項目 7（モデルの適用）、項目 8（理論モデルからの法則の導出）、項目 10（数値データの分析）、経営学分野の項目 8（財務諸表）、項目 9（予算管理）、社会学分野の項目 2（逸脱・社会病理）、心理学分野の項目 1（「知」「情」「意」）がそれに該当する。

　これらの項目が各分野の専門教育を提供している組織（学部・学科・コースなど）の

第1章 「習得度」からみる専門教育の学習成果　　*31*

表 1-10　社会福祉学分野の習得度項目回答結果

項目	まったくあてはまらない	あまりあてはまらない	ある程度あてはまる	とてもあてはまる	合計	平均値	標準偏差
1　人びとの多様な価値観を受容することができる	0.0	1.4	35.7	62.9	100.0	**3.61**	0.519
2　差別や社会的排除の問題に気づくことができる	1.4	2.9	54.3	41.4	100.0	**3.36**	0.615
3　生活問題を発見し、社会の問題として普遍化することができる	0.0	18.6	57.1	24.3	100.0	**3.06**	0.657
4　個人の尊厳を重視し支援を行うことができる	0.0	2.9	42.9	54.3	100.0	**3.51**	0.558
5　支援を必要とする人の力を高め、その人の社会参加を支援することができる	0.0	17.1	51.4	31.4	100.0	**3.14**	0.687
6　支援に係るさまざまな社会資源を調整・開発する等についての知識・理解が身についている	1.4	15.7	65.7	17.1	100.0	2.99	0.625
7　効果的かつ効率的な社会福祉の運営についての知識・理解が身についている	1.4	40.0	51.4	7.1	100.0	2.64	0.638
8　一人ひとりの権利(人権)擁護についての知識・理解が身についている	0.0	11.4	60.0	28.6	100.0	**3.17**	0.613
全項目		Cronbach's α		0.837		3.19	0.421

表 1-11　心理学分野の習得度項目回答結果

項目	まったくあてはまらない	あまりあてはまらない	ある程度あてはまる	とてもあてはまる	合計	平均値	標準偏差
1　「知」「情」「意」の三側面からみる心のはたらきについての、実証に基づいた理解が身についている	7.7	40.7	49.5	2.2	100.0	2.46	0.670
2　心と行動に関する人間に共通の法則性や規則性についての理解が身についている	3.3	18.1	70.9	7.7	100.0	2.83	0.603
3　心と行動の個人差や、同じ人にも発達的な変化による揺らぎや状況による揺らぎがあることの理解が身についている	1.1	6.6	44.5	47.8	100.0	**3.39**	0.662
4　実社会における心理学の応用例(消費行動、犯罪防止、交通心理など)に関する理解が身についている	4.9	39.6	47.3	8.2	100.0	2.59	0.713
5　心を生み出す生物学的・認知的・社会文化的しくみと各領域の諸理論に関する理解が身についている	3.3	35.7	56.0	4.9	100.0	2.63	0.633
6　心理アセスメント、カウンセリング、実験法、測定法に関する理解が身についている	3.8	22.5	55.5	18.1	100.0	2.88	0.741
7　心に関する知識や実証研究の成果に基づいて、人間を客観的に理解することができる	4.4	18.1	59.9	17.6	100.0	2.91	0.726
8　人間と環境(自然や社会)との相互作用を理解することができる	5.5	27.5	51.1	15.9	100.0	2.77	0.779
9　人間の心についての理解を実務に生かすことができる	5.5	29.1	51.6	13.7	100.0	2.74	0.763
全項目		Cronbach's α		0.831		2.80	0.457

第I部

第II部

教育課程においてどれほど教育内容に埋め込まれているかは、組織によって異なると考えられるが、十分な提供がなされているかどうかについて、各組織で今一度教育課程を点検することが有益であると考えられる。

あるいは逆に、日本学術会議の「参照基準」が、日本の大学全般において各分野で実際に教えられている内容とはやや乖離した、過大な要請・期待が込められている可能性もある。

この習得度の水準がいかなる要因によって規定されているかについては、本章に続く第2章で詳細な分析を加えているため、そちらを参照していただきたい。一点のみ本章で述べておくならば、各分野の習得度は、回答者の所属学部の入試難易度（偏差値）とは統計的に有意な相関（2変量間の相関）はみられず、他方で大学時代の成績とはほぼ正の相関がみられる（ただし、法学と社会福祉学では有意ではない）ということである。ここからも、習得度は大学の入学選抜の「難易度」とは異なる次元の、大学教育内部での取り組みが少なくとも一定程度は可能な達成の尺度とみなすことができ、それゆえに各分野の教育内容・方法が反映されていると考えることができる。

各分野の現実の教育内容および習得水準と、それぞれの学問分野で習得が期待される内容の規定との間に、相互往復的な吟味が可能であり必要とされていると考えられる。本プロジェクトで作成し調査を行なった習得度項目は、その端緒となる初めての試みであり、これをふまえて今後の展開が求められているといえる。

【文　献】
日本学術会議 大学教育の分野別質保証推進委員会 言語・文学分野の参照基準検討分科会, 2012,
　　「報告　大学教育の分野別質保証のための教育課程編成上の参照基準　言語・文学分野」日本
　　学術会議〈https://www.scj.go.jp/ja/info/kohyo/pdf/kohyo-22-h166-3.pdf（最終確認日：2024
　　年8月15日）〉

第2章 専門分野別習得度と関連する大学教育とは何か

何を考え、どのように学んだかという
学習経験の重要性

小山 治

1 問題設定

　本章の目的は、人文・社会科学分野の専門分野別習得度と関連する大学教育とは何かという問いを明らかにすることである。

　文部科学省からの依頼を受けて、2010年7月に日本学術会議（2010）は、「大学教育の分野別質保証のための在り方」についての回答を行なった。そこで注目されるのは、「分野別の質保証の核となる課題は、学士課程において、一体学生は何を身に付けることが期待されるのかという問いに対して、専門分野の教育という側面から一定の答えを与えることにある」とされたうえで、「分野別の教育課程編成上の参照基準」（以下、参照基準）についての考え方が提示されたという点である（日本学術会議 2010：ⅱ）。具体的には、①「各学問分野に固有の特性」、②「すべての学生が身に付けるべき基本的な素養」、③「学習方法及び学習成果の評価方法に関する基本的な考え方」を中心として（日本学術会議 2010：ⅱ）、その後、2025年2月時点で33個の専門分野の参照基準が公表されている。

　本章でいう専門分野別習得度とは、この参照基準において「すべての学生が身に付けるべき基本的な素養」（または「すべての学生が身に付けることを目指すべき基本的な素養」）とされた内容を参考にして作成された自己評価指標を指す[1]。本章では、参照基準をウェブ調査の質問項目に落とし込むことによって測定した専門分野別習得度

1）「すべての学生が身に付けるべき基本的な素養」という表記と「すべての学生が身に付けることを目指すべき基本的な素養」という表記との間には重大な意味の相違があると考えられるが、ここでは立ち入った検討は行わない。

（詳細については☞第1章）と関連する大学教育の中身を実証的に分析する。なお、本章は、専門分野別習得度を比較することによって、専門分野間の優劣を論じるものではないという点をあらかじめ強調しておきたい。

本章が専門分野別習得度に着目する根拠は、次の2点である。

第一に、当該習得度は、「すべての学生が身に付けるべき基本的な素養」と公的に明言された重要な学習成果の一つであるからである。日本学術会議の公式ウェブサイトにある「大学教育の分野別質保証のための教育課程編成上の参照基準について（解説）」という文書によれば、参照基準の目的は「大学教育の質の保証に資すること」とされている。専門分野別習得度を質問項目として変数化することは、日本の大学における IR (Institutional Research) の推進とも密接に関連している試みであり、参照基準の目的を達成するための重要な第一歩となると考えられる。

第二に、にもかかわらず、多くの学生は専門分野で何を身につけたのか明確に語れないと考えられるからである。学生・教員・職員による FD・SD 研修の最終報告会記録である関西大学教育開発支援センター（2021：192）において、学生が興味深い報告を行なっている。そこでは、学生一般は「実社会で大学で培った考える力を活かせて」いないため、「学問の中でしか考える力を発揮できずに卒業」し、「大学で学んだことを言えない」と述べられている。こうした現状に対する解決策として提案されているのは、ビジネス・フレームワークのような「思考の型を身につけることに特化した授業」である。ここで重要なのは、選抜性の高い大学の（しかも大学に同調的と推測される）学生でさえ、専門分野で何を身につけたのか十分に言語化できていないという現状である。

本章における大学教育とは、①授業経験、②学習経験、③レポート学習行動、④ゼミ取り組み度、⑤卒業論文真剣度を指す。①は特定の形態・内容の授業を受けた経験を意味し、②は学生が授業内外においてどのように学んだのかという全般的な学習行動を意味する（広義の学習経験）。③〜⑤は、高校時代とは異なる大学教育に特徴的な要素として取り上げる（狭義の学習経験）。③はレポート執筆過程における学習行動であり、④はゼミ活動に対する熱心さであり、⑤は卒業論文（卒業研究を含む）にどれだけ真剣に取り組んだのかという度合いである。①〜⑤の変数は、学習時間のような学習の量というよりは、学習の質に関する変数である。

以上をふまえて、本章では、冒頭で述べた問い（メイン・クエスチョン＝MQ）を次の二つのサブ・クエスチョン（SQ）に分解しながら、実証的に明らかにする。

第2章　専門分野別習得度と関連する大学教育とは何か　*35*

SQ1：専門分野別習得度は、大学の選抜性（偏差値）、大学の成績とどのよう
　　　に関連しているのか。
SQ2：大学教育のなかでも専門分野別習得度と（正の）関連がある要素は何か。

　SQ1 は、従属変数である専門分野別習得度が大学の選抜性と同等のものであるわ
けではなく、大学入学後の学習成果の一つである成績と正の関連がある（すなわち、
大学入学後に可変性のある）ことを確認する問いである。SQ2 は、本章の MQ に答
えるための問いである。
　本章の分析で使用するのは、全国の 4 年制大学の人文・社会科学分野の学部 4 年
生に対する卒業後までの追跡調査（ウェブ調査）のうち、第 1 波調査（2019 年度開始）と
第 1 波追加調査（2020 年度開始）の合算データ（最終学年次に相当）である。本章の問題
関心から専門分野が「その他」の者を除外するため、分析対象は 2119 ケースとなる。
ただし、欠損値などを除外するため、実際の分析対象はこのケース数よりも少なくな
る場合がある。本章のデータには、ウェブ調査と実査の特性上、厳密な回収率を算出
できないこと、専門分野によって性別の分布がかなり異なることなどといった問題
点がある[2]。この点で本章の知見を過剰に一般化することには慎重になる必要があ
る。本章では、標本が無作為抽出されたと仮定して、参考までに統計的検定を行う。
　本章の構成は次の通りである。第 2 節では、本章と関連する先行研究の到達点を
整理し、その問題点を検討したうえで本章の学術的な意義を論証する。第 3 節では、
分析で使用する変数の設定を行う。第 4 節では、本章の問いに答えるための分析を
行う。第 5 節では、本章の主な知見をまとめて結論を示し、その含意について考察
したうえで、今後の課題を指摘する。

2　先行研究の検討

　本章と直接的に関連する先行研究は、必ずしも多くはない。なぜなら、複数の専
門分野に着目した実証研究を実施する場合、大規模な標本が必要となるからである。
ここでは、高等教育学や教育社会学の領域における大規模な実証研究を取り上げる。

2）調査対象学部の実員・入学定員・入学者数を分母とした場合の近似的な有効回収率は序
　章で示されている。第 1 波調査と第 1 波追加調査を合算した有効回収率は 6.5% である。
　①実員などの数値が入手できた年度は異なること、②実員が不明な学部については入手
　可能な年度の入学定員や入学者数を代用したことから、以上の数値は参考値である。

まず、先行研究の到達点を整理する。

有本 (2003) は、1999 年 12 月に全国の国立・私立大学 21 校に対して大規模な学生・教員調査 (質問紙調査) を実施した先駆的な実証研究である。学生調査では、回収数 6199 ケース、回収率 42.8％となっている。このデータを分析した村澤 (2003) は、人文社会系、理・工・農学系、保健系、教育系、その他といった専門分野ごとに学生の能力・力量と興味・関心の規定要因を重回帰分析によって明らかにしている。それによれば、学生のニーズを志向したカリキュラム編成は、人文社会系、理・工・農学系、教育系、その他といった専門分野において学生の能力・力量と有意な正の関連があることなどが明らかにされている。

葛城 (2006) は、2004 年 12 月から 2005 年 1 月にかけて全国の 4 年制大学 14 校 (国立大学 6 校、私立大学 8 校) 34 学部の 4 年生 (医学部・歯学部については 6 年生) に対して実施されたウェブ調査 (一部は質問紙調査) のデータを分析している。調査対象学部の在学者数を分母とした回収率は 36.6％であり、分析対象者は 1960 名である (国立大学生が 59.2％)。分析の結果、「分析と応用」、「相対的な自己認識」といった「学習経験の質」に相当する変数が「専門の到達度」と有意な正の関連があることなどが明らかにされている。

小方 (2008) は、東京大学が 2007 年に 127 大学 288 学部の学生に対して実施した「全国大学生調査」の中間集計データ (4 万 4905 名が回答) を分析している。分析対象が 1 年生と 3 年生に限定されているため、最終的な分析対象は 63 大学 104 学部 1 万 7542 名となっている。分析の結果、学生のエンゲージメントである能動的学習と授業外学習時間が、汎用的技能と学問的知識に対して有意な正の関連があることなどが明らかにされている。

両角 (2010) は、小方 (2008) と同じ調査のデータを分析している。そこでは、授業の効果に着目したうえで、経済学部と工学部の比較、大学間の比較が行われている。分析の結果、二つの学部のいずれにおいても、学生配慮型授業は専門の理論的理解と有意な正の関連があることなどが明らかにされている。

金子 (2013) は、前述した「全国大学生調査」などを分析した総括的な研究である。分析の結果、①参加型授業は汎用能力の形成に強い効果があること、②学習動機は専門・職業能力の獲得において最大の規定要因であること、③自律的学習時間は、専門・職業能力、汎用能力、一般的な生活意欲に対して正の影響があることなどが明らかにされている。

溝上 (2018) は、京都大学高等教育研究開発推進センターと電通育英会が 2007・

第2章　専門分野別習得度と関連する大学教育とは何か　*37*

2010・2013・2016 年に大学 1・3 年生に対して実施した「大学生のキャリア意識調査」のデータを分析している。インターネットモニター調査が採用されており、各年の回収数は 2000 ～ 2650 名程度となっている。そこでは、能力の習得度も質問項目とされているものの、キャリア意識（とくに将来に対する見通しとその理解・実行）に重点が置かれている。本章との問題意識の違いにすぎないが、この傾向は、京都大学高等教育研究開発推進センターと河合塾が 2013 年から全国約 400 校の高校 2 年生 4 万 5000 人に対して実施した「学校と社会をつなぐ調査」（10 年トランジション調査）においても同様である[3]。

　次に、以上の先行研究の問題点を検討する。先行研究に共通する問題点は、次の 3 点である。

　第一に、人文・社会科学分野の専門分野別習得度の設計と測定が十分に行われていないという点である。本章は、この点に最初に取り組む先駆的・試論的な研究である。

　第二に、専門分野に関する分析が問題関心の周辺に位置づけられているという点である。専門分野は独立変数の一つにすぎないか、大雑把なカテゴリーで分析されているにすぎない。これに対して、本章では、人文・社会科学分野の中身にも一定程度配慮した記述をする。

　第三に、調査対象者が必ずしも学部 4 年生に限定されていないという点である。学士課程教育の学習成果を測定する場合、4 年間の授業をほぼ履修し終えた学部 4 年生を調査対象者とするのが妥当である。

　以上の先行研究の問題点を克服するために、本章では、前述した第 1 波調査と第 1 波追加調査の合算データを分析することによって、専門分野別習得度の妥当性を確認すると同時に、その規定要因を明らかにする。

3 　変数の設定

　表 2-1 は、本章の分析で使用する変数の操作的定義をまとめたものである。以下では、重要な変数についてのみ、説明する。詳細については、表中を参照されたい。

　従属変数は、専門分野別習得度である。10 個の専門分野ごとに、参照基準に基づいた 8 ～ 10 個の質問項目（各 4 件法）を作成した。「とてもあてはまる」＝ 4 ～「まったくあてはまらない」＝ 1 として、専門分野ごとに質問項目の平均値を算出した

---

3) この調査の概要については、溝上ら（2018）、溝上・河合塾（2023）で報告されている。

表 2-1　分析で使用する変数の操作的定義

変数名	操作的定義
専門分野別得点度	各専門分野の8～10個の質問項目（各4件法）について、「とてもあてはまる」＝4～「まったくあてはまらない」＝1として、専門分野ごとに質問項目の平均値を算出したうえでそれを偏差値化した数値を使用した。具体的な質問項目については、第1章を参照されたい。
性別（男性ダミー）	男性は1、女性は0とした。「その他」は分析から除外した。
父親の最終学歴（大卒・大学院卒ダミー）	大卒・大学院卒＝1、それ未満の学歴＝0とした。「その他」と「親はいない」は分析から除外した。
母親の最終学歴（大卒・大学院卒ダミー）	
実家の蔵書数	実家の蔵書数について、「ほとんどない」＝0、「20冊くらい（本棚1段分くらい）」＝0.2、「50冊くらい（本棚半分くらい）」＝0.5、「100冊くらい（本棚1つ分くらい）」＝1、「200冊くらい（本棚2つ分くらい）」＝2、「300冊くらい（本棚3つ分くらい）」＝3、「400冊以上（本棚4つ以上）」＝4.5という100冊単位の値に置き換えた。
中学3年生のときの校内成績	5件法の選択肢について、「上の方」＝5～「下の方」＝1とした。
高校3年生のときの校内成績	5件法の選択肢について、「上の方」＝5～「下の方」＝1とした。「通っていない」は分析から除外した。
出身高校普通科ダミー	普通科＝1、それ以外＝0とした。
2020年度調査開始ダミー	2020年度調査開始＝1、2019年度調査開始＝0とした。
国公立大学ダミー	最初の調査時点の所属大学が国公立大学＝1、私立大学＝0とした。
学部の偏差値	「大学偏差値テラス」というウェブサイトで公表されている河合塾のボーダー偏差値を使用した。
大学入学方法（一般入試ダミー）	大学入学方法が一般入試（センター試験のみの入試を含む）＝1、それ以外＝0とした。
大学の成績	「大学でいままで履修した授業の成績のうち、最上位の評価であったものは、およそ何割くらいありましたか」という質問文（11件法）について、「0割」＝0～「10割」＝10とした。
（生活時間）授業の予復習や課題（卒論を含む）をやる時間	「今学期の平均的な1週間」の生活時間について、「0時間」＝0、「1時間未満」＝0.5、「1時間以上3時間未満」＝2、「3時間以上5時間未満」＝4、「5時間以上10時間未満」＝7.5、「10時間以上15時間未満」＝12.5、「15時間以上20時間未満」＝17.5、「20時間以上30時間未満」＝25、「30時間以上」＝35とした。
（生活時間）内定先から指示された課題や研修をやる時間	
（生活時間）大学や内定先からの指示以外の自主的な勉強	
（生活時間）読書（マンガ、雑誌を除く）	
（生活時間）友だちづきあい	
（生活時間）サークルや部活動	
（生活時間）アルバイト	
（生活時間）インターネット・SNS（スマートフォン・携帯電話による利用を含む）	
授業経験	「あなたがこれまで大学で受けた授業の中で、次のような授業はおおよそどれくらいありましたか」という質問文において、16個の質問項目（各5件法）を設定した。各質問項目について、「よくあった」＝5～「ほとんどなかった」＝1とした。具体的な質問項目については、表2-3を参照されたい。重回帰分析の際は、因子分析（主因子法、プロマックス回転）によって抽出された因子の因子得点を使用した。
学習経験	「学生生活全般を振り返って、大学の学習に対するこれまでのあなたの取り組みについて、それぞれあてはまるものを1つずつ選んでください」という質問文において、10個の質問項目（各5件法）を設定した。原則として、各質問項目について、「とてもあてはまる」＝5～「まったくあてはまらない」＝1とした。具体的な質問項目については、表2-4を参照されたい。重回帰分析の際は、因子分析（主因子法、プロマックス回転）によって抽出された因子の因子得点を使用した。因子分析の際に、前述した1～5の数値の割り当てを逆転させた質問項目については、変数名の末尾に「逆転」という文言を付記した。
レポート学習行動	「大学で履修した全授業でレポート（1,000字以上で特定のテーマについて論じる文章）」を1回以上課された者を対象として、11個の質問項目（各5件法）を設定した。原則として、各質問項目について、「とてもあてはまる」＝5～「まったくあてはまらない」＝1とした。具体的な質問項目については、表2-5を参照されたい。上述したレポートを課された回数が「0回（レポートを課されたことは一度もなかった）」である者には0を割り当てた。重回帰分析の際は、因子分析（主因子法、プロマックス回転）によって抽出された因子の因子得点を使用した。因子分析の際に、前述した1～5の数値の割り当てを逆転させた質問項目については、変数名の末尾に「逆転」という文言を付記した。
ゼミ取り組み度	ゼミに所属している（いた）者を対象として、「ゼミにおけるあなたの取り組み」について、①「課題に熱心に取り組んでいる」、②「議論に積極的に参加している」、③「他の学生と協力している」、④「学生のまとめ役になっている」、⑤「担当教員に質問・相談している」、⑥「ゼミ飲み会やパーティに参加している」という6個の質問項目（各5件法）を設定した。各質問項目について、「とてもあてはまる」＝5～「まったくあてはまらない」＝1とした。ゼミ未経験者（「ゼミという制度がない」と回答した者を含む）には0を割り当てた。因子分析（主因子法、プロマックス回転）の結果、1つの因子しか抽出されなかったので、上記の6個の質問項目の平均値を使用した（Cronbach's α ＝0.907）。
卒業論文真剣度	卒業論文（卒業研究を含む）に取り組む者を対象とした「卒業論文・卒業研究に真剣に取り組んでいる」という質問項目（5件法）を使用した。「とてもあてはまる」＝5～「まったくあてはまらない」＝1とした。卒業論文未執筆者（「卒業論文・卒業研究はない」と回答した者を含む）には0を割り当てた。

うえでそれを偏差値化した数値を使用した。

　主な独立変数は、本章の冒頭で述べた大学教育の中身に相当する①授業経験、②学習経験、③レポート学習行動、④ゼミ取り組み度、⑤卒業論文真剣度である。

　専門分野別習得度の規定要因を詳細に明らかにするため、当該習得度と関連していると予想される性別などの基本的な変数、生活時間（1週間あたり）などを統制変数とする[4]。一見すると学習と直接関係しないサークルや部活動、アルバイトなどの変数の影響力を統制するのは、こうした変数は専門分野別習得度と負の関連がある（少なくとも無関係ではない）と予想されるためである。

4　分　析

■ 4-1　学部の偏差値・大学の成績と専門分野別習得度との相関関係

　まず、前述したSQ1に答えるための分析を行う。

　表2-2は、学部の偏差値・大学の成績と専門分野別習得度との相関係数をまとめたものである。それによれば、次の3点がわかる。

　第一に、10分野合計の専門分野別習得度は、学部の偏差値よりも大学の成績と相対的に強い有意な正の関連があるという点である。

　第二に、個別の専門分野に着目すると、言語・文学、歴史学、政治学を除いて、学部の偏差値は専門分野別習得度と有意な関連がないという点である。これらの三つの専門分野においても相関の程度は弱い。

　第三に、個別の専門分野に着目すると、法学と社会福祉学を除いて、大学の成績は専門分野別習得度と有意な正の関連があるという点である。なお、学部の偏差値

表2-2　学部の偏差値・大学の成績と専門分野別習得度との相関関係

学部の偏差値・大学の成績		専門分野別習得度										
		10分野合計	言語・文学	哲学	歴史学	法学	政治学	経済学	経営学	社会学	社会福祉学	心理学
	上段の n	2081	588	67	191	238	87	230	181	266	56	177
	下段の n	2119	598	67	192	240	89	230	181	270	70	182
学部の偏差値	相関係数	0.083	0.135	0.055	0.147	0.059	0.222	0.057	-0.089	0.015	0.232	0.118
		***	***		*		*				+	
大学の成績	相関係数	0.183	0.132	0.341	0.234	0.111	0.242	0.235	0.217	0.197	0.135	0.230
		***	**	**	**	+	*	***	**	**		**

注）　+：$p < 0.10$、　*：$p < 0.05$、　**：$p < 0.01$、　***：$p < 0.001$（以降でも、同様）。

---

4)　大学の成績については統制変数としない。なぜなら、学習成果の一つである大学の成績の影響力を統制した専門分野別習得度とは何を意味するのか解釈が困難であるからである。なお、仮に大学の成績を統制したとしても、本章の知見に大きな影響はない。

を統制して、大学の成績と専門分野別習得度との偏相関係数を算出すると、ほぼ同様の傾向となる。

以上から、専門分野別習得度は大学入学後に形成される側面の大きい変数であると考えられる。ここから、当該習得度は自己評価指標といえども、一定程度の適切性を有する変数であるように思われる。

■ 4-2　専門分野別習得度の規定要因

次に、前述した SQ2 に答えるための分析を行う。

まず、解釈をしやすくするために質問項目数の多い授業経験、学習経験、レポート学習行動の各質問項目について因子分析（主因子法、プロマックス回転）を行い、類似

表 2-3　授業経験の因子分析

質問項目	参加型授業経験 Cronbach's $\alpha =0.737$ 因子負荷量	レリバンス型授業経験 Cronbach's $\alpha =0.703$ 因子負荷量	PBL 型授業経験 Cronbach's $\alpha =0.560$ 因子負荷量	マスプロ型授業経験 Cronbach's $\alpha =0.457$ 因子負荷量
議論やグループワークなど学生が参加する機会がある授業	0.653	0.031	0.075	-0.105
少人数の演習形式の授業	0.638	0.029	-0.106	-0.078
プレゼンテーションの機会を取り入れた授業	0.638	-0.007	0.125	-0.008
課題や宿題がたくさん出される授業	0.551	0.032	-0.059	0.111
出席が重視される授業	0.491	-0.131	-0.057	0.130
日本語以外の言語で行われる授業（語学科目は除く）	0.343	0.042	0.109	0.087
提出物に教員からのコメントが付されて返却される授業	0.336	0.286	-0.045	-0.037
授業内容の意義や必要性を説明してくれる授業	-0.059	0.726	-0.052	-0.011
将来に役立つ実践的な知識や技能が身につく授業	-0.079	0.665	0.099	0.045
授業内容に興味がわくように工夫された授業	0.124	0.657	-0.098	-0.007
企業や地域等と連携し、プロジェクトにとりくむ授業	-0.050	-0.068	0.736	-0.010
就職対策や人生設計などキャリア形成に関する授業	-0.051	0.301	0.400	0.083
実験や調査の機会を取り入れた授業	0.295	-0.065	0.374	-0.052
大講義形式（出席者数が 100 人以上）の授業	0.012	-0.003	0.125	0.585
テストで成績が評価される授業	0.085	0.120	-0.052	0.536
一方向的な講義形式の授業	0.132	-0.168	-0.153	0.380
因子相関行列				
参加型授業経験	1.000	0.549	0.473	-0.374
レリバンス型授業経験	0.549	1.000	0.480	-0.101
PBL 型授業経験	0.473	0.480	1.000	-0.166
マスプロ型授業経験	-0.374	-0.101	-0.166	1.000

注1) 主因子法、プロマックス回転による。
注2) n=2119。

する変数を集約する[5]。

表2-3は、授業経験に関する因子分析の結果をまとめたものである。それによれば、次の四つの因子が抽出された。第1因子は、「議論やグループワークなど学生が参加する機会がある授業」などから構成されるため、参加型授業経験と呼称する。第2因子は、「授業内容の意義や必要性を説明してくれる授業」などから構成されるため、レリバンス型授業経験と呼称する。第3因子は、「企業や地域等と連携し、プロジェクトにとりくむ授業」などから構成されるため、PBL（Project-based learning）型授業経験と呼称する。第4因子は、「大講義形式（出席者数が100人以上）の授業」などから構成されるため、マスプロ型授業経験と呼称する。以降では、各因子の因子得点を分析に使用する。

表2-4は、学習経験に関する因子分析の結果をまとめたものである。それによれば、次の三つの因子が抽出された。第1因子は、「授業で学んだことを授業外で活か

表2-4　学習経験の因子分析

質問項目	ラーニング・ブリッジング型学習経験 Cronbach's α =0.704 因子負荷量	勤勉型学習経験 Cronbach's α =0.663 因子負荷量	理解型学習経験 Cronbach's α =0.554 因子負荷量
授業で学んだことを授業外で活かした	0.763	−0.100	0.019
授業外（アルバイト、サークル、インターンシップなど）で学んだことを授業で活かした	0.615	−0.052	−0.171
複数の授業で学んだことを関連づけて理解していた	0.511	0.013	0.150
授業に関連して、わからないことや関心のあることが出てきたら自分で調べてみた	0.428	0.182	0.122
履修体系を考えて徐々に発展的な内容の授業を履修するようにしていた	0.425	0.205	−0.018
興味がわかない授業でもまじめに受けていた	−0.023	0.711	−0.069
なるべく良い成績をとるようにしていた	0.029	0.710	0.016
内容が理解できない授業が多かった（逆転）	−0.125	0.049	0.750
自分の学んでいる専門分野に興味がわかなかった（逆転）	0.024	0.041	0.588
授業では教えられたことをそのまま暗記した（逆転）	0.083	−0.268	0.391
因子相関行列			
ラーニング・ブリッジング型学習経験	1.000	0.388	0.472
勤勉型学習経験	0.388	1.000	0.280
理解型学習経験	0.472	0.280	1.000

注1）主因子法、プロマックス回転による。
注2）n=2119。

5）なお、以降の因子分析では、因子負荷量の値と内的整合性を示すCronbachのαの値がやや低くなっている場合がある点には留意が必要である。ただし、個票データであることを考慮すれば、基本的に許容範囲内であるように思われる。

した」などから構成されるため、ラーニング・ブリッジング型学習経験と呼称する。河井（2014：138）は、「学習者が、授業外での活動と授業のように複数の異なる活動の間で移行・往還しながら、それぞれにおける学習を結合・統合していくこと」をラーニング・ブリッジングと名づけている。ここでは、河井（2014）の議論をふまえた因子名とする[6]。第2因子は、「興味がわかない授業でもまじめに受けていた」などから構成されるため、勤勉型学習経験と呼称する。第3因子は、「内容が理解できない授業が多かった（逆転）」などから構成されるため、理解型学習経験と呼称する。以降では、各因子の因子得点を分析に使用する。

表2-5は、レポート学習行動に関する因子分析の結果をまとめたものである。それによれば、次の二つの因子が抽出された。第1因子は、「結論がわかるように書い

表2-5　レポート学習行動の因子分析

質問項目	学術的作法 Cronbach's α =0.833 因子負荷量	第三者的思考 Cronbach's α =0.622 因子負荷量
結論がわかるように書いた	0.777	-0.066
根拠をはっきりと書いた	0.767	0.025
問いをはっきりと立てた	0.617	0.142
インターネットや本の内容を出典を示さずにそのまま写した（逆転）	0.604	-0.292
本や論文を調べた	0.589	0.012
自分の主張を書いた	0.564	0.062
自分の主張が妥当なのか検討した	0.544	0.217
調べた情報をノートやパソコンに整理した	0.448	0.110
授業の担当教員に質問・相談した	-0.077	0.729
友だちとレポートの内容について話し合った	-0.096	0.594
早めに仕上げて構成を考え直した	0.081	0.529
因子相関行列		
学術的作法	1.000	0.575
第三者的思考	0.575	1.000

注1）主因子法、プロマックス回転による。
注2）n=2119。

6) 河井（2014）の議論では、授業と授業外の実践コミュニティとの往還が理論に組み込まれており、ラーニング・ブリッジングという概念規定が本章で使用する質問項目よりも明確である。

第2章　専門分野別習得度と関連する大学教育とは何か　　*43*

た」などから構成されるため、学術的作法と呼称する。第2因子は、「授業の担当教員に質問・相談した」などから構成されるため、第三者的思考と呼称する。これらの因子の構成内容は、小山（2017）とほぼ同様である。以降では、各因子の因子得点を分析に使用する。

次に、重回帰分析を行う。表2-6は、重回帰分析で使用する変数の記述統計量をまとめたものである。表2-7は、専門分野別習得度を従属変数とした重回帰分析の結果をまとめたものである[7]。重回帰分析では、属性などの基本的な変数、大学時

表2-6　記述統計量

変数	平均値	標準偏差	最小値	最大値
専門分野別習得度	49.979	9.955	9.000	76.258
性別（（男性ダミー）	0.387	0.487	0	1
父親の最終学歴（大卒・大学院卒ダミー）	0.606	0.489	0	1
母親の最終学歴（大卒・大学院卒ダミー）	0.292	0.455	0	1
実家の蔵書数	1.558	1.469	0	4.5
中学3年生のときの校内成績	4.132	1.093	1	5
高校3年生のときの校内成績	3.731	1.208	1	5
出身高校普通科ダミー	0.905	0.294	0	1
2020年度調査開始ダミー	0.583	0.493	0	1
国公立大学ダミー	0.590	0.492	0	1
学部の偏差値	56.393	7.943	35.0	70.0
大学入学方法（一般入試ダミー）	0.733	0.443	0	1
（生活時間）授業の予復習や課題（卒論を含む）をやる時間	7.797	8.746	0	35
（生活時間）内定先から指示された課題や研修をやる時間	1.493	3.817	0	35
（生活時間）大学や内定先からの指示以外の自主的な勉強	3.031	6.056	0	35
（生活時間）読書（マンガ、雑誌を除く）	2.862	5.170	0	35
（生活時間）友だちづきあい	6.161	7.256	0	35
（生活時間）サークルや部活動	1.930	5.032	0	35
（生活時間）アルバイト	10.939	9.810	0	35
（生活時間）インターネット・SNS（スマートフォン・携帯電話による利用を含む）	15.226	11.810	0	35
（授業経験）参加型授業経験	-0.004	0.901	-2.836	2.022
（授業経験）レリバンス型授業経験	-0.007	0.874	-2.670	2.152
（授業経験）PBL型授業経験	-0.008	0.817	-1.647	2.753
（授業経験）マスプロ型授業経験	0.012	0.749	-3.101	1.507
（学習経験）ラーニング・ブリッジング型学習経験	-0.008	0.862	-2.845	1.901
（学習経験）勤勉型学習経験	-0.001	0.838	-2.896	1.460
（学習経験）理解型学習経験	0.000	0.830	-2.690	1.909
（レポート学習行動）学術的作法	0.007	0.928	-5.754	1.447
（レポート学習行動）第三者的思考	-0.001	0.848	-3.250	2.313
ゼミ取り組み度	3.257	1.269	0.000	5.000
卒業論文真剣度	3.478	1.805	0	5

注）各 n=1980。

表 2-7 専門分野別習得度の規定要因（重回帰分析）

独立変数	モデル1 標準化偏回帰係数		モデル2 標準化偏回帰係数		モデル3 標準化偏回帰係数	
性別（男性ダミー）	0.042	+	0.046	*	0.082	***
父親の最終学歴（大卒・大学院卒ダミー）	-0.010		-0.015		0.011	
母親の最終学歴（大卒・大学院卒ダミー）	0.015		0.008		0.008	
実家の蔵書数	0.090	***	0.072	**	0.016	
中学3年生のときの校内成績	0.041	+	0.043	+	0.018	
高校3年生のときの校内成績	0.035		0.033		0.008	
出身高校普通科ダミー	0.010		0.003		0.004	
2020年度調査ダミー	0.063	**	0.052	*	0.055	**
国公立大学ダミー	-0.041	+	-0.034		-0.004	
学部の偏差値	0.057	*	0.081	**	0.072	**
大学入学方法（一般入試ダミー）	-0.054	*	-0.032		-0.026	
（生活時間）授業の予復習や課題（卒論を含む）をやる時間	0.077	***	0.057	*	-0.018	
（生活時間）内定先から指示された課題や研修をやる時間	0.023		0.024		0.021	
（生活時間）大学や内定先からの指示以外の自主的な勉強	0.101	***	0.094	***	0.040	+
（生活時間）読書（マンガ、雑誌を除く）	0.064	**	0.060	*	0.028	
（生活時間）友だちづきあい	0.089	***	0.087	***	0.077	***
（生活時間）サークルや部活動	-0.025		-0.035		-0.008	
（生活時間）アルバイト	-0.005		0.005		-0.002	
（生活時間）インターネット・SNS（スマートフォン・携帯電話による利用を含む）	-0.135	***	-0.103	***	-0.051	*
（授業経験）参加型授業経験			0.022		-0.012	
（授業経験）レリバンス型授業経験			0.238	***	0.052	+
（授業経験）PBL型授業経験			0.021		0.015	
（授業経験）マスプロ型授業経験			0.005		0.013	
（学習経験）ラーニング・ブリッジング型学習経験					0.277	***
（学習経験）勤勉型学習経験					0.030	
（学習経験）理解型学習経験					0.115	***
（レポート学習行動）学術的作法					0.165	***
（レポート学習行動）第三者的思考					-0.007	
ゼミ取り組み度					0.056	**
卒業論文負担度					0.061	**
自由度調整済み決定係数	0.070		0.136		0.307	
F値	8.803	***	14.541	***	30.240	***
n	1980		1980		1980	

代の生活時間を独立変数としたモデル1、そこに授業経験を追加したモデル2、さらに学習経験（広義と狭義）を追加したモデル3を設定した。なぜなら、学習時間のような学習の量だけではなく、授業経験・学習経験のような学習の質が専門分野別習得度と関連するのか検討するためであり、かつ、授業経験が学習経験を媒介して専門分野別習得度と関連する可能性を検討するためである。

表2-7によれば、次の6点がわかる。

第一に、モデル3の説明力が最も高くなっているという点である。とくに学習経験を追加したモデル3において自由度調整済み決定係数の値が大きく上昇している。すなわち、学習経験のような学習の質に相当する変数が専門分野別習得度を説明するうえで重要な要素となっている。

第二に、授業経験の一部（レリバンス型授業経験）にはモデル2において有意な正の関連がみられるものの、モデル3においてはそれが消滅しているという点である[8]。とくに注目されるのは、アクティブ・ラーニング型授業という名のもとに各大学で大々的に展開されてきたであろう参加型授業経験とPBL型授業経験には有意な関連がまったくみられない（標準化偏回帰係数の値も非常に小さい）という点である。

第三に、モデル3から専門分野別習得度の規定要因として最も重要なのは、ラーニング・ブリッジング型学習経験であるという点である。学習経験については、理解型学習経験にも有意な正の関連がみられる。

第四に、モデル3から（レポート学習行動）学術的作法にも相対的に強い有意な正の関連がみられるという点である。標準化偏回帰係数の値は2番目に大きな値となっている。

第五に、ゼミ取り組み度、卒業論文真剣度にも有意な正の関連がみられるものの、その影響力は相対的に小さいという点である。標準化偏回帰係数の値は、ラーニング・ブリッジング型学習経験や（レポート学習行動）学術的作法の半分未満である。

第六に、学習時間（予復習時間、内定先の課題・研修時間、自主的勉強時間、読書時間）は、

7）独立変数間に極端に強い相関関係はない。VIFの最大値は、以降で説明するモデル1〜3において1.436〜2.928である。

8）なお、授業経験については、小方（2008）、両角（2010）、金子（2013）などにおける一部の知見とは異なる結果が得られた。これらの先行研究では、本章でいう学習経験（広義と狭義）に相当する変数が十分に投入されておらず、授業経験の影響力が過大評価されている可能性がある。

総じて、強い規定要因とはなっていないという点である。

以上の分析結果について考察する。

第一に、学習経験のような学習の質に関する独立変数を投入したモデル3の説明力が大きく上昇して最も高くなっていた点は、先行研究の指摘をふまえると整合的に解釈できる。葛城（2006）は、「能力の変化」と「専門の到達度」について以下のように述べている。

> いずれの指標についても「教育の質」、つまり「いかなる教育が与えられたか」よりも、「学習経験の質」、つまり「いかなる学習を行ったか」ということに規定されていることが明らかとなった。（葛城 2006：171）

本章でもこの点が再検証された。

第二に、モデル3において授業経験に有意な正の関連がみられなかった点も、葛城（2006：171）の知見と整合的である。とくにモデル2で有意な正の関連があったレリバンス型授業経験の有意な正の関連がモデル3で消滅したこと、その代わりにラーニング・ブリッジング型学習経験・理解型学習経験や（レポート学習行動）学術的作法に有意な正の関連がみられたことから、授業経験には少なくとも正の直接効果はなく、学習経験を媒介とした間接効果しかないということが推測される[9]。他の授業経験については直接効果も間接効果もほぼないと解釈できる。

参加型授業経験とPBL型授業経験に有意な関連がみられなかった点は、アクティブ・ラーニング（型授業）の有効性に疑問を投げかけているように思われる。大多和（2023：153）は、グループワークなどを授業の至るところで実施さえすれば、大学教育が改善されるだろうという単純素朴な前提に立つ教学マネジメントのあり方を「ここかしこ」型アクティブ・ラーニングと呼称して、きびしく批判している。本章の知見は、大多和（2023）の批判が的を射ている可能性を示唆している。アイスブレイクやグループワークといったカタカナ用語を無批判に振り回し、授業時間内だけで学生を「動かす」ことに終始しても、結局、専門性は身につかないということであろう。この点はアクティブ・ラーニング（型授業）をマジック・ワード化して思考

---

9) 重回帰分析における授業経験と学習経験の単相関係数を確認すると、最も特徴的なのはレリバンス型授業経験である。当該授業経験と広義の学習経験の単相関係数は0.300弱〜0.500弱である。また、当該授業経験は狭義の学習経験とも弱い正の相関関係にある。

停止する教学マネジメント（授業運営を含む）の問題性を示唆しているように思われる。

　第三に、モデル３から専門分野別習得度の規定要因として重要なのは、学習経験のなかでもラーニング・ブリッジング型学習経験と理解型学習経験であったという点は、大学での専門的な学びは、専門的知識を地道に理解したうえで、それを活用することで効果的に身につくということを示唆しているように思われる。小方(2001)は、大学教育におけるコンピテンシーの枠組みの有用性は、知の「幅」と「深さ」という構成軸に「運用」という構成軸を追加した点にあると指摘している。

> 知の意味は、それが「幅」であろうが「深さ」であろうが、「運用」を伴って初めて確定する。(小方 2001：87)

　本章の知見は、この「運用」が専門性を身につけるうえでも重要であることを物語っているように思われる。大学は、「ここかしこ」型アクティブ・ラーニング（型授業）のような授業内に閉じた授業を展開するのではなく、授業内外に開かれた知の「運用」（活用）を伴う学習経験（の場）を提供することで学生の専門性を高めることができるように思われる。

　第四に、学習時間が総じて強い規定要因とはなっていなかった点は、専門分野別習得度は単純に時間を投入すれば上がるものではなく、学び方（過程）を考慮する必要があるということであろう。上述した知見は、専門分野別習得度が単純な知識（量）を測定する指標ではなく、思考力なども測定する指標となりえているという解釈もできるかもしれない。

5　結　論

　本章では、人文・社会科学分野の専門分野別習得度と関連する大学教育とは何かという問いを明らかにしてきた。本章の主な知見は、次の３点にまとめることができる。

　第一に、専門分野別習得度の規定要因として重要なのは、学習経験のなかでもラーニング・ブリッジング型学習経験、理解型学習経験、（レポート学習行動）学術的作法であったという点である。学習経験のような学習の質に相当する変数が専門分野別習得度を説明するうえで重要な要素となっていた。

第二に、授業経験は専門分野別習得度と有意な関連がなかったという点である。とくに、参加型授業経験と PBL 型授業経験に有意な関連がまったくみられなかった点が注目に値する。

第三に、学習時間は、総じて、専門分野別習得度の強い規定要因とはなっていなかったという点である。

以上から、本章の結論は、専門分野別習得度と関連する大学教育は、授業経験（どういう授業をどれくらい受けたか）というよりも、学習経験（何を考え、どのように学んだか）であるということになる。この学習経験のなかでも、重要な正の規定要因であるのは、ラーニング・ブリッジング型学習経験、理解型学習経験、（レポート学習行動）学術的作法である。

それをふまえて、本章の知見の含意について、次の二つの点から考察する。

第一に、授業形態に過度に着目した大学教育改革・授業改善への警鐘が必要ではないかという点である。本章の知見によれば、特定の形態・内容の授業を単純に展開しても、専門分野別習得度の向上には結びつかない可能性がある。このことは、アクティブ・ラーニング型授業を表層的に理解して展開することの問題性を示唆しているように思われる。換言すれば、大多和（2023）の指摘する「ここかしこ」型アクティブ・ラーニング（型授業）を無批判に、かつ教学マネジメントとして大々的に展開することは、大学教育の質保証につながらないという「意図せざる結果」をもたらすのではないか。参加型授業経験や PBL 型授業経験が専門分野別習得度と何ら関連していなかったという知見は、すでにこうした「意図せざる結果」が生じていることを示唆しているように思われる。

第二に、大学に求められるのは、学生が自らの学習経験を高められるような仕組みづくりではないかという点である。本章の知見は、授業、カリキュラム、授業外学習支援などを組み合わせた多面的学習支援の重要性を示唆しているように思われる。この点と関連して、デューイによる下記の言葉が参考になるだろう。

> 教育者の基本的な責任は、年少者たちが周囲の条件によって、彼らの現実の経験が形成されるという一般的な原理を知るだけではなく、さらにどのような環境が成長を導くような経験をするうえで役立つかについて、具体的に認識することである。（デューイ 2004：56-57）

最後に、今後の課題として、次の3点を指摘する。

第一に、専門分野間の相違点に着目した解釈と分析を進める必要があるという点である。今回は10個の専門分野における全体的な傾向を重点した分析を行なった。今後は、多数の専門分野を調査対象にした強みを活かして、専門分野間の相違点とそれが生じる要因について検討する必要がある。

第二に、授業経験と学習経験（広義と狭義）との相互関係を整理・検討する必要があるという点である。どのような授業経験がどのような学習経験と（正の）関連があるのかという点をそのメカニズムを含めて明らかにする必要がある。

第三に、専門分野別習得度が就職活動を含めたその後のキャリア形成に関する変数とどのように関連しているのかという問いを明らかにする必要があるという点である。この点については、第3章で部分的に分析されている。

【付　記】

調査実施に関してご協力いただいた大学関係者の方々、ウェブ調査にご回答いただいた方々に厚く御礼申し上げる。

本章は、小山（2022）、Honda et al.（2023）を加筆・修正したものである。この点について、各文献の掲載誌の編集委員会から許可を得た。また、本章は、序章で示されている科研費に加えて、JSPS 科研費 JP23K02536 の研究成果の一部でもある。

【文　献】

有本章編, 2003,『大学のカリキュラム改革』玉川大学出版部

大多和直樹, 2023,「「ここかしこ」型アクティブ・ラーニングでいいのか——教学マネジメントの観点から」『日本高等教育学会第26回大会発表要旨集録（2023年6月1日公開 初版）』, 153–154.

小方直幸, 2001,「コンピテンシーは大学教育を変えるか」『高等教育研究』4, 71–91.

小方直幸, 2008,「学生のエンゲージメントと大学教育のアウトカム」『高等教育研究』11, 45–64.

金子元久, 2013,『大学教育の再構築——学生を成長させる大学へ』玉川大学出版部

河井亨, 2014,『大学生の学習ダイナミクス——授業内外のラーニング・ブリッジング』東信堂

関西大学教育開発支援センター, 2021,「2020年度 三者協働（学生・教員・職員）によるFD・SD研修の最終報告会記録」『関西大学高等教育研究』12, 189–202.

葛城浩一, 2006,「在学生によるカリキュラム評価の可能性と限界」『高等教育研究』9, 161–180.

小山治, 2017,「大学時代のレポートに関する学習経験は職場における経験学習を促進するのか——社会科学分野の大卒就業者に対するインターネットモニター調査」『高等教育研究』20, 199–218.

小山治, 2022,「人文・社会科学分野の専門分野別習得度と関連する大学教育は何か——日本学術会議の参照基準に着目して」『高等教育フォーラム』12, 1–12.

デューイ, J., 2004, 市村尚久訳,『経験と教育』講談社（Dewey, J., 1938, *Experience and Education*, Macmillan.）

日本学術会議, 2010,「回答　大学教育の分野別質保証の在り方について」日本学術会議〈https://www.scj.go.jp/ja/info/kohyo/pdf/kohyo-21-k100-1.pdf（最終確認日：2025年2月17日）〉.

溝上慎一, 2018,『大学生白書 2018——いまの大学教育では学生を変えられない』東信堂
溝上慎一責任編集・京都大学高等教育研究開発推進センター・河合塾編, 2018,『高大接続の本質—
　—「学校と社会をつなぐ調査」から見えてきた課題』学事出版
溝上慎一責任編集・河合塾編, 2023,『高校・大学・社会　学びと成長のリアル——「学校と社会を
　つなぐ調査」10 年の軌跡』学事出版
村澤昌崇, 2003,「学生の力量形成における大学教育の効果」有本章編『大学のカリキュラム改革』
　玉川大学出版部, pp. 60–74.
両角亜希子, 2010,「大学生の学習行動の大学間比較——授業の効果に着目して」『東京大学大学院教
　育学研究科紀要』49, 191–206.
Honda, Y., Koyama, O., & Kagawa, M., 2023, A New Indicator for Scrutinising Learning Outcomes
　in Higher Education: Developing Discipline-Specific Items for Students' Self-Evaluation
　and Examining their Validity. *Research Bulletin*, 8, 258–278, Center for Advanced School
　Education and Evidence Based Research Graduate School of Education, The University of
　Tokyo.

第3章 専門分野の習得度は卒業後にどう影響しているか

職業スキルおよび社会意識への影響を検討する

本田 由紀

1 問題関心と仮説

　本章の目的は、大学時の専門分野の習得度が、他の諸変数を統制したうえでなお、卒業後の職業スキルおよび社会意識に影響を及ぼしているか否かを、構造方程式モデリング（Structural Equation Modeling：SEM）を用いて検討することにある。

　従来の研究は、大学生活の諸側面や大学卒業時の一般的なスキルが卒業後の職業人としての行動や収入などに影響していることを検証してきた（舘野ほか 2016, 溝上ほか 2012, 梅崎・田澤 2013, 本田 2018, 矢野 2009, 2023, 濱中 2013 など）。しかし、これまでの研究は、大学教育の個別の専門分野において学生が習得した専門的な知識やスキルの水準が、卒業後の仕事上のパフォーマンスに影響しているか否かに関しては閑却してきた。大学の正課のカリキュラムや授業が基本的には専門分野に即して構成されていることを考慮すれば、大学卒業時点までに習得した専門分野の知識やスキルの水準が、卒業後の職業達成に対して固有の影響を持っているかについて検証が必要である。人文社会科学系の大学教育は仕事には役に立たないという通説が根強い日本においてはとくに、そうした通説の真偽を吟味する必要がある。

　また近年、大学における専攻分野が大学生や卒業生の社会意識（権威主義や格差・競争の肯定度など）に影響するという研究が、国内外で蓄積されてきている（Veselý 2022, van de Werfhorst & Kraaykamp 2001, Stubager 2008, 渡辺 2017, 渡辺・齋藤 2020, 濱田 2021 など）。政治体制や社会制度の支持や否定は、将来的な体制・制度の選択に結びつく可能性があることから、こうした社会意識に大学教育がどのように影響しているかを検討することは重要な課題である。しかし、専門分野による相違を分析しただけでは、もともと特定の社会意識を持つ層が特定の分野を専攻として選択して

いるというサンプルバイアスを免れない。それゆえ、この点についても、専門分野による違いに加えて、個々人の専門分野における習得の度合いを視野に入れて検討する必要がある。

こうした問題関心に基づき、本章では大きく二つの仮説を設定し、それぞれについてさらに三つずつの作業仮説を設定した。

仮説A　大学での専門分野習得度は卒業後のジョブスキルを高める

仮説A-1：専門分野習得度は、偏差値や大学時の一般的スキルなどをコントロールしても、卒業後のジョブスキルにプラスの影響を及ぼしている

仮説A-2：専門分野習得度が卒業後のジョブスキルに及ぼす影響は専門分野によって異なる

仮説A-3：各専門分野の習得度項目が習得度全体に占める重要性には項目間で相違がある

仮説B　専門分野習得度は卒業後の社会意識に影響する

仮説B-1：専門分野習得度は、卒業後の新自由主義肯定意識にマイナスの影響を及ぼしている

仮説B-2：大学時の一般スキルは、卒業後の新自由主義肯定意識にプラスの影響を及ぼしている

仮説B-3：専門分野習得度が卒業後の新自由主義肯定意識に及ぼす影響は専門分野によって異なる

仮説Aは、卒業1年後のジョブスキルを従属変数とする。既存研究では収入をパフォーマンスの指標としている例が多いが、新規採用者では収入や役職などの差がついていないと考えられることから、具体的な仕事場面で発揮されるスキルの水準を従属変数とした。

仮説Bは、卒業1年後の社会意識として「新自由主義」を肯定するかどうかという意識を従属変数とした。「新自由主義」は多義的な言葉であるが（仁平 2023）、本章では競争や努力を肯定し、福祉を軽視する意識を、新自由主義肯定意識として使用する。こうした意識を従属変数として取り上げる理由は、日本社会が「自己責任」「自助」を強調し困窮者への社会保障が不足した社会であるという認識からである（宮本 2022）。

第3章　専門分野の習得度は卒業後にどう影響しているか　*53*

　以下、第2節ではこれらの仮説を検証するために用いる変数とデータ、方法を説明し、第3節では二つの仮説についての分析結果を示す。第4節では分析結果に基づく考察を行う。

2　変数・データ・分析方法

　分析で使用する変数の作成方法と基礎統計量は、章末の付表に示した。

　本章が注目する独立変数は、各分野の習得度であり、これは分野別の習得度スコアの平均値（分野別に標準化）もしくは個別の習得度項目への回答を用いる。注目する従属変数として、仮説Aについては、付表に示した仕事上のタスクの水準に関する18個の項目に関する自己評価回答をスコア化した平均値を「ジョブスキル」として用いる。仮説Bの「新自由主義肯定意識」については、やはり付表に示した三つの意識項目の平均値を使用する。独立変数の習得度は、大学最終学年在学時の回答結果であり、従属変数の「ジョブスキル」および「新自由主義肯定意識」は、卒業後1年目の回答結果であるため、独立変数と従属変数の間の影響関係は1年間のタイムラグを経たものである。

　習得度の固有の影響を検証するために、統制変数として、親大卒、性別（女性）、高校時一般スキル、大学の所属学部の偏差値、大学時一般スキル、職場における研修の有効度、卒業後の自己啓発実施度をモデルに投入する。

　本章で用いるデータは、大学最終学年在学時に実施した第1波調査・第1波追加調査と、卒業後1年目に実施した第2波調査・第2波追加調査であり、後者に回答したケースのうち、習得度変数が使用できる10分野に在学していた者で回答に欠損が無い1023ケースである。変数のうち、「ジョブスキル」、研修有効度、自己啓発実施度が卒業後1年目時点の変数であり、それ以外は大学最終学年在学時の回答から作成した変数である[1]。

　本章は分析手法として、冒頭で述べた通り、構造方程式モデリング（SEM）を採用する。構造方程式モデリングは、多数の変数間の複雑な関係をパス図により可視化する手法であり、観測された変数だけでなく、観測変数から算出される構成概念をもモデルに含めることができる（豊田 2007）。SEMを用いて他の諸変数やそれらの

---

1) 従属変数として卒業後2年目・3年目の回答を使用することも検討したが、ケース数が少なくなるため断念した。

相互関係を一挙に統制することにより、注目する従属変数と独立変数の間に有意な影響関係があるかどうかを検討することができるため、この手法を採用する。

以下の第3節では、二つの仮説に関して、まず10分野全体を対象として、想定されるパス関係をモデル化して分析し、有意なパスを抽出する。その後、有意でなかったパスを除外したモデルで改めて分析し、係数を確認する。この分析では各分野の習得度項目の平均スコアを標準化した偏差値を習得度として用いる。

続いて、分野別のケース数が100を超えている言語・文学、法律学、経済学、社会学の4分野のそれぞれについて、習得度は偏差値ではなく各分野の項目を観測変数として投入した構成概念を用いた同様のモデルで推計を行う。

3 分析結果

■ 3-1 仮説Aに関する分析

まず、仮説A「大学での専門分野習得度は卒業後のジョブスキルを高める」に関して分析を行う。

分析のために設定したSEMの基本モデルを図3-1に示す[2]。

図3-1のモデルで分析したのちに、有意でないパスを除外して改めて分析した結果が図3-2である。他の多くの変数を統制しても、本章で注目する独立変数である専門分野の習得度はジョブスキルに直接的なプラスの有意な影響を及ぼしている。この直接的な影響は0.064と小さいが、大学時一般スキルおよび自己啓発実施度を経由した総効果は0.229（$0.064 + 0.386 \times 0.401 + 0.386 \times 0.213 \times 0.121$）と、無

---

2) 専門分野習得度と大学時一般スキルの間には逆の規定関係も想定されうるが、ジョブスキルへの専門分野習得度の固有の影響をみるうえでは上記モデルを措くことで大きな問題は生じない。また、日本学術会議が文部科学大臣からの諮問に対して2010年に提出した回答「大学教育の分野別質保証のあり方について」では、専門教育と汎用的な能力の関係について、以下のように説明されている。「学習目標においては、専門的な知識や理解や方法論を活用できる「能力」の獲得自体が重要であるのは当然として、そうした能力を獲得するための知的訓練と言うことが、大学教育において常に意識されるべきであると考える（この観点から「学習方法」が大きな重要性を持つ）。そしてこうした知的訓練を通じて、特定の専門分野の中だけでなく、広く職業生活一般において汎用的に活用することが可能な能力（ジェネリックスキル）が身に付けられるであろうことも、専門分野の教育の重要な機能であり、専門分野の学習目標として明確に位置付けられるべきである」（47ページ、下線は引用者による）。この引用部分でも、専門分野の知的訓練を通じて汎用的な能力が身につけられるという想定に立脚しており、本章でもそれを踏襲する。

第3章 専門分野の習得度は卒業後にどう影響しているか　55

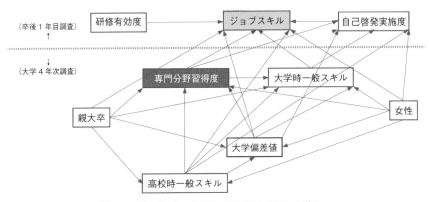

図 3-1　ジョブスキルの規定要因に関する基本モデル

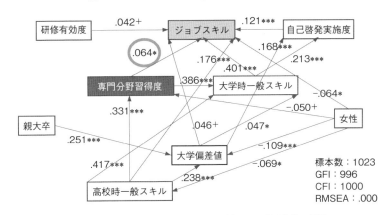

図 3-2　ジョブスキルの規定要因に関する 10 分野全体の結果
(数値は標準化係数、誤差省略)　注：＊＊＊：$p < 0.001$、＊＊：$p < 0.01$、＊：$p < 0.05$、＋：$p < 0.1$（以下すべて同様）

視できない大きさになる。これは偏差値の総効果 0.086（0.046 + 0.047 × 0.401 + 0.047 × 0.213 × 0.121 + 0.168 × 0.121）よりも明確に大きいが、大学時一般スキルの総効果 0.427（0.401 + 0.213 × 0.121）よりは小さい。ただし、大学時一般スキルの項目とジョブスキル項目の類似性が高いのに対し、習得度項目とジョブスキル項目とは異質であることを考慮すれば、専門分野の習得度の水準は、内容的に異なってはいても卒業後のジョブスキルに相当の効果を持つと解釈できる。これにより、仮説 A-1 は 10 分野全体に関しては支持された。

また、高校時一般スキルは習得度、大学時一般スキル、ジョブスキルのいずれに

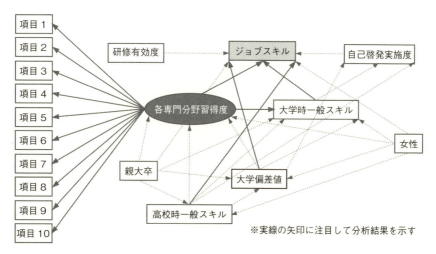

図 3-3 ジョブスキルの規定要因に関する分野別の基本モデル

も影響していることから、高校時の学習を通じて身につけたスキルが、大学教育を経由して卒業後の仕事のパフォーマンスにも影響しているといえる。

続いて図3-3は、言語・文学、法学、経済学、社会学の4分野のそれぞれについて、個々の習得度項目を観測変数とし、習得度を構成概念として同様にSEMを実施した際の基本モデルである。有意なパスのみを残して再分析し、図3-3中の専門分野習得度とジョブスキルに関わるパスの係数を示したものが表3-1である。

4分野のなかで、言語・文学のみにおいて、習得度からジョブスキルへの直接のパスが有意となった。他の3分野については、習得度からジョブスキルに対して直接の影響関係は見出されず、大学時一般スキルを介した間接的な影響のみが見出された。この結果により、仮説A-1への支持は部分的となり、仮説A-2は支持された。

また、学部偏差値がジョブスキルに影響しているのは社会学のみであり、他方で法学では高校時スキルがジョブスキルに影響しないという、個別分野の特徴も表れている。ただし、個別分野の分析では各分野のケース数が少なく、サンプルの偏りのおそれもあることから、今回の結果から各分野の特徴を一般化することには慎重を期す必要がある。

表3-2には、図3-3の分野別分析において、構成概念としての習得度から、観測変数としての個別習得度項目へのパス係数を示した。網掛けのセルは、各分野で係数の大きい項目を示しており、言語・文学では項目6（言語・文学役割理解）、項目

第3章　専門分野の習得度は卒業後にどう影響しているか　57

表 3-1　ジョブスキルに関する分野別の SEM の主な結果

分野	習得度→ジョブスキル	習得度→大学時一般スキル	大学時一般スキル→ジョブスキル	偏差値→ジョブスキル	高校時スキル→ジョブスキル	標本数	GFI	CFI	RMSEA
言語・文学	.240 ***	.441 ***	.342 ***	-.088 *	.175 **	288	0.846	0.768	0.100
法　学	.107	.464 ***	.448 ***	-.051	.092	114	0.799	0.820	0.092
経済学	-.122	.403 ***	.356 ***	.037	.316 ***	120	0.692	0.748	0.135
社会学	-.075	.502 ***	.431 ***	.188 *	.234 *	139	0.873	0.868	0.067

表 3-2　各分野の習得度から個別項目へのパス係数

分野	習得度→項目 1	習得度→項目 2	習得度→項目 3	習得度→項目 4	習得度→項目 5	習得度→項目 6	習得度→項目 7	習得度→項目 8	習得度→項目 9	習得度→項目 10
言語・文学	.551 ***	.496 ***	.449 ***	.501 ***	.543 ***	.625 ***	.680 ***	.669 ***	.585 ***	.617 ***
法　学	.698 ***	.662 ***	.706 ***	.728 ***	.461 ***	.730 ***	.796 ***	.641 ***	.547 ***	.599 ***
経済学	.834 ***	.845 ***	.769 ***	.717 ***	.707 ***	.756 ***	.742 ***	.693 ***	.633 ***	.543 ***
社会学	.446 ***	.513 ***	.648 ***	.423 ***	.416 ***	.591 ***	.457 ***	.589 ***	.682 ***	.644 ***

注：網掛けのセルは各分野において係数の大きい項目の上位三つ

表 3-3　新自由主義肯定意識に関する分野別の SEM の主な結果

分野	習得度→新自由主義支持	大学時一般スキル→新自由主義支持	偏差値→新自由主義支持	高校時スキル→新自由主義支持	標本数	GFI	CFI	RMSEA
言語・文学	-.136+	.115	-.063	.095	288	0.838	0.733	0.105
法　学	-.210 *	.002	.042	.303 **	114	0.798	0.800	0.107
経済学	-.083	.037	-.178+	-.048	120	0.674	0.723	0.154
社会学	-.403 **	.208+	-.104	-.014	139	0.867	0.842	0.076

7（他者理解）、項目8（批判的読解）、法学では項目4（法的規範）、項目6（法的説得）、項目7（法的調整）、経済学では項目1（需給理解）、項目2（均衡理解）、項目3（国民経済理解）、社会学では項目3（不平等理解）、項目9（理論的説明）、項目10（問題発見）が具体的な項目内容である。これらの項目の習得度の水準が、各分野の習得度全体にとって重要度が大きいことが示唆されている。これにより、仮説A-3は支持された。各分野の大学教育において、これらの点に重点を置いた指導を行うことが習得度の水準を上げる可能性があると考えられる。

■ 3-2 仮説Bに関する分析

続いて、仮説Bについても同様に分析を行う。図3-4は、新自由主義肯定意識に関する基本モデルである。新自由主義肯定に職場研修や自己啓発が影響するとは想定しにくいため、先の図3-2からこれらの項目は除外している。

まず10分野全体の分析結果を図3-5に示した。習得度は明確に有意なマイナスの影響を持っている。すなわち、専攻する学問分野をしっかり習得したことは、競争や努力を肯定し弱者の救済を不要とする意識をむしろ引き下げる効果を持つことが示唆されている。人文社会科学系の学問分野は、人間と社会のあり方についての知識やそれを把握するためのスキルを伝えるものであることから、それらの習得は、社会問題や格差・貧困を単に自己責任で説明して終わるだけの新自由主義的な思考への歯止めとなるといえる。以上から、仮説B-1および仮説B-2はいずれも10分野全体については支持された。

四つの分野別の分析に使用する基本モデルの図は先の図3-3と同様であるため割

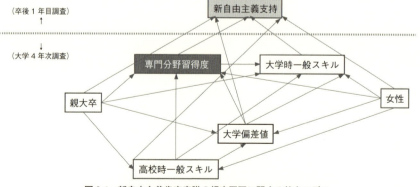

図3-4 新自由主義肯定意識の規定要因に関する基本モデル

第3章 専門分野の習得度は卒業後にどう影響しているか　59

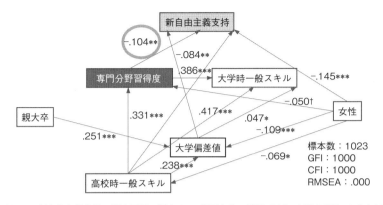

図 3-5　新自由主義支持の規定要因に関する 10 分野全体の結果（数値は標準化係数、誤差省略）

愛し、主要なパスの結果を前頁の表 3-3 に示した。法学と社会学においては、習得度の水準が卒業後の新自由主義肯定意識に対してマイナスの影響を及ぼしているが、言語・文学では 10％水準の負の関連に留まり、経済学についてはパスは有意とならなかった。また、大学時一般スキルから新自由主義肯定意識へのパスは、社会学においてのみ 10％水準で有意となった。それゆえ、分野別分析では仮説 B-1 は部分的に支持され、仮説 B-2 は支持されず、仮説 B-3 は支持された。

4　結論と考察

　本章の分析により、仮説 A・仮説 B は、10 分野全体に関しては支持された。すなわち、人文社会科学系 10 分野全体を対象とした場合、専門分野の習得度は、他の多くの変数をコントロールしたうえでなお、卒業後のジョブスキルに対してはプラスの、また新自由主義肯定意識に対してはマイナスの、固有の影響を持っていた。
　ただし、分野別の分析により、分野間で影響関係が異なることが見出されたことから、仮説 A・仮説 B が当てはまる度合いには分野によって違いがある（仮説 A-2・仮説 B-3 の支持）。習得度が直接にジョブスキルに影響する分野として言語・文学が、また習得度が新自由主義肯定意識を低下させる分野として法学と社会学が挙げられる。こうした分野間の相違は、各分野の学術的な内容や潜在する価値規範、その分野が開設されている学部の選抜性の分布などによって影響されていると考えられる。

また、各専門分野の習得度項目のなかで、とくに重要度の高い項目があることも確認された（仮説 A-3 の支持）。各専門分野の教育を提供する大学や教員は、これらの項目の指導を拡充することにより、専門教育の効果を向上させることができる可能性がある。

本章の分析結果は総じて、人文社会科学系の各専門分野を大学在学中にしっかりと学ぶことは、卒業後の職業生活や社会生活に対して影響を持つことを示していた。文系の大学教育の意義を軽視する通説が強い日本社会においても、実際にはその意義は存在しているといえる。

ただ、本章の分析はさまざまな限界をも含む。「ジョブスキル」として産業別・職業別のスキルは把握できていないこと、就職後 1 年目の秋から冬にかけてという、職業生活のごく初期段階への影響を検証したにとどまること、調査時期が新型コロナウイルス感染症（COVID-19）の流行期と重なっていたことから大学生活や仕事のあり方が通常とは異なっていたおそれがあること、SEM においてケース数の制約により適合度が十分ではないモデルを含んでいることなどが主な限界である。今後は、分野やサンプルサイズ、調査期間を増やしたデータの収集や、より精緻なモデルによる分析が、さらに必要とされている。

【文　献】

梅崎修・田澤実編著, 2013,『大学生の学びとキャリア──入学前から卒業後までの継続調査の分析』法政大学出版局

舘野泰一・中原淳・木村充・保田江美・吉村春美・田中聡・浜屋祐子・高崎美佐・溝上慎一, 2016,「大学での学び・生活が就職後のプロアクティブ行動に与える影響」『日本教育工学会論文誌』40(1), 1–11.

豊田秀樹編著, 2007,『共分散構造分析［Amos 編］──構造方程式モデリング』東京図書

仁平典宏, 2023,「日本における「新自由主義」概念の位置と教育研究」『教育学年報』14, 399–424.

濱中国佑, 2021,「大学は民主主義的な価値観を育むのか」『北海道大学大学院教育学研究院紀要』138, 181–194.

濱中淳子, 2013,『検証・学歴の効用』勁草書房

本田由紀, 2018,「分野間の教育内容・方法の相違とスキルへの影響」本田由紀編『文系大学教育は仕事の役に立つのか──職業的レリバンスの検討』ナカニシヤ出版, pp. 21-41.

溝上慎一・中原淳・舘野泰一・木村充, 2012,「仕事のパフォーマンスと能力業績に及ぼす学習・生活の影響──学校から仕事へのトランジション研究に向けて」『大学教育学会誌』34(2), 139–148.

宮本太郎編, 2022,『自助社会を終わらせる──新たな社会的包摂のための提言』岩波書店

矢野眞和, 2009,「教育と労働と社会──教育効果の視点から」『日本労働研究雑誌』588, 5–15.

矢野眞和, 2023,『今に生きる学生時代の学びとは──卒業生調査にみる大学教育効果』玉川大学出版部

渡辺健太郎, 2017,「文系学部卒男性がもたらす若年層の権威主義化」『年報人間科学』38, 139–157.

渡辺健太郎・齋藤僚介, 2020, 「高等教育における専攻分野と価値意識」『ソシオロゴス』44, 141-155.

Stubager, R., 2008, Education Effects on Authoritarian–Libertarian Values: A Question of Socialization. *The British Journal of Sociology*, 59(2), 327-350.

van de Werfhorst, H. G., & Kraaykamp, G., 2001, Four Field-Related Educational Resources and Their Impact on Labor, Consumption, and Sociopolitical Orientation. *Sociology of Education*, 74(4), 296-317.

Veselý, A., & Soukup, P., 2022, The Effect of Academic Discipline on Policy Attitudes: The Case of Czech University Students. *NISPAcee Journal of Public Administration and Policy*, 15(1), 223-249.

付表

変数名	10分野全体 (N=1023)				言語・文学 (N=288)	哲学 (N=34)	歴史学 (N=83)	法学 (N=114)	政治学 (N=49)	経済学 (N=120)	経営学 (N=77)	社会学 (N=139)	社会福祉学 (N=25)	心理学 (N=94)
	最小値	最大値	平均	標準偏差	平均	平均	平均	平均	平均	平均	平均	平均	平均	平均
親大卒ダミー	0	1	0.638	0.481	0.632	0.647	0.675	0.711	0.653	0.475	0.571	0.727	0.520	0.692
女性ダミー	0	1	0.635	0.482	0.743	0.559	0.639	0.553	0.469	0.392	0.533	0.662	0.800	0.830
高校時一般スキル	1	4	2.685	0.533	2.660	2.629	2.631	2.753	2.918	2.720	2.639	2.665	2.648	2.651
偏差値	35	70	57.021	7.403	56.847	59.853	55.964	60.334	61.665	55.155	54.149	58.462	51.148	55.186
専門分野習得度	1	4	2.950	0.513	2.985	3.097	3.155	3.173	2.945	2.853	2.671	2.862	3.145	2.775
大学時一般スキル	1	5	3.337	0.622	3.412	3.224	3.316	3.402	3.557	3.311	3.334	3.246	2.942	3.250
ジョブスキル	1	4	2.589	0.442	2.644	2.559	2.590	2.658	2.703	2.524	2.538	2.590	2.400	2.460
研修有効度	0	20	9.234	5.354	9.340	8.265	8.374	10.035	10.204	9.192	9.052	9.259	10.240	8.436
啓発実施度	0	6	1.453	1.208	1.479	1.559	1.398	1.518	1.612	1.258	1.558	1.633	0.920	1.255
新自由主義支持	1	4	2.213	0.546	2.149	2.255	2.016	2.313	2.231	2.422	2.342	2.168	2.107	2.163

変数名	説明
親大卒ダミー	親のいずれかが大卒以上であれば1、そうでなければ0
女性ダミー	女性=1、それ以外=0
高校時一般スキル	大学入学直前時点で、「リーダーとしてグループをひっぱること」「自分の考えを文章にまとめること」「（数学などの）問題の解き方を何通りも考えること」「勉強のやり方を自分で考えること」「人の意見を聞いて自分の考えに取り入れること」の5項目が「とても得意」=4、「やや得意」=3、「やや苦手」=2、「とても苦手」=1とした平均値
偏差値	回答者の所属学部について「河合塾参照」の平均値
専門分野習得度	各分野の習得度項目（別表参照）の平均値
大学時一般スキル	「必要な情報（文献・資料・データ）を収集する」「自分の知識や考えを文章に論理的に書く」「自分の考えを図やグラフなどで数字を用いて表現する」「コンピュータを使ってデータを分析する」「コンピュータを使って文章・発表資料を作成する」「問題をみつけ、解決方法を考える」「異なる意見や立場をふまえて、考えをまとめる」「多様な人々と協力しながら物事を進める」「自分の言いたいことを口頭で伝える」「外国語の論文や本を読む」「外国語で会話する」の13項目について「とてもうまくできる」=5、「ある程度うまくできる」=4、「あまりうまくできない」=3、「まったくうまくできない」=2、「どちらともいえない」=1とした平均値
ジョブスキル	「必要な情報（文献・資料・データ）を収集する」「自分の知識や考えを文章に論理的に書く」「自分の考えを図やグラフなどで数字を用いて表現する」「コンピュータを使ってデータを分析する」「整理・分析する」「基本的なプログラムを書く」「問題をみつけ、解決方法を考える」「異なる意見や立場をふまえて、考えをまとめる」「多様な人々と協力しながら物事を進める」「自分の言いたいことを口頭で伝える」「世話を売ったり物を売ったりするサービスをしたりする仕事」「自分の仕事のやり方を自分で決めたりする」「指示のとおりに動けばよい簡単な仕事をする」「職場全体の仕事のやり方を変えたりする」「外国語の論文や本を読む」「外国語で会話する」「自宅などそれ以外で仕事をする」の18項目について「とてもうまくできる」=5、「ある程度うまくできる」=4、「あまりうまくできない」=3、「まったくうまくできない」=2、「どちらともいえない」=1とした平均値
研修有効度	会社で受けた研修の内容として「社会人としてのマナー」「会社の事業内容や理念」「現在の仕事を行う上で必要な実務」「過酷な状況に耐えて体力や精神力を鍛える訓練」「ビジネス文章全般の書き方」の5項目について「受けてとても役に立っている」=4、「受けてやや役に立っている」=3、「受けてがあまり役に立っていない」=2、「受けてまったく役に立っていない」=1、「受けなかった」=0とした合計値
啓発実施度	実施した自己啓発の内容として「語学関連」「ビジネス実務関連」「IT・情報処理関連」「技術・技能関連」「法律関連」「教育関連」「生き方関連」「その他」の8項目のうち選択された個数
新自由主義支持	「社会に出てからはほとんどは競争させるべきだ」「生活に苦しんでいる人は、努力が足りないせいだ」「政府は豊かな人からの税金を増やしてでも、恵まれない人への福祉を充実させるべきだ」の3項目について「まったくそう思わない」=1、「あまりそう思わない」=2、「ややそう思う」=3、「とてもそう思う」=4（3つ目の項目は逆転）とした平均値

第4章 専門分野習得度と大学教育の有効性認識

パネルデータを用いた
「学び習慣仮説」の再検討

椿本 弥生

1 問題と目的

　大学において人文社会科学系学部の専門教育を受けた学習者が、卒業後にその教育を「仕事に役立った」と感じる度合いは、専門分野の習得度とどのように関係しているのだろうか。その関係に学問分野間での違いはあるのだろうか。また、その関係は卒業後の就職を経た数年間で変化しうるのだろうか。変化するとしたら、どのように変化するのだろうか。本章では、人文社会科学系の専門教育の習得度と卒業後の仕事における大学教育の活用度との関係について検証する。検証には、序章および第1章で説明された調査で取得した変数を活用する。

　知識社会に生きる我々は、自身の専門分野にかかわらず生涯を通じて学び続け、自らの職業に関係する知識や技術をアップデートし続ける必要に迫られている。大学教育は、この社会における諸問題を解決するための基礎体力となる知力、とくに自身の専門分野の知識と技術を身につけるためのものであり、その社会的重要性は議論を待たない。

　大学における人文社会科学系の知識習得と職業との関係については、これまでに多くの調査・分析や議論がなされてきた。たとえば豊永 (2018) は、人文社会系学部出身者を対象に、大学教育、とくに大学での授業経験が現職で役立っていると認識することの規定要因を検証している。その結果、授業経験のほかに、性別や職業の種類も当該認識に影響することや、専攻分野による傾向の違いが大きいことなどが明らかになっている。また香川 (2018) は人文社会学系の大学教育に対して一般的に下されがちな「文系大学教育は役にたたない」という大学教育への否定的評価の原因を検証した。その結果、大学に対する高い期待や要求の裏返しとして「大学教育

は不要」という考えが生まれうること、そのような主張は自分の仕事に大学教育が役立っている層からなされることが示された。また先の第3章では、人文社会科学系の専門分野の習得度は卒業後のジョブスキルに対して正の影響を持つこと、つまり人文社会科学系の専門分野の知識を大学でしっかりと習得することは、卒業後の職業生活に対してよい影響を及ぼすことが明らかになった。

「大学での学びと仕事」との関係について、矢野（2009）は「大学時代の学習が、卒業時の知識能力を向上させ、その経験が卒業後に継続することによって、現在の知識能力が向上し、その結果が所得の向上に結びついている」という一連の経路を「学び習慣仮説」として示した。この仮説においては、専門教育に対する熱心度から大学時代に獲得した知識能力、さらには卒業後に獲得した知識能力から所得までの経路が正の有意なパスで結ばれている。しかしながら、このような経路に関して人文社会科学系の専門分野別習得度から、また卒業後3年間を追跡したパネルデータのような調査からの検討はいまだなされていない。

以上の問題関心をふまえ、本章では大学卒業後に就業している者[1]を分析対象者とし、人文社会科学系の専門分野別習得度を注目すべき独立変数に、また大学での学びの仕事への活用度を従属変数に据え、従属変数と独立変数の関係が大学卒業後1年目（第2波：以下、Wave2）から卒業後2年目（第3波：以下、Wave3）、卒業後3年目（第4波：以下、Wave4）にかけて変化するのか、変化するならばどのように変化するのかを、順序ロジスティック回帰を用いて検証する。

第2節の分析1では、本章における関心を反映する項目間の基本的な相関関係を10分野ごとに確認する。そして第3節の分析2では、分野別習得度に加え性別や職種などの独立変数も用い、大学で学んだことの仕事での活用度を従属変数に据えた順序ロジスティック回帰を行う。

2 分析1：分野ごとの「習得度」と大学教育の有効性との相関［Wave1 〜 4の推移］

■ 2-1　使用した変数、対象者、分析方法

分析1では、大学での学びの仕事への活用度と分野別習得度との関係を関心の中心として、それらに関連すると考えられるいくつかの変数との相関関係を大学卒業

---

1) Wave2 〜 Wave4 の「あなたは現在、働いていますか。」という質問に、「働いている（パート・アルバイトなど、正社員・正職員以外も含む）」と回答した者。

時（第1波：以下、Wave1）のWave1〜4ごと、かつ10分野ごとに示すことで、相関の時系列の推移の確認を試みた。

この分析にあたって使用した変数を表4-1に示す。なお、変数によって取得した時期（Wave）が異なることに注意されたい。たとえば専門分野別習得度は大学卒業直後のWave1でのみ取得しているが、大学で学んだ専門分野に関する知識・スキルの仕事への活用度はWave3および4のみで取得している。

分析にあたっては、以下のすべての条件にあてはまる計276ケースを対象とした[2]。

表4-1 分析1に用いた変数（[ ]内は変数名の略称）

内容	変数名	データ取得時期（Wave）
専門分野の分野別習得度 （10分野および全分野統合、 11変数、4段階、偏差値化済み[3]）	習得度（言語・文学）、習得度（哲学）、習得度（歴史学）、習得度（法学）、習得度（政治学）、習得度（経済学）、習得度（経営学）、習得度（社会学）、習得度（社会福祉学）、習得度（心理学）、習得度（統合）	1
仕事への希望 （1変数、5段階）	「学んだ専門分野を活かせる仕事をしたい」[仕事に専門活用したい]	1〜4
現在の仕事への専門教育の活用 （2変数[4]、5段階）	・「大学で学んだ専門分野に関する知識・スキル」[仕事に専門知識スキル活用] ・「大学で学んだ専門分野における基本的な考え方」[仕事に専門分野の考え方活用]	3〜4
大学での学習の仕事での活用	「大学で学んだことを仕事で活用している」[大学の学びを仕事に活用している]	2〜4
大学卒業後あるいは過去1年間の専門分野への関わり（2変数[5]、5段階）	・「大学時代の専門分野に関連する本（電子書籍を含む）を自分で買って読む」[専門書の購読] ・「大学時代の専門分野に関する情報をインターネットで調べる」[専門分野の検索]	2〜4
大学授業以外での大学での学びの仕事への役立ち度 （3変数、5段階）	・大学の教員との交流[教員交流が仕事に役立つ] ・図書館や学習支援施設など授業外での学び[授業外学習が仕事に役立つ] ・学生同士での自主的な学びあいや勉強会[自主的な勉強会が仕事に役立つ]	2〜4
仕事上の知識スキル向上への自信（1変数、4段階）	「自分は今後、仕事上の知識やスキルを上げていけると思う」 [仕事の知識スキル成長予測]	2〜4
大学授業の役立ち度 （1変数、4段階）	「大学の授業で学んだことは、将来に役立つ」 [授業は将来役立つ]	1〜4

- Wave1 から Wave4 までの全ての調査回に回答している。
- 各回の調査時点で「就業している」と回答している。
- 10 種類の専門分野のうちいずれかを選択している。

■ 2-2　分析 1 の結果と考察

相関分析の結果を表 4-2 に示す。表中の係数の色は、0 に近ければ白、正または負の大きな値になるにつれ色が濃くなるよう表した。また変数名の表示には略称を用いた。

まず、10 分野を統合した習得度と［大学の学びを仕事に活用している］（Wave2 ～ Wave4）との関係は、いずれの Wave においても相関はほぼないかごく弱かった（Wave2：0.080 → Wave3：0.130 → Wave4：0.180）。しかしながら、卒業後の年数が経つにつれ、ごく小さいながらも値には上昇傾向がみられた。この傾向の詳細については分析 2 で確認する。

続いて、10 分野を統合した習得度と他の変数との関係についても確認した。［仕事に専門活用したい］という希望と習得度との相関は Wave1 の時点で最も強いが（0.212）、以後は減衰していた。これは、卒業時点では専門分野を学んだ者ほど仕事に専門知識を活かしたいと希望しているにもかかわらず、［仕事に専門知識スキル活用］や［仕事に専門分野の考え方活用］はできていない状況であるといえる。この状況は Wave2 以降でもほぼ変化はなかった。このような状況であるため、［専門書の購読］や［専門分野の検索］といった、就職後に大学時代の専門分野と自主的に関わる行動と習得度との関係も一律に弱かった。ただし、これら［専門書の購読］や［専門分野の検索］の係数は、基本的にごく弱い相関ながらも Wave を経るごとに少しずつ増加していた（0.145 → 0.162 → 0.216）。このことは、〈専門分野の内容をしっかりと身につけた者ほど、専門分野での学びを仕事に活用しにくい状況であっても、専門分野について自主的に調べたり学んだりする〉という、やや不思議な

---

2) 就業者のうち、正規職員のみを対象とすることを試みたが、データ数が非常に少なくなってしまうため断念した。

3) 習得度を尋ねる項目数が分野ごとに異なるため、偏差値化したものを用いた。

4)「あなたは仕事で、大学で学んだことをどの程度、活用していますか」という問いの全 3 項目のうち 2 項目を用いた。

5)「過去 1 年間に、あなたは次のことをどのくらいしましたか。それぞれの項目について、あてはまるものを一つ選んでください」という問いの全 6 項目のうち、専門分野に関する自主的な学習行動を表す 2 項目を用いた。

第4章　専門分野習得度と大学教育の有効性認識　*69*

表 4-2　分野別習得度と各変数との相関（Wave ごと）

（ケンドールの τ）

	習得度										10分野統合
	言語・文字	哲学	歴史学	法学	政治学	経済学	経営学	社会学	社会福祉学	心理学	
W1_仕事に専門活用したい	0.125	-0.111	-0.094	0.175	0.302	0.697	0.510	0.327	0.671	0.289	0.212
W2_仕事に専門活用したい	0.228	-0.044	-0.019	0.358	0.241	0.260	0.531	0.112	0.447	0.271	0.184
W3_仕事に専門活用したい	0.209	-0.233	0.043	0.050	0.314	0.531	0.431	0.031	0.837	0.318	0.168
W4_仕事に専門活用したい	0.195	-0.009	0.177	-0.223	0.163	0.411	0.377	0.104	0.447	0.163	0.174
W3_仕事に専門知識スキル活用	-0.015	0.044	-0.145	-0.051	-0.359	0.219	0.593	0.173	-0.224	-0.178	0.011
W4_仕事に専門知識スキル活用	0.202	-0.038	0.010	0.041	0.474	0.265	0.539	0.252	0.447	0.226	0.165
W3_仕事に専門分野の考え方活用	0.116	-0.098	-0.414	0.178	0.068	-0.114	0.114	0.157	0.775	0.011	0.058
W4_仕事に専門分野の考え方活用	0.224	-0.116	0.126	0.065	0.362	0.172	0.178	0.177	0.359	0.422	0.176
W2_大学の学びを仕事に活用している	-0.036	-0.104	0.146	0.008	0.394	-0.009	0.593	0.351	0.447	0.123	0.080
W3_大学の学びを仕事に活用している	0.089	0.067	0.083	-0.016	0.353	0.119	0.155	0.246	0.447	0.339	0.130
W4_大学の学びを仕事に活用している	0.257	-0.009	0.139	-0.117	0.337	0.258	0.258	0.214	0.447	0.267	0.180
W2_専門書の購読	0.254	-0.292	0.189	0.142	0.299	0.258	0.170	0.100	0.632	0.179	0.133
W3_専門書の購読	0.067	-0.172	0.168	0.158	0.390	0.103	0.309	0.007	0.632	0.400	0.095
W4_専門書の購読	0.232	-0.261	0.273	0.278	0.550	0.189	0.319	-0.001	0.632	0.378	0.175
W2_専門分野の検索	0.273	-0.166	0.199	0.256	0.062	0.142	0.464	-0.115	0.598	0.176	0.145
W3_専門分野の検索	0.263	-0.380	0.280	0.269	0.284	0.058	0.426	-0.099	0.837	0.482	0.162
W4_専門分野の検索	0.348	-0.152	0.193	0.386	0.318	0.078	0.356	0.056	0.632	0.384	0.216
W2_教員交流が仕事に役立つ	0.116	0.000	0.205	-0.132	0.322	0.087	-0.049	-0.033	-0.224	-0.025	0.057
W3_教員交流が仕事に役立つ	0.164	0.099	0.142	-0.094	0.187	0.067	-0.105	0.108	-0.447	0.195	0.110
W4_教員交流が仕事に役立つ	0.291	0.201	0.248	-0.129	0.505	0.047	0.216	0.141	-0.258	0.121	0.169
W2_授業外学習が仕事に役立つ	0.198	0.208	0.249	-0.181	0.125	0.055	-0.216	-0.133	0.598	-0.020	0.078
W3_授業外学習が仕事に役立つ	0.199	0.323	0.051	-0.212	-0.032	0.202	0.099	0.090	0.598	0.244	0.145
W4_授業外学習が仕事に役立つ	0.264	0.306	0.075	-0.009	0.068	0.059	0.148	0.002	0.775	0.209	0.145
W2_自主的な勉強会が仕事に役立つ	-0.022	0.185	0.175	-0.216	-0.327	-0.228	-0.026	-0.150	0.000	-0.091	-0.052
W3_自主的な勉強会が仕事に役立つ	0.087	0.100	0.109	-0.254	-0.219	-0.033	0.155	0.112	-0.105	0.108	0.039
W4_自主的な勉強会が仕事に役立つ	0.056	0.270	-0.299	-0.175	0.387	-0.112	-0.232	0.041	0.224	-0.095	0.011
W2_仕事の知識スキル成長予測	0.237	0.229	0.339	0.274	-0.086	0.163	0.692	0.074	0.000	0.163	0.203
W3_仕事の知識スキル成長予測	0.257	0.201	0.517	0.135	0.086	0.198	0.478	0.278	0.224	0.244	0.247
W4_仕事の知識スキル成長予測	0.250	0.195	0.294	0.066	0.133	0.439	-0.108	0.211	0.000	0.192	0.194
W1_授業は将来役立つ	0.251	0.349	0.359	0.134	0.227	0.288	0.152	0.194	0.837	0.384	0.244
W2_授業は将来役立つ	0.326	0.266	0.234	0.125	0.321	0.215	0.081	0.219	0.598	0.374	0.258
W3_授業は将来役立つ	0.276	0.000	0.279	-0.075	0.511	0.112	0.000	0.258	0.447	0.386	0.209
W4_授業は将来役立つ	0.261	0.249	0.418	0.144	0.614	0.180	0.404	0.314	0.316	0.318	0.261
ケース数 (N)	81	17	23	25	13	24	10	50	5	28	276

第Ⅰ部

第Ⅱ部

状況を示している。この行動がどのようなことを意味するのかは、分析2の結果と併せて改めて考察したい。

大学における授業外の学習リソースの仕事への役立ち度も確認した。［教員交流が仕事に役立つ］［授業外学習が仕事に役立つ］［自主的な勉強会が仕事に役立つ］の項目は、いずれも習得度との相関はほぼないか弱い正の相関にとどまった。しかし一方で、［授業は将来役立つ］という認識および［仕事の知識スキル成長予測］と習得度とは、各 Wave においてほぼ一定の弱い正の相関がみられた。

ここまでの結果をふまえれば、おそらく［仕事の知識スキル成長予測］における知識スキルの内容は個人の専門分野が大きく反映されたものではなく、また［授業は将来役立つ］という認識には、授業内容と授業方法、専門分野と教養の学習が混在していると推察されるが、それでも、専門分野の習得と、それぞれの仕事に関係する知識やスキルを習得していく（つまり、卒業しても各自の仕事の内容を学び続ける）こと、および、専門分野の習得と大学授業を有益と感じることとの間には、弱いながらも正の相関関係があることが示された。分野別習得度と仕事に関する学習との間に相関があることは、矢野（2009）の学び習慣仮説の一部を表現しているといえるだろう。

専門分野別の結果についても主要な傾向を述べておく。習得度と［大学の学びを仕事に活用している］との関係では、分野間での傾向の違いが大きかった。たとえば、【哲学】や【法学】では全 Wave を通じて上記の2変数間はほぼ無相関であったのに対し、【政治学】、【経営学】、【社会学】、【社会福祉学】、【心理学】では、係数の強弱や Wave 間での増減傾向に細かな違いはあるものの、全体として弱から中程度の正の相関がみられた。したがって、専門分野の習得度と、大学で学んだことの仕事への活用度は、分野によって差が生じていると考えられる。

ここまでの分析1の結果は、以下の2点において限定的であることに注意が必要である。まず、分析対象者を限定したことでN数が少ない分野（たとえば社会福祉学のN は5、経営学は10、政治学は13、哲学は17）が生じており、そのような分野の結果では回答者の偏りが結果に影響している可能性がある。次に、結果に非正規雇用と正規雇用が混在していることである。正規と非正規では専門的知識の活用度合いに差がある可能性があるが、上記の結果ではその差は分離できていない。

以上の限界を念頭に置きつつ、分析2では専門分野習得度を独立変数に、大学での学びの仕事への活用度を従属変数に据えた順序ロジスティック回帰を試みる。

第4章　専門分野習得度と大学教育の有効性認識　*71*

3 分析2：専門分野習得度と大学での学びの 仕事への活用度の順序ロジスティック回帰

■ 3-1　使用した変数、対象者、分析方法

　分析対象者は、分析1と同様の条件で選択した。追加した独立変数のうち性別や両親の学歴などにより N 数が微減した。詳細は脚注を参照されたい。

　独立変数としては、分析1に引き続き専門分野習得度[6] を中心に据え、さらに、在学中の学習や卒業後の仕事に影響を与えうる要因として、専門分野（心理学ダミー）、性別[7]（男性ダミー）、両親学歴[8]（高学歴ダミー）、現在の仕事[9]（専門職ダミー）、現在の収入[10]（高収入ダミー）、自己啓発[11],[12]（啓発ありダミー）を設定

---

6) N 数を確保し全体的な傾向を捉えることを優先し、分析1で用いた習得度のうち、10 分野全体を対象とした「習得度（統合）」を用いた。

7) 性別は「男性」「女性」「その他」について収集し、「女性」=0、「男性」=1 とコーディングした。「その他」は 1 件のみとなったため今回の分析からは除外した。

8) 父親と母親それぞれの学歴コードを統合し、両親の学歴変数を作成した。両親の学歴は 3 から 12 までの値をとる分布となった。分布の状況から、「3 から 6」を 0、「7 から 9」を 1、「10 から 12」を 2 とした。学歴変数の値が大きいほど高学歴であることを示す。「その他」および「親はいない」は分析から除外した。

9) 専門職か否かの判定基準として、日本標準職業分類（平成 21 年 12 月統計基準設定）（総務省 2009）における「大分類 B 専門的・技術的職業従事者」を参照した。勤務内容が「教員・保育士」「教員・保育士以外の専門的な仕事（社会福祉士など）」「技術・開発関係の仕事（システムエンジニアなど）」のいずれかであれば専門職として 1、それ以外を 0 とした。

10) 仕事から 1 ヶ月に得る収入への回答が「5 万円未満」「5 万円以上 10 万円未満」「10 万円以上 15 万円未満」のいずれかを 0、「15 万円以上 20 万円未満」「20 万円以上 25 万円未満」「25 万円以上 30 万円未満」のいずれかを 1、「30 万円以上 35 万円未満」「35 万円以上 40 万円未満」「40 万円以上」のいずれかを 2 とした。

11) 大学卒業後に行った自己啓発（勤務先の指示ではなく自分の意思でする勉強）について、「行わなかった」を 0、「1 ～ 2 つ行った」を 1、「3 つ以上行った」を 2 とした。

12) 今回設定した独立変数のなかには、従属変数との間の因果関係（時間的順序）が曖昧なものもある。たとえば「自己啓発」である。自己啓発ができているから大学で学んだことを仕事に結びつけて活用できているのか、大学での学びを仕事で活用できているからさらなる学習課題に気づき自己啓発を行えるのか。また、「収入」についても同様の曖昧性がある。収入が高いことで心理・物理・経済などのリソースを活用できる幅が増え、その結果として専門知識を活用できるのか、専門知識を活用することで高収入を得られるのか。これらの変数間の時間的順序の方向としては、両方があり得る。このような因果の問題は認識しつつも、これらは今回の分析モデルの中心となる重要な変数であるため、今回の分析に含めることとした。

72

した[13]。分析方法は、先述したとおり順序ロジスティック回帰を用いた。

■ 3-2　結果と考察

10 分野全体を対象とした順序ロジスティック回帰[14] の結果を表 4-3 に示す。

まず、モデルの評価（*-2LL*）では、Wave2 は有意ではなく（$p = 0.204$）、独立変数を含めることによるモデルの当てはまりは良好とはいえなかった。しかしながら、Wave3（$p = 0.067$）、Wave4（$p = 0.005$）と時間の経過とともに、モデルの当てはまりは改善していった。また、適合度 (Goodness of fit: χ^2) 検定の結果はいずれの Wave も有意ではなく、モデルが実際のデータに適合していたことが示された。これらを総合して、各 Wave のモデルは一定程度の適合度を保っていたと判断し、結果の解釈を行った。

Wave2 では、従属変数に対して「現在の仕事（専門職ダミー）」のみが正で有意な係数を示していた。このことから、卒業後 1 年目では非専門職と比べて専門職に就いた者ほど、大学で学んだことを仕事に活用している傾向が示された。続いて Wave3 では、「専門分野習得度」が正で有意、「自己啓発（啓発ありダミー）」が正の有意傾向であった。このことから、卒業後 2 年目に至ると、専門職か否かの差は消失し、大学でしっかりと専門分野を学んでいたことと、自発的な学習（自己啓発）を行なっていることが、大学での学びの仕事での活用を規定していた。最後に Wave4 では、Wave3 で示された傾向がそのまま強まることが示された。つまり、専門分野の習得度が高い者、また、卒業後も自己啓発をよく行う者が、大学での学びを仕事に活用できていることが示された（習得度：Wave4 = 0.506 ＊＊＊ ＞ Wave3 = 0.313 ＊, 自己啓発：Wave4 = 0.438 ＊ ＞ Wave3 = 0.327+）。

以上の結果より、大学での学びを仕事に活用することを規定する要因は、卒業後 1 年目と 2 〜 3 年目で分かれることが示された。

分析 1 において、［大学の学びを仕事に活用している］（Wave2 〜 Wave4）と分野別習得度との関係はいずれの Wave においてもごく弱かったが、卒業後の年数が経つにつれ、値に上昇傾向がみられていた。分析 2 では、この傾向の詳細について、他の独立変数との関係が明らかになったといえる。分析 1 で用いた ［専門分野

---

13) 今回選択した独立変数以外にも、たとえば企業規模も、自己啓発を経由して従属変数に影響する可能性はある。今後同様の分析を行う際には含めることを検討したい。

14) ロジスティック回帰の実行と結果の解釈については三輪・林（2014）を参考とした。

表 4-3　ロジスティック回帰結果

従属変数「大学で学んだことを仕事で活用している」の回答分布

	Wave2	Wave3	Wave4
まったくあてはまらない	82	80	65
あまりあてはまらない	87	97	100
ややあてはまる	67	63	77
とてもあてはまる	24	20	18

	Wave2			Wave3			Wave4		
	b	S.E.	p	b	S.E.	p	b	S.E.	p
専門分野習得度	.218	.153	.155	.313 *	.156	.045	.506 ***	.159	.001
性別（男性ダミー）	.132	.232	.572	.000	.236	.999	.019	.237	.937
専門分野（心理学ダミー）	-.015	.035	.671	-.003	.035	.938	.033	.036	.354
両親学歴（高学歴ダミー）	.010	.142	.945	.006	.143	.969	-.160	.145	.271
現在の収入（高収入ダミー）	-.161	.269	.551	-.408	.255	.109	.066	.234	.780
現在の職業（専門職ダミー）	.722 *	.313	.021	1.191	.854	.163	.546	.583	.349
自己啓発（啓発ありダミー）	.149	.191	.437	.327+	.181	.071	.438 *	.192	.023
$-2LL$ (p)	604.155 (.204)			566.664 (.067+)			559.943 (.005 **)		
Goodness of fit : χ^2 (p)	588.207 (.680)			559.549 (.670)			578.664 (.589)		
Nagelkerke R^2	.040			.054			.083		
n	260			260			260		

注）+：$p < 0.1$，　*：$p < 0.05$，　**：$p < 0.01$，　***：$p < 0.001$。

の検索］は、ごく弱い相関ながらも Wave を経るごとに少しずつ係数が上昇していた。これは、『専門分野を仕事に活用しにくい状況であっても、専門分野をしっかりと学んでいた者ほど専門分野について自主的に調査する』という一見不思議な行動を示しているが、この［専門分野の検索］は自己啓発に関係していたのではないだろうか。つまり、専門分野をしっかりと学んだ者は、その分野における「学び方」や「専門分野以外の物事であっても自分の分野に関連づけて理解する力」が身についていると考えられる。そのような者が自分の仕事のために自主的に学ぶ（自己啓発）時は、ある程度自分の専門分野の内容や方法に引き寄せながら学習を進めるため、［専門分野の検索］を自己啓発と同時に行なっているのではないだろうか。

4 専門分野別の回帰モデルの検討

　分析 2 において、10 個の専門分野全体の傾向は確認できたが、分析 1 の結果からは各分野で傾向に違いがあることが示されていた。そこで第 4 節では、分析 2 の補足として、分野別 N 数が最も多かった言語・文学（N=81）と 2 番目に多かった社会学（N=50）の 2 分野について、第 3 節と同じモデルを作成し、分野間ならびに分野全体の結果との比較を試みる [15]。用いる変数は分析 2 と同様である。ただし、独立変数のうち専門分野習得度は、それぞれの分野のデータを用いる。また、専門分野ダミーは除く。言語・文学の結果を表 4-4 に、社会学の結果を表 4-5 に示す。

　いずれの分野も、第 3 節で示された 10 分野統合の結果とは異なる傾向が示された。まず言語・文学分野の結果では、モデルの適合度は Wave を経るごとに改善していった。規定要因については、Wave2 において収入の高さが正の有意傾向であった。Wave3 においては有意な独立変数はみられなかった。Wave4 においては、ここに至って初めて習得度が有意で強い正の影響を持った。次に社会学分野では、モデルの適合度には Wave 間で変動があり、改善または悪化していくような一定の傾向はみられなかった。独立変数に注目すると、全 Wave で一貫して習得度のみが強い正の影響を持ち続けていた。

　以上より、2 分野の結果の共通点は「Wave4 における習得度は、大学での学びを

---

15) 今回の順序ロジスティック回帰分析を実行するには、どちらの分野の N 数も不足気味である。実際に、表 4-5 では一部データに欠けが生じている。しかし N 数の限界を理解したうえで、参考情報の提供を目的として両分野の分析を試みた。

表 4-4　言語・文学分野のロジスティック回帰結果

従属変数「大学で学んだことを仕事で活用している」の回答分布

	Wave2	Wave3	Wave4
まったくあてはまらない	24	22	25
あまりあてはまらない	19	23	19
ややあてはまる	24	22	24
とてもあてはまる	11	11	10

	Wave2			Wave3			Wave4		
	b	S.E.	p	b	S.E.	p	b	S.E.	p
専門分野習得度	-.018	.021	.396	.000	.024	.985	.072 **	.025	.004
性別（男性ダミー）	-.242	.484	.617	.075	.487	.877	-.226	.482	.640
両親学歴（高学歴ダミー）	.150	.269	.576	-.067	.268	.802	-.193	.276	.483
現在の収入（高収入ダミー）	1.090+	.600	.069	-.201	.592	.735	.693	.499	.165
現在の職業（専門職ダミー）	.622	.508	.221	2.114	1.450	.145	-1.047	1.142	.359
自己啓発（啓発ありダミー）	.369	.360	.305	.443	.360	.218	.602	.377	.111
-2LL (p)	196.157 (.286)			198.828 (.558)			183.437 (.016 *)		
Goodness of fit : χ^2 (p)	206.409 (.557)			213.081 (.266)			198.899 (.409)		
Nagelkerke R^2	.097			.065			.195		
n	78			78			78		

注）＋：$p < 0.1$、＊：$p < 0.05$、＊＊：$p < 0.01$、＊＊＊：$p < 0.001$。

表 4-5　社会学分野のロジスティック回帰結果

従属変数「大学で学んだことを仕事で活用している」の回答分布

	Wave2			Wave3			Wave4		
まったくあてはまらない	12			13			11		
あまりあてはまらない	26			28			27		
ややあてはまる	11			8			17		
とてもあてはまる	0			0			0		
	b	S.E.	p	b	S.E.	p	b	S.E.	p
専門分野学習得度	.104 **	.037	.005	.090 **	.035	.010	.071 *	.034	.035
性別（男性ダミー）	-.288	.610	.637	.756	.612	.216	.506	.575	.379
両親学歴（高学歴ダミー）	-.507	.423	.231	-.454	.401	.258	-.172	.375	.647
現在の収入（高収入ダミー）	.441	1.204	.714	1.311	.866	.130	.134	.654	.838
現在の職業（専門職ダミー）	.503	1.484	.734	.000	-	-	-20.992	.000	-
自己啓発（啓発ありダミー）	.005	.530	.993	.204	.491	.678	-.225	.577	.697
-2LL (p)	86.123 (.098+)			79.532 (.049 *)			95.247 (.163)		
Goodness of fit : χ^2 (p)	86.718 (.458)			87.328 (.351)			97.263 (.191)		
Nagelkerke R^2	.226			.238			.194		
n	49			49			49		

注：+：$p < 0.1$，*：$p < 0.05$，**：$p < 0.01$，***：$p < 0.001$。

第4章 専門分野習得度と大学教育の有効性認識　*77*

仕事に活用することを規定する要因たり得る」ことであった。これは、10分野を統合した分析の一部と共通する結果であり、「言語・文学と社会学の両分野においても、専門分野をしっかりと学んだ学生は、（卒業後3年目には）大学での学びを仕事に活用できうる」ことを見出すことができた点は貴重な収穫であったといえる。したがって、専門分野別に検討しても、大学でしっかりと専門分野を学ぶことは、卒業後にその学びを活用する力になりうる可能性が示されたと考える。

　しかし、両分野の結果には相違点も少なからずみられたことから、残りの8分野においても、分野間の傾向の違いは大きいと推察される。第3節では習得度以外に、現在の職業や自己啓発 [16] の有無も規定要因として示されていたが、上記の2分野の結果には現れてこなかった。おそらく、上記以外の分野の結果が影響しているものと推察される。分析1の考察において、「専門分野の習得度と、大学で学んだことの仕事への活用度は、分野によって差が生じると考えられる」と述べたが、今回の2分野では、分野間の違いが活用が顕著に現れる時期（Wave）の違いとして示されていた。

5　まとめと今後の課題

　本章では、人文社会科学系の専門教育の習得度と卒業後の仕事における大学教育の活用度との関係について、専門分野別習得度を関心の中心に据えて検証した。ここで得られた主な知見を以下に箇条書きで示す。

- 大学時代に自身の専門分野をよく学び身につけているほど、その学びを仕事で役立てている。
- 卒業後時間が経つにつれて、専門分野を学んでいるほどその学びを仕事で役立てられるようになる。

---

16) 雇用形態、所得や学歴の高低、専門職か否か、性別、年齢などの変数が、自己啓発への取組みに影響することが明らかになっている（平野 2007, 石井ら 2010）。また、自己啓発が失業を抑制し、再就職を支援し、賃金の上昇を促すことも示されている（小林・佐藤 2012）。しかしながら、労働者本人が自己啓発を行いたくない、もしくは上記の変数の影響で行うことが難しい状況であっても、キャリアアップひいては生活のために必要となるなどの拒否が困難な状況で自己啓発に取り組まざるを得ない場合もあるだろう。今回の分析ではこれらの観点を含めることはできなかったが、自己啓発について調査・分析する際には、上記の背景の影響を認識しておく必要がある。

● 専門分野が仕事で役立つことは分野間で共通だが（ただし今回は 2 分野のみ
　の検証に留まった）、役立ちはじめるタイミングは分野間で異なる可能性が
　ある。

　卒業後 1 年目の Wave2 においては、大学在学中の要素である習得度ではなく、
大学卒業後の要素である職種（専門職に就いていること）が仕事での知識活用に有
効である点は興味深い。たしかに、非専門職よりも専門職のほうが、大学で学んだ
専門的内容を仕事で活用する必要があるだろう。しかし一方で、学部新卒で就職し
た最初の年（Wave2）は、たとえ専門職であっても仕事の内容はそこまで複雑では
なく、大学で学んだ内容から比較的近い範囲の知識や技術を再利用することで仕事
を行うことができる部分も多いと考えられる。しかしそれ以降となると、専門職・
非専門職にかかわらず仕事内容が複雑化し、大学で学んだことの「貯金」だけでは
十分な質で仕事を行うことが難しくなるのではないだろうか。そこで、職場の指示
を待つのではなく自ら進んで学び、仕事に関する知識・技術を身につけるための
「自己啓発」が必要となる。この自己啓発において、仕事に活用できるレベルまで自
らの力で学びを深めるために、大学で専門分野をしっかりと学んだ経験が活きてく
ると考える。今回の分析 2 における Wave2 から 4 の結果は、このような「大学で
の専門分野で学び得た高度な知識とスキルが、仕事に関する内容を自らの専門知に
引き寄せながら学びとる力として活用されうる」ことを示しているのではないだろ
うか。つまり、大学で専門分野を十分に学んだ学習者は、仕事でその専門分野を直
接は活用しなくとも、仕事のための学びに使える「専門家の道具」として、専門分
野の学びを間接的に活用しているのではないだろうか。しかし、この仮説を検証す
るには、本章とはまた別の追加分析が必要となる。今後の検証に期待したい。
　分析 1 では、習得度と仕事に関する知識・スキルの習得との間に相関がみられ、
また分析 2 では、習得度と自己啓発が大学での学びの仕事における活用を規定して
いた。以上をふまえると、本章での分析は、人文社会科学系の分野別習得度という
指標を用いて、矢野 (2009) による学び習慣仮説の一部を再現できたといえるだろう。
ただし分野別の分析で示されたように、今回 10 分野全体を対象として示された結
果と分野別の結果とは異なる部分も多いと考えられるため、今後は別の手法も併用
するなどして各分野の分析を進め、分析 2 で示された結果の頑健性を検証する必要
があるだろう。

【文　献】

石井加代子・佐藤一磨・樋口美雄, 2010,「ワーキング・プアからの脱出に自己啓発支援は有効か」樋口美雄・宮内環・McKenzie, C. R. ・慶応義塾大学パネルデータ設計・解析センター編『貧困のダイナミズム——日本の税社会保障・雇用政策と家計行動』慶應義塾大学出版会, pp. 85-106.

香川めい, 2018,「大学教育への否定的評価再考——パーソナルな「無駄」観とソーシャルな「不要」観に注目して」本田由紀編『文系大学教育は仕事の役に立つのか——職業的レリバンスの検討』ナカニシヤ出版, pp. 105-124.

小林徹・佐藤一磨, 2012,「自己啓発の実施と再就職・失業・賃金」『慶應・京都連携グローバルCOEディスカッションペーパー』

総務省, 2009,「日本標準職業分類（平成 21 年 12 月統計基準設定）分類項目名　大分類 B- 専門的・技術的職業従事者」〈https://www.soumu.go.jp/toukei_toukatsu/index/seido/shokgyou/kou_h21.htm#grp_b（最終確認日：2023 年 12 月 23 日）〉

豊永耕平, 2018,「大学教育が現職で役立っていると感じるのは誰か——人文社会系の職業的レリバンスに関する潜在クラス分析」本田由紀編『文系大学教育は仕事の役に立つのか——職業的レリバンスの検討』ナカニシヤ出版, pp. 89-103.

平野大昌, 2007,「自己啓発と女性の就業」『季刊家計経済研究』76, 79-89.

三輪哲・林雄亮編著, 2014,『SPSS による応用多変量解析』オーム社

矢野眞和, 2009,「教育と労働と社会——教育効果の視点から」『日本労働研究雑誌』588, 5-15.

第5章	聞き取り調査の結果から見る 人文社会系大学教育の 職業的レリバンス

学問分野別の知識習得度項目に着目して

二宮 祐

1 はじめに

■ 1-1 本章の目的

　本章の目的は若手社会人を対象とする聞き取り調査のデータを分析することによって、学生時代に身につけた専門分野の知識とこれまでに従事した仕事との関連の特徴を明らかにすることである。この関連については、新規学卒一括採用という慣行の存在によって教育機関と学生の就職先機関にはつながりがあるとみなせるものの、他方同時に教育機関において身につけた知識と従事する仕事とのつながりは弱いことが多いという意味で「教育と職業の密接な無関係」(濱口 2021) と評価されてきた。たとえば、企業にはセールスを担う部署がある一方で大学にセールス学部はなく、大学に歴史学科はあるものの企業に歴史を扱う部署はほとんどない。しかし、そのような「無関係」が検討の対象とされる機会は希少であった。就職後の OJT (オン・ザ・ジョブ・トレーニング) や Off-JT (オフ・ザ・ジョブ・トレーニング)、定期的な配置転換やジョブ・ローテーションによって、あるいは、内定後の入社前研修によって仕事の遂行のために必要な知識の伝達が行われると想定されているため、大学などの教育機関で在学中に習得するべき知識が明示されることは一般的ではなかったのである。とはいえ、若手社会人が就職活動の際に特定の知識を有することを要求された経験を持っていないのだとしても、大学生の頃に得た知識が部分的にせよ仕事に役立っていると認識することはありうると想定される。そこで、本章では学生時代の専門分野別に文系大学教育の職業的レリバンスの特徴について考察を行う。

■ 1-2　大学から職業への移行に関する近年の先行研究

　大学生が就職活動を経て正規雇用の従業員や職員として仕事をするに至る過程に関する近年の先行研究には次のようなものがある。第一に就職活動の特徴を明らかにするものである。大学生が求職先の企業や就職情報サービス会社とのコミュニケーションを通じて「やりたいこと」を明確にしたり、させられたりする経緯に着目するもの（妹尾 2023）、就職活動中の志望の形成と変化や心理的負担の特徴に対して関心の焦点を絞るもの（井口 2022）、いわゆる「体育会系」と呼ばれる運動部に所属する大学生が就職活動において有利であるとされてきた風聞を検証するもの（束原 2021）、就職情報サービス会社との産学連携研究として内定獲得に関する要因を多面的に検討するもの（梅崎・田澤 2019）などである。また、大学生に限定せず若者一般の事情として、就職活動を含むキャリア形成全般にわたる「とりあえず」という言葉で表現される曖昧な心理状態について実証を試みるものもある（中嶌 2021）。第二に、求人側の採用に関する論理を研究するものである。企業が求職者へ要求する「主体性」の意味を精緻に問うもの（武藤 2023）、「競争移動規範」と「庇護移動規範」の観点で企業の採用行動を理解するもの（常見 2015）、経営学によるアプローチで採用の実践に貢献するもの（服部 2016, 鈴木 2022）などである。なお、求人のためのハウツー本は大学生向けの就職活動マニュアル本と同様にたくさん出版されていて、たとえば著名な経営コンサルタントによるもの（伊賀 2012）や人材関連サービスでの経験をもとにしたもの（曽和 2022）などがある。

　また、第三に、就職活動の歴史的な展開に関するものである。明治時代中頃から2000年前後までの長い期間を対象として、求職者の能力を推定する主体が外部のエージェントから企業へ移行する比重が高まったと指摘するもの（福井 2016）、大正時代からポストバブル期までの就職活動の通史を描くもの（難波 2014）、明治時代以降の求職者向け就職活動指南のテキストを分析するもの（山口 2023）などがある。第四に、初期キャリアの特徴を明らかにするものである。学生時代の就職活動が初期キャリアに影響を及ぼすことを明らかにするもの（高崎 2023）、キャリア形成を急ぐ若者の焦燥感が離職や転職につながる一方で建設的な行動を引き起こすことを解明したもの（尾野 2020）、企業内研修の実態や課題などを複数の事例を通じて総合的に検討するもの（上西・川喜田 2010）、2010年代後半以降の職場環境や労働時間の大幅な改善による仕事の負荷の軽減や居心地のよさゆえの「ゆるさ」によって逆説的に生じる問題に迫るもの（古屋 2022）などである。

　他方で、若手社会人に対する聞き取り調査によって大学生のときに身につけた

第5章　聞き取り調査の結果から見る人文社会系大学教育の職業的レリバンス　　*83*

知識と仕事との直接的な関係を明らかにする研究もある（二宮 2018，二宮 2020）。しかし、これらの研究は所属していた学部・学科が法学または社会学であった対象者のみを扱っていて、他分野については残された課題としている。また、ゼミナールでの教員の指導下における共同的な学習や卒業論文の執筆の経験が仕事に役立つという、文系の職業的レリバンス研究としていわば通説的な見解に留まっているという限界があった。過去を振り返って大学教育の意義を語る際に、学部 4 年間の経験のなかで相対的に近い記憶であること、負荷の強い学習をしたこと、教員一人あたりの学生数が少ないために充実した指導を受けられること、教員や仲間集団と密接な関係性のなかで切磋琢磨したことなどが理由であろう。そこで、必要なことはまず対象とする専門分野を拡大することである。本章では言語・文学、歴史学、政治学、経済学、社会学、心理学を扱うことにする。次に、伝達された知識に焦点を絞ることである。そのため学生時代に学習した内容について漠然と尋ねるのではなく、次節で説明するように日本学術会議「大学教育の分野別質保証のための教育課程編成上の参照基準」（以下、「参照基準」）を利用した工夫を行う。なお、この「参照基準」では学習内容と将来の生活との関わりが指摘されている。たとえば、言語・文学分野版では「言語・文学を学ぶことの意義は［…］人間の営みのあらゆる局面（社会生活・職業生活・市民生活・人生そのもの）に関わる」（日本学術会議大学教育の分野別質保証推進委員会言語・文学分野の参照基準検討分科会 2012：7）、歴史学分野版では「調査方法と得られたデータについての批判的吟味、事実判断と価値判断の区別、論理的な思考と表現力、批判に対する冷静な対応といった高度な市民的資質を育成する」（日本学術会議史学委員会史学分野の参照基準検討分科会 2014：18）と言及されている。従来、職業的レリバンスが想定されていなかったような分野においても、その知識を生活の実践の場で役立たせることが可能であると示唆されている。

■ 1-3　調査の概要

　本章では聞き取り調査のデータを用いた考察を行う。教育を対象とした研究では、教授学習行為のような個別具体的なことがらに着目する場合には、一般化可能な推論を行わないで個々の事例を質的に検討することで省察を深める一方で、制度化の程度が高い局面では、計量的な方法を利用して一定程度の一般化が可能な記述を行う手法が選ばれる（山田 2023：135）。本章は教室内での知識伝達のプロセスを対象とするわけではないものの、それぞれに異なる学問分野の知識を習得した、さまざまな職に就いている若手社会人の認識へアプローチするため、個別具体的な事例を集

めたデータを扱う。また、本章における質的な研究に関する立場については、研究の対象として「経験」を中心に据えたうえで着目するのは「過程」か「構造」か、重視するのは「実存性」か「理念性」かという枠組みを参照すると（サトウほか 2019：2-5）、時間の流れではなく環境や社会といった「構造」に着目しつつ、「実際の存在」よりも「現実の背後にある本質的なこと」の理解を目指す「理念性」を重視する。すなわち、就職して働くという過程ではなく学生時代に身につけた知識と現在までの仕事との関連という「構造」に関心を持ち、個別の経験の背後にある大学教育の職業的レリバンスという「理念性」を重視する。

聞き取り調査の対象者は 2019 年度に開始した調査[1] に関して、2021 年度の第 3 波調査へ回答した 520 名に対して協力を依頼して、その依頼に応じた 42 名である[2]。多くの回答者が大学卒業後 3 年目の社会人であり、一部は大学院修士課程（博士前期課程）修了後 1 年目の社会人である。当初のパネル調査への協力依頼において日本学術会議の会員・連携会員である専任の大学教員を介したために、聞き取り調査の対象者は国立大学、または、戦前から続く伝統のある私立大学の学生である。それらの大学の入学試験の選抜性は相対的に高いという特徴がある。本章の考察の対象は学生時代の専門分野が法学とその他であった対象者を除いた、言語・文学 7 名、歴史学 4 名、政治学 2 名、経済学 3 名、社会学 10 名、心理学 7 名の合計 33 名である[3]。法学の対象者は 1 名のみであり、その他の対象者は後述する学問分野別知識習得度に関する回答を行なっていないことから、習得度とその活用についての質問をしていないために扱わない。

調査は 2022 年 8 月から 10 月までの期間にインターネット会議サービスの Zoom を利用して実施した。一人の対象者につき 60 分〜 90 分程度の時間で話を伺った。調査の開始時点で、録音される音声データについて後日文字起こしをすること、文字起こしのデータに対して個人が特定されることのないように匿名化をすること、当該データは学会発表、研究論文や学術書のみに利用することを説明

---

1) 調査の詳細については序章で説明している。

2) なお、この 42 名の他にも聞き取り調査へ協力いただいた方がいるものの、正規の就業経験のない大学院在籍者などの場合であるために本章では扱わない。

3) パネル調査の第 1 波調査において「大学で履修した授業の成績のうち、最上位の評価の割合」を尋ねている。回答者は 1（=0 割）、2（=1 割）、3（=2 割）、…、11（= 10 割）という、1 から 11 のなかからいずれか一つを選択する。回答者全員の平均値が 4.81、標準偏差が 2.397 であったのに対して、本章で分析の対象とした 33 名の平均値が 5.39、標準偏差が 2.957 であった。

第5章　聞き取り調査の結果から見る人文社会系大学教育の職業的レリバンス　*85*

したうえで、それらについての許諾を得ている。あらかじめ質問内容を用意しているものの、対象者の発話の状況に応じて柔軟にその順番を変更したり、新たに質問内容を追加したりする半構造化面接法を用いている。事前に準備した質問内容は、大学生のときに習得した知識と現在までの仕事との関連、高校生の頃の大学・学部選択の理由、学生時代の就職活動、これまでの職歴、現在の仕事の内容、将来のキャリアの見通しである。なお、社会人に対して学生時代の経験のうち重要だったと思われるものについて曖昧に尋ねる場合に回答されることの多い、アルバイトやサークル・部活動の経験、ゼミナール・研究室や卒業論文・卒業研究での学習を含めていない。

　本章で焦点を絞るのは習得した知識と仕事との関連についてである。対象者は2019年度の学部4年生後半時点で上記のウェブ調査へ協力している。序章で示されているように、「大学で学んだ専門分野」として言語・文学、哲学、歴史学、法学、政治学、経済学、経営学、社会学、社会福祉学、心理学、その他のなかから一つを選択して、「参照基準」を参考にして作成された8～10個の学問分野別知識習得度項目に関する質問へ回答している。回答者はこの8～10個の項目の習得度に関して「まったくあてはまらない」「あまりあてはまらない」「ある程度あてはまる」「とてもあてはまる」「非該当」のうち一つを選択する。聞き取り調査においては、この項目のうち「とてもあてはまる」を選択したものと現在までの仕事との関連を尋ねている。「とてもあてはまる」を一つも選択していない場合には「ある程度あてはまる」と回答した項目について尋ねた[4]。具体的には、「以前ご協力いただいたパソコンかスマートフォンで回答するアンケートにおいて、専門分野に関する知識を身につけた程度についてお答え頂いています」「そのなかで○○○（例：第一言語（母語・現代日本語）を通じた限られた経験をこえて、客観的で広い視野から言葉をとらえられる）については「とてもあてはまる」を選択なさっています」と説明し、「その項目は現在までの仕事と関連がありますか」と尋ねたうえで、肯定的な回答の場合において「具体的にはどのようなことでしょうか」と質問を重ねている。

4）知識の習得の程度について「まったくあてはまらない」「あまりあてはまらない」と回答した項目については尋ねていないため、「現在までの仕事にとって実は大学時代の専門分野の知識が関連していることに気が付いたものの、その知識は習得していない」「学生時代に専門分野の知識を身に付けておくべきだった」というような回答を得ることはできていない。卒業後にようやくわかる、必ずしも十分には学習しなかった専門分野の知識の意義については今後の課題である。

表5-1 は聞き取り調査の対象者の一覧と、ウェブ調査における学問分野別知識習得度項目に対して「とてもあてはまる」と回答したものの番号を示したものである。たとえば、表5-1 における ID が a07 の場合、言語・文学の5番についてのみ「とてもあてはまる」と回答している。「とてもあてはまる」という回答がない場合には「ある程度あてはまる」と回答したものの番号を示している。a03 の場合、「とてもあてはまる」はなかったために「ある程度あてはまる」と回答した1番、5番、6番、7番、8番の5項目を示している。

■ 1-4　解釈の観点

　対象者によって言及される、身につけた専門分野の知識に関連する仕事に対して次の二つの観点によって解釈を行う。まず、本章は高等教育を対象とする研究であるものの、分析の射程が卒業後の仕事にまで伸びるために経営学の枠組みの一つを参考にする。経営学におけるリーダーシップ論においては複数の実証的な研究から「課題（仕事）関連」と「対人関係（人間）関連」（ロビンス）、「業績に対する関心」と「人間に対する関心」（ブレイク＆ムートン）、「目標達成機能」と「集団維持機能」（三隅二不二）、「アジェンダ設定」と「ネットワーク構築」（コッター）のように、ある目的を達成するために重要となる資質には「課題」に関すること、「対人」に関することのロバストな二つの要素があると指摘されてきた（二宮 2021）。これらは集団をまとめて統率するという狭い意味にとどまらず、組織が目標に対する成果を生むために必要とされることがらである。そこで、対象者によって言及される仕事を「課題」に関するものと「対人（関係）」に関するものに分類する。本章で扱う仕事のなかには学校で児童や生徒へ何かを教える仕事のように「課題」と「対人」が重なる場合もある。次に、その言及される仕事が「具体的」な場合と「抽象的」な場合という分類を設ける。「具体的」には個別のエピソードや事例のような詳細かつ比較的短時間ですむような仕事の単位のことと、明確ではあるものの細かい仕事を意味するわけではないことの両者を含める。それら以外の場合には「抽象的」であるとみなす。

　仕事を遂行するための「能力」として「課題」と「対人」へ着目することは経済産業省の政策や一部の大企業のマネジメントの手法として行われてきたことである（二宮 2009）。大学生を対象としたコンピテンシーを診断するテストにおいても「課題」と「対人」、そして「自分」を加えた概念が用いられることがある（二宮 2021）。「最後までものごとをやり遂げる力」のような自分自身を統制するような資質を意味する「自分」はリーダーシップ論においては必ずしも一般的ではないために本章

第5章　聞き取り調査の結果から見る人文社会系大学教育の職業的レリバンス　*87*

では扱わないものの、「課題」と「対人」を枠組みとすることによって経営学やコンピテンシー・テストなどと問題意識をすり合わせることが可能になると考える。教育学や教育社会学の学問分野に留まることなく、より長い射程で大学教育の意義について検討できるだろう。また、「具体的」と「抽象的」という分類を行うことによって、仕事に関連すると認識される知識について問われたときに思い浮かべる対象の特徴を明確にする手がかりが得られるだろう。

2 仕事に関連すると認識される知識

■ 2-1 「関連がある」とされる仕事

「参照基準」上の専門分野ごとに、大学生の頃に習得した知識と現在までの仕事との関連についての回答のうち「関連がある」とされたものをすべて示す。「関連がない」と回答されたものについては言及しない。知識を習得しているものの誰からも「関連がない」と回答された項目については「該当なし」と表記する。対象者のIDは表5-1に示すとおりであり、本文中のIDの右に括弧書きで職種を表す。対象者の発話のなかに括弧書きで示されている部分は調査を実施した筆者による発言である。個人が特定される可能性のある表現については伏字にしている。また、「課題」に関するものには「課」、「対人」に関するものには「人」、両者に関するものには「課・人」という字を、「具体的」な場合には「具」、「抽象的」な場合には「抽」

表5-1　聞き取り調査の対象者の概要

ID	参照基準上の専門分野	大学種別	聞き取り調査の時点での職種	「とてもあてはまる」と回答した知識習得度項目の番号	「とてもあてはまる」と回答したものがない場合に「ある程度あてはまる」と回答した知識習得項目の番号
a01	言語・文学	私立	専門職	1, 2, 3, 4, 5, 6, 7, 8, 9, 10	
a02	言語・文学	私立	客室乗務員	1, 2, 3, 4, 5, 6	
a03	言語・文学	国立	システムエンジニア		1, 5, 6, 7, 8
a04	言語・文学	国立	専門職	1, 2, 3, 4, 5, 6	
a05	言語・文学	国立	教員	1, 2, 3, 4, 6, 8, 10	
a06	言語・文学	私立	販売職	7, 8, 10	
a07	言語・文学	私立	教員	5	
h01	歴史学	私立	営業職	1, 5, 6, 7, 8	
h02	歴史学	国立	事務職	1	
h03	歴史学	私立	事務職	1, 2, 3, 6, 7, 8	
h04	歴史学	国立	システムエンジニア	5, 7	
g01	政治学	私立	事務職		1, 2, 3, 4, 5, 6, 7, 8, 9, 10
g02	政治学	私立	事務職	1, 3, 4, 5	

表 5-1　聞き取り調査の対象者の概要（続き）

ID	参照基準上の専門分野	大学種別	聞き取り調査の時点での職種	「とてもあてはまる」と回答した知識習得度項目の番号	「とてもあてはまる」と回答したものがない場合に「ある程度あてはまる」と回答した知識習得度項目の番号
e01	経済学	国立	（求職中）		1, 4, 6
e02	経済学	私立	営業職	1, 2, 3	
e03	経済学	国立	事務職		1, 4, 5
s01	社会学	国立	営業職		7, 10
s02	社会学	私立	販売職	3, 4, 5, 6	
s03	社会学	国立	輸送従事者		1, 2, 3, 4, 5, 6, 7, 8, 9, 10
s04	社会学	私立	専門職	6, 9	
s05	社会学	国立	システムエンジニア	1, 3, 6, 10	
s06	社会学	国立	営業職		1, 3, 4, 5, 6, 7, 8, 9, 10
s07	社会学	国立	専門職	1	
s08	社会学	私立	記者	3	
s09	社会学	私立	営業職	6	
s10	社会学	国立	営業職	3	
p01	心理学	国立	営業職		2, 3, 9
p02	心理学	国立	営業職	3	
p03	心理学	私立	専門職	3, 6, 9	
p04	心理学	私立	サービス職	2, 6, 7, 8	
p05	心理学	国立	営業職	3	
p06	心理学	国立	教員	2, 3, 6, 8, 9	
p07	心理学	国立	事務職	3, 6, 8	

という字を付す。たとえば、「課題」かつ「具体的」であれば（課、具）と示す。

■ 2-2　言語・文学

　言語・文学の分野では7名を考察の対象とする。知識習得度項目の1番から10番までのすべてについて、少なくとも1名が「とてもあてはまる」と回答している。

1　第一言語（母語・現代日本語）を通じた限られた経験をこえて、客観的で広い視野から言葉をとらえられる

a02（客室乗務員）：東アジア共同体みたいな授業があって、そこでいろんな中国と韓国と日本のことだったり［…］言葉の伸びも感じましたし、価値観が広がったっていう面でも［…］中国語を知っていることで自分の仕事の範囲が広がったのは嬉しかった。（課、抽）

a05（教員）：英語を研究することで日本語というものを客観視。一方で、英語も第一言語の日本語の話者として客観視することで、どちらも分析的に理解することが大学時代にできるようになりました。中高生に英語を教えるにあたって、できるだけ科学的に客観的根拠を持って英語であったり、あるいは英語と日本語の違いであったりを教えることに役立っています。（課・人、具）

第5章　聞き取り調査の結果から見る人文社会系大学教育の職業的レリバンス　　*89*

2　習得した外国語や古語などの知識によって、言葉一般や現代日本語についても関心と理解が深まった

a05（教員）：英語という教科を教えるにあたって、まずは生徒に興味を持ってもらうことが重要だと考えているんですけれども、そのときに言葉の面白さっていうところからアプローチして、そういった言葉の知識や言語の面白さを学べたことが役に立っています。（課・人、具）

a07（教員）：中国語とか韓国語とかを履修していたことがあるんですけど、その経験から日本語を勉強する学生の気持ちはわかると思います。古語に関してだと、日本語の文法だとまだ今も残っている助動詞の「ず」とかそういうものありますので、「昔の日本語なんだよ」っていうふうに言うとちょっと興味をもってくれるかなと思います。（課・人、具）

3　音声を作り出す生理的メカニズム（調音・構音）の理解が身についている

a05（教員）：リスニングの点が取れないっていうことには自分が発音できていないということもあると思うので、実は「ここ」で発音しているんだよというのを客観的に教えることは意味があると思います。（課・人、具）

4　個別言語の構造を把握するための文法概念（音節、主語、時制など）の理解が身についている

a04（専門職）：そうですね。それがないと仕事がやっぱり成り立たないようなものなので。（課、抽）

a05（教員）：（たとえば音節、主語、時制などの理解が身についている。これはもう英語を教えてらっしゃるわけですから、必要な知識ですか？）そうですね。（課・人、具）

a07（教員）：それがいちばん大きいかなと思いまして。私が働いているのが□□□なんですね。会話とかよりは JLPT に合格して、その資格をもって進学または就職につなげようという理念がありますので、文法指導にかなり力を入れておりますので、その際に文法の知識を使っているなと思います。（課・人、具）

5　言語や文学が、歴史的に発展してきたものであることを理解している

a01（専門職）東洋史の仕事をしているかって言われたら、そうじゃないんですけど。歴史的な、専門的な用語とか、それを翻訳していくなかで助けになることはありますね。（課、具）

6　言語・言語表現が精神活動や社会・文化において果たしている役割について理解が向上している

a05（教員）：文学、あまり勉強してこなかったんですけど、パッセージを読んだりするときに、字面だけを追っていても理解できない。その背景となる文化とか知識がないと理解できないこともあるので、文学を理解するときに、こういった言い回しが実は英語ではあってねとか。そういうことを教えるうえで役に立っているんじゃないかなと思います。（課・人、具）

7 テクストをその背景に照らして読み解く訓練によって、「いま、ここ」にいない他者を理解する能力が向上した

該当なし

8 文章構造やレトリックなど言語のさまざまなあり方を学ぶことによって、文章や発言一般を正確に、また批判的に捉える能力が向上した

a05（教員）：レトリック、メタファー、比喩っていうのが言語学的に分析されるようになってきていまして、私の指導教員がそのような立場から研究をなさっているんですけれども。そのメタファーというのが、言葉遊びの枠を越えて言語構造、英語なり、日本語なりに深く染み付いて、根付いているので、教えることはかなり重要なんじゃないかなと。（課・人、具）

9 多様な表現媒体（言葉、身体動作、画像、映像等）とその特徴についての知識・理解が身についている

該当なし

10 自分の思考と判断を、言葉によってより適切に表現することができるようになった

a03（システムエンジニア）：今はこういう技術力がないからできないけれど、将来的にこういうことをやってみたいとか、今、こういうことで困っているとかっていうのを、マネージャーに伝えるっていうときには役には立ってるなって。（人、具）

a05（教員）：誰にでもわかるように、論文ですと誰にでもわからないといけないので、言い方は少し難しいかもしれないんですけれども、その言い方を易しくして子どもたちに教えるうえでは役立っていると思います。（課・人、具）

　a06（販売職）については3項目に対して「とてもあてはまる」と回答していたものの、そのいずれも「関連がない」ということであった。

　それ以外の6名については、少なくとも1項目に関して仕事との関連について説明していた。a01（専門職）は翻訳という「具体的」な「課題」に対して、a02（客室乗務員）は価値観、仕事の範囲の広がりという「抽象的」な「課題」に対して、a03（システムエンジニア）はマネージャーとの意思疎通を行うという「具体的」で「対人」の仕事に関して、a04（専門職）は文法の知識が必須である仕事全般という「抽象的」な「課題」に対して、a05（教員）とa07（教員）は児童や生徒を相手とする仕事であるために「課題」と「対人」が重なりつつ、客観的な根拠に依拠して英語を教える、言葉一般や現代の日本語に対する関心によって生徒へ興味を持たせる、助動詞の「ず」を古語の知識として伝える、発音について客観的に教える、文法概念を教える、資格取得に必要な文法を指導する、文学作品を扱うときにその背景となる文化に

第5章　聞き取り調査の結果から見る人文社会系大学教育の職業的レリバンス　*91*

ついて言及する、レトリックやメタファーなどを教える、平易な表現で教えるといった「具体的」なことについて、学生時代に習得した知識との関係が示されていた。

　言語・文学の分野の知識については、これまで就職後の仕事との結びつきがあまりないとみなされてきただろう。しかし、今回の聞き取り調査では対象者の主な職種が専門職や教員であったという事情もあるにせよ、その結びつきは「課題」と「対人」の両方において、また、多くが「具体的」なことがらに対して認識されていた。

■ 2-3　歴史学

　歴史学の分野では4名を対象とする。知識習得度項目については4番以外のすべてが少なくとも1名以上から「とてもあてはまる」と回答されている。以下は4番を除いた1〜3番と、5〜8番についての説明である。

1　歴史観の多様性についての理解が身についている

h01（営業職）：宗教とか、そういったマイノリティーの勉強をしていて。なので、今の仕事で食事のこととか宗教関係でリクエストがあったりとか、食べられないものがあったりとか。そういったリクエストのときに勉強して良かったなみたいなのは思って。（課、具）

h02（事務職）：仕事をするうえでも、やはり□□□という立場からも、常日頃というわけではないんですけれども、意識をしているところかなと思います。（課、抽）

h03（事務職）：いろんな視点を持って一つの事象に対して視点を変えて見てみることであったり、その整合性を比較して真偽を確かめていくっていうプロセス自体は非常に役立っています。（課、抽）

2　他者の歴史観を尊重する姿勢が身についている

h02（事務職）：自分のところにくるお仕事ですとか、あるいは、同じ部署の人の話とかを聞く際に、やはり一つの視点からだけではなくて、それ以外の視点からもとくに歴史に関わってくるとは思いますので。（課、抽）

h03（事務職）：人を扱う仕事なので、なかなか正解がなくて、いろんな方のいろんな価値観を受け入れながら、かつ、そのなかで自分の意見も主張していくことは、大学で行った研究も歴史のなかでも人に焦点を当てていたので。その人に対する考え方は人それぞれさまざまなところを受け入れつつ、自分の意見を尊重しつつっていうところは似ているのかな。（人、抽）

3　一国（自国）中心の歴史を相対化し、より広い視野で歴史を捉える姿勢が身についている

該当なし

5　自分とは異なる文化や価値観に対する寛容かつ批判的な態度が身についている

h01（営業職）：（今の□□□会社のお仕事にも関連するんですかね？）そうですね。基本は同じような感じですかね。（課、抽）

6　生涯にわたって歴史を学び続ける姿勢が身についている

h01（営業職）：世界史を選択していたんですけど、□□□を提案するときとかも、そういう歴史とか勉強するというか、こういう経緯があってこういう流れで行ったらどうですかねみたいなのは話したりはしてます。（課、具）

h03（事務職）：過去から学ぶことは仕事でも大学の研究でも同じだったので、何か進めてやって終わりではなくて、その結果であったり、過去の事象を捉え続けることっていう姿勢は仕事でも役立っています。［…］大きいのは過去の新卒採用実績です。自分が入社した年よりも前の年で、どういった活動をしてきてどんな効果だったか。それを今の時代に落とし込んだときに、オンライン化であったりとかコロナ対策も入れていくと、どう変貌していくのかっていうところで。（課、具）

7　様々な形の史資料を客観的に選別することができる

h01（営業職）：営業なので新聞を読むことが多いんですけど、テレビとか新聞の、会社によっても書き方とか捉え方って全然違うなと思って。確かに大学で、そういう資料の見方を先生から教わったというか、ここの一部分だけを捉えるんじゃなくて、もっとほんとは歴史的というか、そういう背景を理解したうえで読んでくると、この文章が一部しかないってことがわかるよねみたいな、そういう見方を教わったのは、身について生かされてるかなと思ってます。（課・抽）

h03（事務職）：出てくる資料、扱う資料もさまざまで、人に向けたアンケート結果もあれば、データとして実績値で出てくる数もあったり。あと、人の意見と言いますか、社内外の意見も含めて、形も種類もさまざまな資料が多いので、そこを照らし合わせて取捨選択してっていうのは身についています。（課、具）

h04（システムエンジニア）：インプットするっていう意味だと結構役に立ってるかなって思います。［…］歴史上の資料っていうのは仕事上では読まないんですけれども、たとえばA、B、Cという資料があったとして、どれを読めば効率的に問題解決ができるかみたいなプロセスを自分で効率よく判断ができるようになったみたいな。（課、具）

8　国家や社会や人間のあり方を、歴史的に形成されたものとして考えることができる

h01（営業職）：たとえばフランスだったら、政治と宗教とか結構分けられているなというか、政教分離みたいなことがあると思うんですけど、そういうのを理解したうえで、この場所ではこういう政治の話はしちゃいけないとかいうのをお客さんにやんわり伝えるとか。（課・人、具）

h03（事務職）：高校生の方の採用であると、未成年ということもあって保護者の方であったり、ご家族の意見に左右されるところがあって。そういったイエ制度の強い、根強い日本ならではというか、そういうところは大学で学んでいたからこそ、保護者の方へ理解を求める活動だったり、生徒本人も含めたうえで家族全体の、家全体で就職の理解を得るっていうことはスムーズにできたので。（課・人、具）

第5章　聞き取り調査の結果から見る人文社会系大学教育の職業的レリバンス　*93*

　歴史学もまた一般的な商売とはあまり関連がないと考えられる専門分野である。しかしながら、対象者4名全員が一つ以上の項目に対してその関連を見出していた。

　h01（営業職）は現代の宗教上の習慣や営業での提案という「具体的」な「課題」、異なる文化や価値観、報道の捉え方についての「抽象的」な「課題」、お客さんに対する歴史的な経緯のあることがらを説明するという「具体的」な「課題」と「対人」が重なる仕事について、h02（事務職）は歴史観の多様性や他者の歴史観の尊重が必要であるという「抽象的」な「課題」、h03（事務職）は歴史観の多様性を身につけることで複数の視点を持って仕事を遂行できるという「抽象的」な「課題」、他者の歴史観を尊重する姿勢が仕事と似ているという「抽象的」な「対人」、高校生の採用に関して過去から学んだりアンケート結果などを取捨選択したりするという「具体的」な「課題」、同じく高校生の採用に関して保護者とコミュニケーションをとる「具体的」な「課題」と「対人」が重なる仕事について、h04（システムエンジニア）は資料を効率よく読むという「具体的」な「課題」について述べられていた。

■ 2-4　政治学

　政治学の分野では2名を対象とする。知識習得度項目のすべてが「とてもあてはまる」または「ある程度あてはまる」と回答されている。

1　自由民主主義体制にはどのような思想的・歴史的背景があるのか説明できる

g02（事務職）：□□□というところで勤務しているんですけれども、どうしても国際金融にも目を向けねばならないわけで。国際金融というのが、国際政治であったり国際経済というのと切っても切り離せないような関係にあるわけです。なので、どうしても会社の存続にも大きく国際政治経済っていうのが関わるわけで。（課、抽）

2　市民として現実の政治について成熟した選択をすることができる

該当なし

3　国内政治や国際政治の動きや連関について、学問的知識にもとづいて説明できる

g02（事務職）：投資とかマーケットっていうのが、国内外のマーケットの動きっていうのも注目しなければいけないわけなんですよね［…］どこにお金を充てていくのかっていう目はしっかり養っていくようにっていうのは、全社的に言われていることだと思っています。（課、抽）

第Ⅰ部

第Ⅱ部

4　多様な個人や集団において、権力がどのように行使されているか判断することができる

g02（事務職）：国連であったりとか、あるいは EU といった政治体がどういう方向性を定めて国々とか地域とかっていうのを導いて牽引しているのかであったりとか。パワー・バランスや構造ですよね。そういう部分をかみ砕いて理解することができているかなと思います。たとえば、今、環境問題が話題になっていて、環境に優しい SDGs とか、あるいは ESG 投資っていうものも言葉としてよく出てきているようになってきていて、もちろん、それにも逆行する動きっていうのもヨーロッパであるわけなんです。（課、抽）

5　現実に政治はどのように動いているのかを説明できる

g02（事務職）：経済政策を決めるのは政治家なので、そういうつながりっていうのはしっかりと読み解くことができてきているのではないかなと思います。（課、抽）

6　政策の決定過程について説明できる

該当なし

7　政治において直面する課題を客観的に理解し、よりよい政策を考えることができる

該当なし

8　集団内のある決定が正当かどうかを検討できる

g01（事務職）：問題を解決する場面というのが多い。そういったときに、その政治や政策を考えて実行までの過程を考えてとか、そういったプロセスが結構、考えるというところが似ているのかな。（課、抽）

9　感情的な思い込みに左右されず、統計情報を読み解くことができる

g01（事務職）：統計的な、でも、その問題を解決した際に、伝票業務をどう割り振るかというところだったので、月に何件とか、1回当たり何分かかっているのかとか、そのデータがあるので、それを見るという観点では、結構統計は使いました。（課、具）

10　メディアの報道をうのみにせず、自ら検証を試みようとする

該当なし

　g01（事務職）は集団の意思決定における問題解決という「抽象的」な「課題」と、伝票業務のような情報に関する「具体的」な「課題」へ言及している。g02（事務職）は国際政治経済の体制と勤務先の業種の関係、マーケットと政治との関わり、権力と投資のつながり、政治家・政策を理解することの重要性といった「抽象的」な「課題」についてまんべんなく回答している。学生時代に身につけた知識をふま

第5章　聞き取り調査の結果から見る人文社会系大学教育の職業的レリバンス　*95*

えて国際的な政治の動向を把握することが仕事につながるというのである。

　政治学は言語・文学の専門分野と同様に一見すると商売との関連がなさそうではあるものの、知識を仕事で活用している様子がうかがえるのである。

■ 2-5　経済学

　経済学の分野では3名を対象とした。知識習得度項目の1～6番については少なくとも1名が「とてもあてはまる」または「ある程度あてはまる」と回答している。3名とも習得の程度が低かった知識習得度項目の7～10番に関しては扱わない。

1　市場における需要量と供給量の決定や「価格」の役割についての知識・理解が身についている

e02（営業職）：営業なので使用量が多ければ多いほど利益が拡大していくっていうところはやっぱり身に染みていて、こういうことを言うんだっていうのがわかったっていうところがあるので、実際仕事に影響があるというか、よく使うなって思ったりはします。（課、具）

e03（事務職）：自分の会社でのサービスの価格設定とかが、このコロナ禍でコロナ前と比べてかなり変わっていると聞くので、その辺はちょっと共通しているところが、共通というか関わりがあるところがあるなとは思います。（課、具）

2　市場の「均衡」と「不均衡」についての知識・理解が身についている

3　国民総支出（Y）に関する式 Y=C+I+G+X-M や国民経済計算体系についての知識・理解が身についている

4　「機会費用」についての知識・理解が身についている

5　「限界費用」などの語で用いられる「限界」概念についての知識・理解が身についている

6　インセンティブと人々の行動の関係についての知識・理解が身についている

2～6番については該当なし

---

　e01（求職中）については3項目に対して「ある程度あてはまる」と回答していたものの、そのいずれも「関連がない」ということであった。e02（営業職）とe03（事務職）については知識習得度項目の1番のみ「関連がある」という回答であった。使用量の多さと利益の関係や、価格設定という「具体的」な「課題」に対して学生時代に習得した知識との関係が示されていた。

　「経済」という言葉の印象から、商売に直接的に役立つような知識が伝達されてい

ることが想定される。しかし、今回の調査では対象者が少なかったこともあり「機会費用」や「インセンティブ」などに関する知識と仕事との関連は見出されていなかった。

■ 2-6　社会学

社会学の分野では 10 名を対象とした。知識習得度項目のすべてが「とてもあてはまる」または「ある程度あてはまる」と回答されている。

1　ジェンダーやセクシュアリティについての知識・理解が身についている

s01（営業職）：企画を考える際に炎上とかの対策として生きていると感じることはあります。（SNS での炎上ですか？）そうですね。不快に感じるような表現とかを避けるように気を付けていて。（課、具）

s03（輸送従事者）：お客さまと接するときに性別関係なく接することができるとか。（人、具）

s05（システムエンジニア）：都市計画といいまして、それに関係する調査を行う部署だったので、当然ジェンダーに関するデータだったり、計画に盛り込むときに女性の活躍だったりということを書いていくので非常に役に立ったと思います。（課、具）

s09（営業職）：社会学を学んでいたおかげで、先方のお客様の考え方に対して偏見がない。そういう考えもあるんだねっていう姿勢が取れる。（課、具）

2　自殺や犯罪などの逸脱行動や社会病理についての知識・理解が身についている

s08（記者）：裁判を聞いていて、この人の人生を聞いていたときは、社会心理学の授業取ってたんですけど、こういう背景の人もいるのかということを思い出します。（課、具）

3　格差や貧困などの階層・階級・社会的不平等についての知識・理解が身についている

s05（システムエンジニア）：もちろん所得関係のことを見ていくことがありますし、やはり町づくりとか都市計画といいますと、対象がその町の全体なので、誰一人取り残さないという SDGs にも関わっていて、そういう考え方が必須になってきます。（課、具）

4　都市・農村などの地域社会・コミュニティについての知識・理解が身についている

s02（販売職）：それぞれの町に根差してお店をつくっていくっていうところを大きなテーマに掲げていて［…］地域社会のなかにどうブランディングしていくかみたいなところは、うちの会社の大きな価値観でもあるので。（課、具）

第5章　聞き取り調査の結果から見る人文社会系大学教育の職業的レリバンス　　97

5　情報をめぐる技術、インターネット、ソーシャルメディアなどの環境変化や社会的影響についての知識・理解が身についている

s01（営業職）：業務が結構インターネットに近いとこなので、結構ダイレクトに関わっているのかなと思います［…］SNS マーケティングですね。（課、具）

s02（販売職）：PR の、自社が運営してるインスタグラムのアカウントとかにもたまに携わることがあって、そういったときに SNS マーケティングみたいなところも。（課、具）

6　社会が相互行為から成り立ち、その中で意味やアイデンティティが形成されていくことを理解している

s04（専門職）：人と仕事をしていく以上、人との関わりっていうのは避けられないので、心の持ちようっていうんですか、下手に緊張しないとか、ネゴシエーションするそのプロセス自体を客観的に見られるとか、そういう洞察力っていうんですか、それか俯瞰力っていうんですか、そういうものが身に付いた、役に立ってるかなとは思います［…］言葉の含意っていうんですか、1 つの言葉に対する複数の意味があるとか。（人、抽）

s09（営業職）：いろいろな企業さまの課題解決に取り組むっていうことがありますし。□□□業界なんで、お客さまの業界はほんとにさまざま。［…］それぞれのアイデンティティというか、課題ももちろんバラバラですし、もちろん重要視されている点っていうのも異なるので、それを尊重して。一方で、尊重するだけですと言われたものをやっていく、ただ進めていくだけだとビジネスになんの発展もありませんので、改革していくとしたらどういうものか、っていうのを提示するっていう意味では。（課、具）

7　テーマに応じた適切な調査方法を選び、実施できる

s07（専門職）：求人広告を作成する際に企業さまに取材を行うんですけれども、その際に社会学で勉強した質的調査は役に立っているな［…］周りの未経験の方とかだと取材なんかやったことないという人ばかりのなかで、インタビューした経験があるというところだったり、実際にフィールドワークで学んだ、この深掘りの仕方みたいなところがちょっと、ある程度は自分には身に付いているかな。（課・人、具）

s09（営業職）：商談に臨むっていうときに、事前調べをきちんとするようになりました［…］一方でクライアントの情報収集を事前にするのとは逆で、こちらが提案するもの、広告ですとか、企画ですね。これがお薦めですよって一方的に言うだけだと納得していただけないので、こういう根拠があって、こういうメディアのデータがあって、実績が他の企業さまが出ているんですよっていう納得材料です。説得材料を作るという意味では、データを活用するっていうことで。（課・具）

8　社会調査の結果を適切に読み解くことができる

s06（営業職）：クロス分析とか、分析における考え方とかっていう根本は結構学べたと思っていて、普通に数字を触る上でビジネスマンとして必要なベースのスキルではあるので、そこは生きてるな［…］（セールスとかマーケティングとか、そういうお仕事で役に立つのは主には統計なんですかね？）そうですね。マーケとかもやっぱそうですけど、そこでは生きてますね。（課、具）

s10（営業職）：アンケート調査をするうえでの注意点みたいなところとかも […] お客さんに提案する際に例えば市場の製品を調べるとかっていうことも過程で出てくるんですが、その際のデータの見方であったりとか […] 誠実さとかっていうところのベースとして、そうした知識は役に立ってるかなと思います。（課、具）

9　社会現象を、社会学の概念や理論枠組みと関連づけて説明できる

s04（専門職）：ゴフマン辺りの概念と言っていいんですか、今でも染み付いてしまって […] その相互行為論とかは概念としては有効だなと […] 成長意欲が高い人が集まってきてるっていうのを感じる部分がありまして、やはりその同期の中でも他人に負けないように研修頑張らなきゃいけないんだっていうのを当たり前のように言う人が多くて、で、そういうときに競争性とか、何かその裏に隠されてるそのフーコー的な権力性みたいなところを感じる。（人・抽）

10　社会で起こる問題を見つけ、それを自分と関連づけて考えられる

s05（システムエンジニア）：都市計画を描くときに今流行りの社会問題的なものを盛り込んでいくので、そういう意味では毎日使っていましたし、そのときは良かったな […] SE をやっていて□□□が価値になる、それを取引するみたいなものがあって、社会的な意義が大きいということで志望したので、そういう意味ではやはり役立っています。（課、抽）

s08（記者）：社会面の大きい記事を書くときに、どういうテーマで書こうかって。こういう問題があったから○○ではどうなのかっていうのを調べてみようみたいな感じで、そこは生かされてるのかなとは思います。（課・具）

　各インタビュー対象者は、それぞれ身につけたことと「具体的」な「課題」の関連について下記のように言及されていた。

- s01（営業職）は SNS でのジェンダーに関する表現や SNS マーケティング
- s02（販売職）は地域社会においてブランディングを行うことや SNS マーケティング
- s06（営業職）は社会調査の結果を読み解くこととマーケティング
- s08（記者）は逸脱行動などの知識と裁判の取材
- s09（営業職）はジェンダーや相互行為の知識によるお客様の考え方の理解や調査の実施を商談前に済ませること
- s10（営業職）は社会調査の結果を読み解くことによる提案

　また、s03（輸送従事者）は「対人」に関するジェンダーを考慮したお客様との接し方という「具体的」な仕事、s04（専門職）は相互行為やアイデンティティ、ゴフマンの理論などという点で「対人」に関する「抽象的」なことがらについて説明し

第5章　聞き取り調査の結果から見る人文社会系大学教育の職業的レリバンス　　*99*

ていた。s05（システムエンジニア）はジェンダーや社会的不平等についての知識が都市計画という「具体的」な「課題」に関連すると述べ、さらに、自分の関心と関連づけて社会問題を解決する都市計画に携わるという「抽象的」な「課題」についても言及していた。s07（専門職）は調査の実施という点で「課題」と「対人」が重なる求人広告を作る際のインタビューという「具体的」な仕事について関連するという。

　社会学の分野では知識・理解に関すること、社会調査に関することなどのそれぞれに仕事との関連が見出されていた。

■ 2-7　心理学

　心理学の分野では 7 名を対象とした。知識習得度項目については、1 番、4 番、5 番以外の項目が少なくとも 1 名以上から「とてもあてはまる」または「ある程度あてはまる」と回答されている。以下は 2 番、3 番、6 〜 9 番についての説明である。

2　心と行動に関する人間に共通の法則性や規則性についての理解が身についている

p02（営業職）：客観的に物事が見られるっていうのはあるかなと思って。このお客さんがこう言っているってことはきっと何か考えがあるのかなとか、自分の受けた印象とか感情と切り離して冷静にものを言うことはできるのかなとは思います。（人、抽）

p06（教員）：生徒が自治的なかたちで集団を動かしていくにあたって、今はこんなリーダーが生徒から求められているのか。部活にフォーカスしたところではあるんですけれども、いずれ生徒はそういうところを率いていくわけなんで［…］アンケート調査とかをやりながら勉強させてもらいました。（人、具）

3　心と行動の個人差や、同じ人でも発達的変化や状況による揺らぎがあることへの理解が身についている

p05（営業職）：インターネットの広告の文言をちょっと変えて、何パターンかで出したときに、こういう層の人はこの文章に反応が良くて、こういう層の人は逆にこっちに反応がいいみたいなのはデータとして見る［…］学んだ統計の分析法とかを使うことはあんまりないですけど、データに対しての抵抗のなさとか、データを見ること自体は嫌いじゃないので、むしろ好きなほうなので。そこは大学 4 年間でやったことは生かされてるかなと思います。（課、具）

6　心理アセスメント、カウンセリング、実験法・測定法に関する理解が身についている

p03（専門職）：アンケートを、ちょっと解析しようみたいな勉強会が社内に行われたときに、たとえば何も勉強してない状態で、標準偏差とかの話題が出てきても「うん？」ってなっちゃうところを、SPSS は持っていないのでエクセル使って分析する方法とか、そういうのは意外に頭に入りやすかったし、統計の教科書とかもまだ取ってあったので、そこで使えたのは良かったなというふうに思っています。（課、具）

p04（サービス職）：実験そのものではないですけど、計画をして、順序立てて、期限までにいろいろ仕事を終わらせるみたいなことでは結構役に立ってるのかなとは思いますかね。今まで、そういうのはちょっと苦手だったので。（課、具）

7　心に関する知識と実証研究の成果に基づいて、人間を客観的に理解することができる

p04（サービス職）：お客さんによってクレームもそうですけど、結構いろんな方がいらっしゃって、ちょっと理解できないような行動［を］する方もいらっしゃる。［…］心理を勉強してたら、こういう人は、きっとこういう特徴があるのかなとか、そういうのも考えられることが多いですし。あとは、お客さん相手だけではなくて、自分の周りの同僚ですとかの仕事の話を一緒にしてたりすると、結構辞めたいとか、そういう話が出てきたときに、きっとここがよくないから、今この子はこう思ってるんだろうなとか、そういうふうにもやっぱり考えられるようになって、自分は切り離して考えられる。（課・人、具）

8　人間と環境（自然や社会）との相互作用を理解することができる

p04（サービス職）：やっぱり人間の行動には絶対に外的な要因もあると、そういうふうに取られるっていうのはあるかなと思います。（課、抽）

p06（教員）：子どもの貧困という問題に非常に関心を持っていた時期がありまして。実際に□□□に携わっていくときに、ほんとにいい子なんだけど、家庭環境によって愛着障害であったりだとか、素直になれないであったりだとかっていうのは、子どものただの素質だけではなくて、社会のいろんな家族との関係であったりとか、社会での扱われ方だったりとか、そういうので大きく変化する［…］現場で学びをしていきながら、それが、じゃあ本ではどういうふうに書かれているんだろうかとか、今の研究ではどういうことがわかっているんだろうかっていうようなところに、そういう勉強の仕方で。（人、具）

9　人間の心についての理解を実務に生かすことができる

p01（営業職）：営業のときに、どういうふうにすればあまり壁を作らずに話してもらえるかなとか、実務的なところになるんですけど、これが集団心理で言っていたことかとつながる［…］人のコミュニケーションで、何かそのニーズであったり、お困りごとみたいなところに寄り添えたらいいなっていうとこがあるので、ある程度自分が自己開示してとか、そういったカウンセリングみたいなところみたいな。（人、具）

p03（専門職）：受講者に、いかに研修プログラムに参加してもらうかが大事なので、集中力が続く何分間は講義やっていいけど、その後はすぐに休憩入れてみたいな［…］研修終わったその日だけで記憶が抜けてしまわないように自己課題とか。人の行動を気にしながらプログラム作っていくので、完全にこの心理学で勉強したこのスキルがこういうふうに生きてきているとか、この学んだ理論がこういうふうに使えるって。（課、具）

p06（教員）：生徒を理解していくうえで「あのとき、こういうふうに書いてたな」とかいうことでアプローチの仕方を変えてみたりとか、ただ遅刻をしているとか、ただちょっと暴言を吐くとか、そういう生徒を頭ごなしに怒るんじゃなくて、この子たちの背景にはどういうことがあるんだろうかって考えるうえでは、すごい勉強して意味があったな。（人、具）

　p01（営業職）は自己開示を実務に生かすという点で「具体的」な「対人」につ

いて、p02（営業職）は客観的にお客さんを理解できるという「抽象的」な「対人」
について、p03（専門職）はアンケートの解析や研修プログラムの設計という「具
体的」な「課題」について、p04（サービス職）は仕事を実験のように計画的に進
めるという「具体的」な「課題」、お客さんや同僚の心理を理解するという「具体
的」な「課題」と「対人」の重なること、人間の行動の外的な要因を理解するとい
う「抽象的」な「課題」について、p05（営業職）は心と行動の個人差に関する広告
やデータの分析という「具体的」な「課題」について、p06（教員）は「具体的」
な「対人」である部活動での生徒指導、家庭環境などの作用を考慮する生徒理解に
ついて指摘していた。p07（事務職）については 3 項目に対して「とてもあてはま
る」と回答していたものの、そのいずれも「関連がない」ということであった。

　心理学では他の分野と比較して「対人」に関する言及の割合が高いことが特徴的
である。

3　考察と課題

　検討の対象とした 33 名のうち 30 名が学問分野別知識習得度項目のうち「とても
あてはまる」または「ある程度あてはまる」と回答したものについて、少なくとも
一つの項目について現在までの仕事との関連について説明していた。習得の程度が
高いと回答した項目について、仕事との関連をすべて否定する対象者は a06（販売
職）、e01（求職中）、p07（事務職）の 3 名であった。学問分野にかかわらず、身に
つけた知識と関連しているものが多かったことは「具体的」な「課題」に対してで
ある。h01（営業職）による宗教上の理由に関する食事への配慮や、p05（営業職）
によるインターネット広告の効果検証といった詳細な仕事のことと、a01（専門職）
による翻訳や e02（営業職）による利益の拡大についての理解といった仕事全般に
関することがあった。また、「具体的」な「課題」は「対人」と重なっていることが
ある。a05（教員）のように表現方法を工夫して子どもへ教える、s07（専門職）の
ように取材を行うというような「課題」と「対人」が重なることがらについて身に
つけた知識との関連があることが示されていた。一方で、「抽象的」な「課題」につ
いて指摘するものもあった。g02（事務職）は国内外の政治やマーケットの動向の
ような知識が仕事を行うために必要であるという。総じて「抽象的」よりも「具体
的」であることの方が多く挙げられる傾向があった。

　学問分野別の相違としては心理学では「課題」よりも「対人」に言及する割合が

高いことが挙げられる。他の分野では「課題」について説明されることが多く、その理由は対象者が若手社会人であったためだと想定される。「課題」に関する仕事の経験を蓄積することで、後輩や部下に対する指導、組織をまとめる仕事、他の企業や自治体などのキーパーソンとの折衝など「対人」の仕事に携わる機会が増える、または、その機会における身につけた知識との関連についての認識が高まるのだろう。現在までに経験した仕事に対して、ゼミナールでの学習や卒業論文の執筆の経験ではない学問分野固有の知識との関連が見出されるという「構造」と、その内容は当然それぞれに異なるものであるとはいえ大学教育の職業的レリバンスという「理念性」の存在の一端が明らかになるものであった。なお、「とてもあてはまる」や「ある程度あてはまる」と回答されながらも仕事との関連がないとされた知識習得度項目や、そもそも「まったくあてはまらない」や「あまりあてはまらない」という回答であったために調査の対象外とした知識習得度項目についても、職業的レリバンスが皆無だということではない。今回の聞き取り調査の対象ではなかった若手社会人から、それらの項目と仕事との関連が見出される可能性を残すものである。

　また、対象者によって指摘された仕事と関連のある知識は、「参照基準」に示されたもののうち「すべての学生が身に付けることを目指すべき基本的な素養」の一部に連なるものであった。この「基本的な素養」は (1) 分野の学びを通じて獲得される基本的な「知識と理解」、(2) 基本的な知識と理解を活用して発揮される「能力」、(3) 分野に固有の知的訓練を通じて獲得される「ジェネリックスキル」の 3 種類として掲示されることになっている[5]。聞き取り調査ではこのような分類を示さずに仕事との関連について尋ねたものの、対象者による回答は、たとえば h01（営業職）による宗教と食事の関係の知識を直接的に仕事で生かすような「知識と理解」や、g02（事務職）による政治に関する知識と理解を活用する「能力」に相当するものであった。従来指摘されてきた「社会人基礎力」「コンピテンシー」「トランスファラブルスキル」といった、ある対象に関する専門的な知識に依拠するわけではない個人の性格、人格を含むような一般的な「能力」とは一線を画すものである。ただし、回答のなかには「参照基準」が想定する「知識と理解」や「能力」から乖離していると思われるものもあった。たとえば、s02（販売職）は店舗づくりのブラン

---

5) 日本学術会議大学教育の分野別質保証委員会ウェブサイト「学教育の分野別質保証のための教育課程編成上の参照基準について（解説）」による。〈https://www.scj.go.jp/ja/member/iinkai/daigakuhosyo/pdf/kaisetsu.pdf（最終確認日：2024 年 1 月 15 日）〉

ディングにおいて地域社会とのつながりを考慮すると答えているものの、それは地域社会学やコミュニティの社会学に関する知識とは異なるものかもしれない。本章で考察の対象とした知識は調査対象者によって主観的に認識されたものであるという限界がある。

　残された課題は、第一に調査対象者の拡大である。本章では大学卒業後3年目と大学院修士課程修了後1年目の社会人を対象とした結果、言及される仕事は「課題」が多く「対人」が少ない傾向があった。たとえば、大学卒業後5年後や10年後などの時点で調査を行うことで、この傾向が変化するかどうかの検討を行う必要がある。また、「具体的」か「抽象的」かという分類についても同様の考察をしなければならない。さらに、これまで人文社会系を対象にしてきたものの、工学や農学といった自然科学の知見を活用する専門分野についても課題である。第二に大学時代の専門分野ではなく、業種、職種、特定の企業や事業所に着目することである。仕事に関連すると認識される知識はそれらによっても異なるだろう。たとえば、ある金融機関の従業員にとっての大学教育の職業的レリバンスの特徴を明らかにするという問いの立て方もある。第三にもっとも重要な課題として、「参照基準」で分類されている「知識と理解」「能力」「ジェネリックスキル」について、これらの相互関係の特徴を明らかにすることである。3種類の「基本的な素養」の活用は職場の環境や本人の仕事に対する姿勢からも影響を受けているであろう。そのため、経営学や人材開発論のアプローチによって検討するという課題が残されている。

【謝　辞】
コロナ禍で働き始めたり仕事を探したりする困難な状況であったにもかかわらず、聞き取り調査に対してご協力頂いたみなさまへ感謝申し上げます。

【文　献】
伊賀泰代, 2012,『採用基準──地頭より論理的思考力より大切なもの』ダイヤモンド社
井口尚樹, 2022,『選ぶ就活生、選ばれる企業──就職活動における批判と選択』晃洋書房
上西充子・川喜田喬編, 2010,『就職活動から一人前の組織人まで──初期キャリアの事例研究』同友館
梅崎修・田澤実編著, 2019,『大学生の内定獲得──就活支援・家族・きょうだい・地元をめぐって』法政大学出版局
尾野裕美, 2020,『働くひとのキャリア焦燥感──キャリア形成を急ぐ若者の心理の解明』ナカニシヤ出版
サトウタツヤ・春日秀朗・神崎真実編, 2019,『質的研究法マッピング──特徴をつかみ、活用するために』新曜社

鈴木智之, 2022,『就職選抜論——人材を選ぶ・採る科学の最前線』中央経済社

妹尾麻美, 2023,『就活の社会学——大学生と「やりたいこと」』晃洋書房

曽和利光, 2022,『人材の適切な見極めと獲得を成功させる採用面接100の法則——企業と人を結ぶコミュニケーションのあり方』日本能率協会マネジメントセンター

高崎美佐, 2023,『就活からの学習——大学生のキャリア探索と初期キャリア形成の実証研究』中央経済社

束原文郎, 2021,『就職と体育会系神話——大学・スポーツ・企業の社会学』青弓社

常見陽平, 2015,『「就活」と日本社会——平等幻想を超えて』NHK出版

中嶋剛, 2021,『若者の曖昧な進路選択とキャリア形成——とりあえず志向の実証的探究』晃洋書房

難波功士, 2014,『「就活」の社会史——大学は出たけれど…』祥伝社

日本学術会議史学委員会史学分野の参照基準検討分科会, 2014,『報告 大学教育の分野別質保証のための教育課程編成上の参照基準——歴史学分野』日本学術会議

日本学術会議大学教育の分野別質保証推進委員会言語・文学分野の参照基準検討分科会, 2012,『報告 大学教育の分野別質保証のための教育課程編成上の参照基準——言語・文学分野』日本学術会議

二宮祐, 2009,「コンピテンシー政策の政策移転——「社会人基礎力」を事例として」『〈教育と社会〉研究』19, 55-63.

二宮祐, 2018,「学生時代の学習経験を顧みる——聞き取り調査の結果から」本田由紀編『文系大学教育は仕事の役に立つのか——職業的レリバンスの検討』ナカニシヤ出版, pp. 125-150.

二宮祐, 2020,「大学で経験した授業の職業的意義——社会人第2回調査の結果から」『エンロールメント・マネジメントとIR』1, 98-111.

二宮祐, 2021,「「学習成果の可視化」に資するコンピテンシー・ディクショナリー——ジェネリックスキル評価テストを対象として」『大学評価研究』20, 91-100.

服部泰宏, 2016,『採用学』新潮社

濱口桂一郎, 2021,『ジョブ型雇用社会とは何か——正社員体制の矛盾と転機』岩波書店

福井康貴, 2016,『歴史のなかの大卒労働市場——就職・採用の経済社会学』勁草書房

古屋星斗, 2022,『ゆるい職場——若者の不安の知られざる理由』中央公論新社

武藤浩子, 2023,『企業が求める〈主体性〉とは何か——教育と労働をつなぐ〈主体性〉言説の分析』東信堂

山口浩, 2023,『就活メディアは何を伝えてきたのか』青弓社

山田哲也, 2023,「教育研究における質的研究方法論の位置——教育社会学の視座から」井頭昌彦編著『質的研究アプローチの再検討——人文・社会科学からEBPsまで』勁草書房, pp. 115-142.

第Ⅱ部

大学教育の諸側面

第6章 入試方法は大学での学びや成果とどう関連しているのか

「年内入試」利用者と「一般入試」利用者の違いに注目して

香川 めい

1 拡大する「年内入試」：一般入試とどう異なるのか？

　周知のように大学に入学するための方法は多様化している。2023年度の四年制大学入学者の場合、一般選抜（旧一般入試）の比率は5割を切り、学校推薦型選抜（旧推薦入試）が35.9％、総合型選抜（旧AO入試）が14.8％である（文部科学省 2023）。こうした傾向をふまえるなら、大学に入学するルートの約半分は筆記試験の点数で合否が判断される一般選抜（一般入試）ではなく、調査書、志望動機書、面接などを用い、総合的・多面的な評価を行う入試によって占められるようになっているといえるだろう。本章では、俗に「年内入試」としてまとめられる一般入試以外の入試の合格者に注目し、大学受験前の状況や大学入学以降の学びへの取り組み方の違い、さらには、分野別習得度や大学で身についた能力の獲得状況に一般入試合格者と違いがあるのかについて検討していく。

　木村拓也（2020）は入試の多様化について「大学へのアクセス」の多様化、「入試区分」の多様化、「評価観点」の多様化の三つの側面から読み解く必要があることを指摘する。そして、高等教育の大衆化を背景に、大学入学資格の弾力化が要請され、「傍系」からの主要な入学ルートとして推薦入試が利用されてきたこと、「傍系」への公正な機会の確保のため、さまざまな入試区分が設定されてきたと述べている。また、表向きの理念としては、推薦入試は学力試験偏重から調査書重視へという入学者選抜政策の転換の流れに位置づく制度であり、AO入試は臨教審以後の個性重視という題目を実現するための「詳細な書類審査と時間をかけた丁寧な面接等を組み合わせる、評価尺度の多元化」（木村 2020：46）の制度化であるという。

　AO・推薦入試が拡大するなか、この入試方法を扱う研究が数多く蓄積されてき

ている。伝統的な選抜方法である筆記試験の「弊害」を取り除くために導入されたという経緯もあり（中村 1996）、筆記試験重視の一般入試に比べれば「軽量化」された入試方法だと捉えられてきた（中村 2011）。そのため、多くの研究がこのような入試方法は「成功」しているのかどうかを関心の中心に据えてきた。「成功」の具体的な基準や指標は個々の研究によって異なるが、基本的には大学入学後のパフォーマンス（学業成績や各種のテストスコアなど）を対象とし、入試方法により入学後のパフォーマンスが異なるのかについて検討されてきた。入試を実施する大学側にとって、どの入試でどのような入学者を確保できるのかについての信頼できる知見を得ることは、教育や経営を左右しかねない死活問題であることを考慮すれば、入学後のパフォーマンスの違いが重要な問題であることは論をまたない。

　しかしながら、入試方法と入学後のパフォーマンスの関連についての評価には肯定的なものと否定的なものが混在しており、一貫した結果は得られていない。木村治生（2021）は 2010 年以降に発表された AO 入試や推薦入試の選抜効果を扱った研究群を対象に①分析対象が個別の学校か、複数の学校か、②推薦・AO 入試を肯定的に評価しているか、否定的に評価しているかの二つの軸で四つに分類してレビューを行なっている。個別の大学を対象とした研究では、推薦・AO 入学者の学業成績や英語力、言語運用能力などの認知的能力の低さをマイナス面と指摘する傾向があり、プラスの評価をする場合は、一般入試合格者と認知的能力に差がないことを示すものよりも、主体性やコミュニケーション能力といった汎用能力や非認知能力に優れていることを示す研究が多いとまとめている。また、大学の選抜度によっても AO・推薦入試を通じて能力の高い学生を獲得できるかどうかには違いが生まれ、能力の高い学生が入学しているのは選抜度の高い大学であると指摘している。さらに、複数の高校や大学を対象とする研究の数は多くはないが、相対的には AO・推薦入試を否定的に捉えるものが多いこと、その背景には、AO・推薦入試が選抜度の低い大学でより広く導入され、進路多様校の高校生の大学進学を促したことが反映されていると述べている。

　推薦入試や AO 入試は導入の経緯からして、筆記試験で測られる認知的学力以外の多様な資質や能力を持った学生を選抜する意図を持っていた。そうであれば、このような入試を経た学生は一般入試合格者とは異なる側面の資質や能力が高かったとしても不思議ではない。どの入試を利用するかは、高校時代以前の状況の影響を受けるだろうし、また、大学での学習の取り組みも左右するだろう。この点について、木村治生（2020）は、主体性や協働性といった成績以外のアウトカムに注目

第6章　入試方法は大学での学びや成果とどう関連しているのか　*109*

し、推薦入試やAO入試で入学した学生の高校時代の学びと大学での学びについて
検討している。そして、難易度の高い大学のAO入試合格者は高校時代のみならず、
大学でも「主体的で多様な学び」を実践していること、さらに、大学での「主体的
な学び」経験には高校時代の学習状況の影響が大きいという知見を得ている。

　以上をふまえると、AO入試や推薦入試合格者は主体性や協働性といった側面で
一般入試合格者よりも秀でており、高校時代からそのような傾向がみられる可能性
がある。また、大学での学習への取り組み方も一般入試合格者とは異なっている可
能性が高い。ではこのようなAO入試や推薦入試合格者の傾向は、専門分野習得度
や大学で身についた能力とどのように関連するのだろうか。本章では、検討課題①
で入試方法による大学入学前の状況や大学での学び（学習への取り組み、望ましい授業の
タイプ）の違いを確認し（3-1, 3-2）、検討課題②では、検討課題①の結果をふまえ、入
試方法による分野別習得度や大学で身についた能力の違いを明らかにする（3-3）こ
とで、この問いに取り組んでいく。

2　データと変数

　大学受験経験や大学での学習に関する設問は第1波調査で尋ねられているので、
分析には第1波調査のデータを用いる。

　入試方法による違いが本章の主要な検討課題なので、いかに入試方法を区分す
るかが重要になる。山村滋（2019）は入試方法志向の変化を扱った論稿のなかで一
般入試以外の方法を一括りに扱う限界を指摘している。調査票では、入試方法をそ
の他を含む10選択肢で尋ねているが、山村（2019）の指摘や確保できるケース数を
考慮し、本章では入試方法を以下の四カテゴリーで区分することにした。具体的に
は、一般＋センター（「一般入試」＋「センター試験のみの入試」）［*N*＝1,976］、指定校＋
附属校（「指定校推薦」＋「附属校からの進学」）［*N*＝363］、一般推薦＋AO（「一般推薦」＋
「AO入試」）［*N*＝345］、その他（「スポーツ推薦」＋「帰国子女入試」＋「留学生入試」＋「その
他」）[1]［*N*＝103］である。

　一般推薦およびAO入試をまとめ、指定校推薦と附属校からの進学をまとめるの
は、以下の理由による。指定校推薦と一般推薦を分けるのは、同じく推薦入試に区

---

1) 入試方法「その他」103名の内訳は、スポーツ推薦21名、帰国子女入試13名、留学生
　　入試20名、その他49名である。この49名中、具体的な記述があるのは44名でうち31
　　名が編入学に分類される入試である。

110

分されるとしても両者には、出願者の選抜に大学が関与するか否かが異なるという制度的な違いがあるからである。指定校推薦の場合、大学側が指定できるのは高校と学校ごとの人数であり、一定の出願資格を設けることはできるが、個人の選考にはほぼタッチしない。一方で公募制推薦（一般推薦）では、大学が出願資格を設定し、さらに、高等学校長の推薦を受けた受験生個人を選抜することができる（次橋 2019）。附属校からの入学の場合は、大学側は個人の選抜に直接関与できない場合が

表 6-1　入試方法に関する記述統計（%）

	一般＋センター	指定校＋附属校	一般推薦＋AO	その他	N
専門分野					
言語・文学	72.4	11.7	10.7	5.2	(598)
哲学	86.6	7.5	4.5	1.5	(67)
歴史学	80.2	8.9	6.8	4.2	(192)
法学	79.6	10.4	8.3	1.7	(240)
政治学	74.2	19.1	4.5	2.2	(89)
経済学	72.6	10.0	13.0	4.3	(230)
経営学	53.0	22.7	17.1	7.2	(181)
社会学	80.4	7.0	7.4	5.2	(270)
社会福祉学	62.9	12.9	24.3	0.0	(70)
心理学	66.5	18.7	11.5	3.3	(182)
その他	64.2	15.4	18.3	2.1	(668)
大学偏差値					
35 ～ 47	52.2	24.4	17.4	6.0	(414)
47.5 ～ 55	67.0	13.2	17.2	2.6	(1,042)
56 ～ 62.5	74.9	12.9	7.4	4.8	(837)
63 以上	90.8	1.8	4.8	2.5	(437)
性別					
男性	76.7	11.3	9.1	2.9	(995)
女性	67.9	14.0	14.0	4.1	(1,767)
その他	56.0	16.0	24.0	4.0	(25)
親の学歴					
親大卒いない	65.7	14.1	15.1	5.1	(787)
親大卒 1 人	70.0	13.2	13.6	3.3	(760)
親大卒 2 人	74.8	12.3	9.9	3.1	(1,240)
計	70.9	13.0	12.4	3.7	100.0
N	(1,976)	(363)	(345)	(103)	(2,787)

第6章　入試方法は大学での学びや成果とどう関連しているのか　*111*

多いという点で指定校推薦に類似しているので、これらをまとめることにした。一般推薦と AO 入試は導入の経緯は異なっているものの、大学が個々の入学者を選抜できる余地が大きいという点では共通している[2]。

　表 6-1 には、各入試方法のケース数、また、専門分野、大学偏差値、性別、親学歴ごとの入試方法の分布を示している。本章で使用するデータでは、「一般＋センター」が最も多く約 7 割を占める。「指定校＋附属校」と「一般推薦＋ AO」はそれぞれ 13％程度であり、「その他」が約 4％となっている。専門分野によって、入試方法の分布には違いがあるが、これは、専門分野による違いというよりも調査に協力した対象の特徴を反映したものだと考えられる。大学偏差値別には、「一般＋センター」の比率は大学偏差値が高くなるほど大きくなる。大学偏差値 63 以上の場合、9 割が「一般＋センター」だが、偏差値 35 ～ 47 になると半数強にまで低下する。そのぶん、「指定校＋附属校」や「一般推薦＋ AO」が増えていく。この傾向は、先行研究で指摘されてきたものと一致する。性別では、男子に「一般＋センター」が多く、女子で相対的に「指定校＋附属校」や「一般推薦＋ AO」が多くなっている。両親の学歴をみると、「一般＋センター」は両親ともに大卒の場合に高く、親が大卒でない場合に低い。逆に親の学歴が低くなると、「一般推薦＋ AO」の比率が高まっている。「指定校＋附属校」のパーセンテージも親の学歴が低いとわずかに大きくなる傾向がある。

　専門分野習得度は分野別の合計点数を計算し、偏差値化した変数を用いる（平均 50、標準偏差 10）。このほかに「専門分野に関する知識・スキル」「専門分野における基本的なものの考え方」「専門分野を超えた、幅広い知識やものの見方」[3] の回答を合計し、同じく偏差値化した（平均 50、標準偏差 10）変数を「大学で身についた能力」として用いる。いずれも自己評価の能力であるが、専門分野習得度は、具体的な専門分野の知識やスキルをふまえたもの、「大学で身についた能力」は、漠然とした認識を尋ねているものという点で異なっている。

---

2) 木村裕（2020）の最近の入試改革の動向を含めた整理をふまえると、AO 入試でも「調査書の積極的な活用」が推奨され、推薦入試でも「必要に応じて、AO 入試において基礎学力の状況を把握するための取り組みとして挙げられているものを行うこと」が示されている。高等学校長の推薦が必須となるかどうかに違いはあるもののそれぞれに多様な選抜方法が用いられていると推察される。

3) それぞれについて調査時点でどの程度身についているかを尋ねる設問への回答。選択肢は 5 件法（とても身についている、ある程度身についている、どちらともいえない、あまり身についていない、まったく身についていない）。とても身についているを 5 点、まったく身についていないを 1 点とした。

3 分析結果：入試方法によるさまざまな違い

■ 3-1 入試方法と大学受験経験

　まず、大学入学前の状況の違いを確認していこう。入試方法ごとに受験時の大学選択の違いをみたのが図 6-1 である[4]。総じて、入試方法によらず進学先大学の志望度は高く、また、現在の学問分野を学びたいという意欲も高い。「ぜひ現在の大学に入学したかった」や「ぜひ現在の専門分野を学びたかった」への肯定的な回答（とてもあてはまる＋ややあてはまる）はどの入試方法でも半数を超えているが、四つの入試方法のなかで、肯定的回答比率が最も高いのは「一般推薦＋AO」である。85％程度が「現在の大学に入学したかった」および「現在の専門分野を学びたかった」と回答している。これらの入試では、大学が選抜を行う際、志望動機やその学部で学びたいことを記した文章の提出が求められることも少なくない。そのため、入学先大学や学問分野とマッチングしやすくなる傾向があるのであろう。「指定校＋附属校」や「その他」でも75％程度がこれらの設問に肯定的に回答している。一方、「一般＋センター」では、相対的に志望度や学問分野を学びたいという意欲は低くなっている。

　大学に対するこだわり（「入学できる大学ならどこでもよかった」に否定的）が高めなのが「一般＋センター」と「一般推薦＋AO」である。いずれの場合でもこの質問への否定的な回答（あまりあてはまらない＋まったくあてはまらない）が7割を超えている。「一般＋センター」の場合、大学名や偏差値ランク（難易度）を軸に大学を選択する傾向があり、さらに、不合格になることを前提に、複数校を受験するのがあたりまえである。結果的に志望の低い大学へ入学することも少なくないので、大学名へのこだわりはあっても、入学先大学への志望度が低いというケースが生じてしまう。同じく「年内入試」に類される入試方法であっても、「一般推薦＋AO」と「指定校＋附属校」では選択できる大学の幅が異なる。指定校推薦は高校に指定校の枠がなければ出願できず、附属校の場合は、実質1校しかない。「一般推薦＋AO」では、大学選択時に本人の「こだわり」を発揮できる余地が大きいので、「一般＋センター」と同程度に「大学を選ぶ」という意識が生じるのであろう。

---

4)「大学受験時にどのくらいあてはまりましたか」という質問。選択肢は「とてもあてはまる」「ややあてはまる」「どちらともいえない」「あまりあてはまらない」「まったくあてはまらない」の5件法だが、「どちらともいえない」を除き、肯定的な回答が右側に、否定的な回答が左側に表示されるように図を作成している。「どちらともいえない」の規模は棒の長さの違いに反映されている。

第6章　入試方法は大学での学びや成果とどう関連しているのか　113

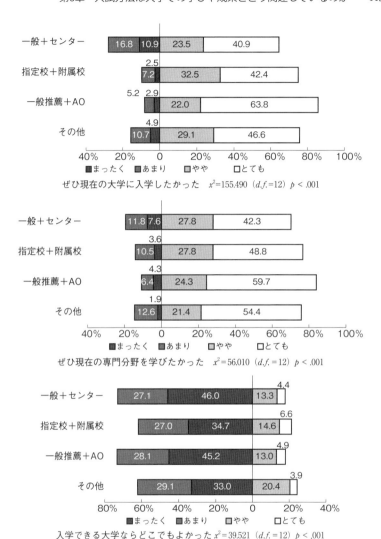

図6-1　入試方法による大学選択の違い

　大学入学直前に本人が得意としていたことの違いをみたのが、図6-2である。「指定校＋附属校」と「一般推薦＋AO」入学者は、「リーダーとしてグループをひっぱること」が得意な一方で、「勉強のやり方を自分で考えること」は相対的には苦手だと思っている。統計的検定の結果は有意ではないが、これらの入試方法では

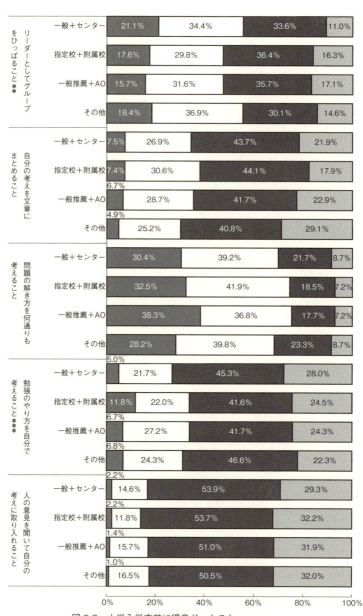

図 6-2　大学入学直前に得意だったこと
注：＊：$p < 0.05$、＊＊：$p < 0.01$、＊＊＊：$p < 0.001$

第6章　入試方法は大学での学びや成果とどう関連しているのか　*115*

「問題の解き方を何通りも考える」のが苦手だとする回答も高めである。問題の解き方を複数通り考えるためには、ある程度の応用力が必要となる。また、勉強のやり方を自分で考えるためには、自らの性格や得意分野、苦手分野をふまえ、メタ視点から学習方略を編み出すことが要求される。このような勉強方法とは逆、つまり勉強の仕方を教えてもらえるのがあたりまえだと思っており、「その通りに従順に勉強していた」ような層が「附属校＋指定校」および「一般推薦＋ AO」を利用する傾向があると捉えられる。

　ペーパーテストによって合否が判定される「一般＋センター」では、「勉強のやり方を自分で考えること」を得意だと回答する割合が最も高い。なお、高校時代の成績が最もよいのは「一般推薦＋ AO」で、次によいのは「指定校＋附属校」である[5]。これらの入試方法利用者の中 3 時の成績はそれほど高くないので、「一般推薦＋ AO」や「指定校＋附属校」利用者は、在籍していた高校のなかで、すなわち学力レベルがある程度均質化された集団のなかでは、高い成績を取ってはきたが、学力レベルが必ずしも高いとはいえない層である。その一方で、クラスや部活、学校行事等でリーダーシップを発揮してきた向学校タイプの学生が多いと捉えられる。これは、先行研究で示された、推薦・AO 入試合格者が、大学においても主体性や協働性が高い能力を発揮しているという知見と一致するものである。

■ 3-2　入試方法と大学での学び方

　ここまでは、入試方法による大学入学前の状況をみてきた。次に大学入学後の学び方（学習への取り組み姿勢）の違いを検討する。

　表 6-2 は、大学での学習への取り組みに関する項目について、「とてもあてはまる」を 5 点、「まったくあてはまらない」を 1 点として算出した平均値を示したものである。入試方法によって、大学での学習の取り組み方にも違いがみられ、全体的な傾向として、「一般＋センター」で大学での学習に積極性が低い姿が浮かび上がる。しかし、「一般＋センター」は「内容が理解できない授業が多かった」の値は最も低く、少なくとも認識上は、授業についていけないとは捉えていない。逆に総じて取り組み状況が前向きなのは、入試方法「その他」である。この類型に編入学が

---

5) 高 3 の成績が「上の方」と回答する割合は、「一般＋センター」で 30.6%、「指定校＋附属校」で 33.3%、「一般推薦＋ AO」で 35.4%「その他」で 24.3% である。なお中 3 の成績が上の方なのは「一般＋センター」で 56.8%、「指定校＋附属校」で 26.2%、「一般推薦＋ AO」で 35.4%「その他」で 40.8% である。

表6-2　入試方法別　大学での学習への取り組み方

	平均値					検定結果		
	一般＋センター	指定校＋附属校	一般推薦＋AO	その他	合計	全体	一般vs指定校	一般vs.AO
興味がわかない授業でもまじめに受けていた	3.53	3.72	3.72	3.77	3.59	***	*	*
なるべく良い成績をとるようにしていた	3.94	4.07	4.04	4.27	3.98	**		
授業に関連して、わからないことや関心のあることが出てきたら自分で調べてみた	3.71	3.68	3.73	3.98	3.72	*		
自分の学んでいる専門分野に興味がわかなかった	2.32	2.34	2.17	2.24	2.30			
内容が理解できない授業が多かった	2.58	2.78	2.67	2.61	2.62	**	**	
複数の授業で学んだことを関連づけて理解していた	3.69	3.67	3.74	3.83	3.70			
履修体系を考えて徐々に発展的な内容の授業を履修するようにしていた	3.28	3.37	3.46	3.51	3.32	*		
授業で学んだことを授業外で活かした	3.31	3.34	3.55	3.48	3.35	**		**
授業外（アルバイト、サークル、インターンシップなど）で学んだことを授業で活かした	2.87	3.12	3.20	3.09	2.95	***	***	***
授業では教えられたことをそのまま暗記した	2.99	3.20	3.11	2.96	3.03	**	**	
大学のカリキュラムは専門分野を体系的に学ぶことができるものだった	3.52	3.64	3.73	3.58	3.56	**		**
大学のカリキュラムが自由すぎて、なにをどう学べばよいかがわからなかった	2.69	2.62	2.51	2.62	2.65			
大学のカリキュラムでは、幅広い共通・教養教育を受けることができた	3.96	3.88	3.96	3.96	3.95			

注）検定結果はノンパラメトリック検定の結果。***：$p < 0.001$、**：$p < 0.01$、*：$p < 0.05$。

第6章　入試方法は大学での学びや成果とどう関連しているのか　*117*

多いことが関係しているのかもしれないが、この入試方法には、「スポーツ推薦」から「編入学」まで、さまざまな方法が含まれているため解釈を深めることが難しい。

　ここでは、「一般＋センター」と年内入試の二つの類型で違いがある項目を中心にみていくことにする。

　「一般＋センター」ほどではないものの「指定校＋附属校」の取り組み姿勢も前向きなものとは言いがたい。「一般＋センター」と統計的に有意な違いがあるのが「興味がわかない授業でもまじめに受けていた」「内容が理解できない授業が多かった」「授業外で学んだことを授業で活かした」「授業では教えられたことをそのまま暗記した」の四つの項目である。「内容が理解できない授業が多かった」と「授業では教えられたことをそのまま暗記した」の平均値は四つの入試方法のなかで最も高い。興味がなくてもまじめに授業に出席する傾向があるが、理解できない授業が多いため、暗記で乗り切る姿勢がうかがえる。ただし、内容を理解していないにもかかわらず「授業外で学んだことを授業で活か」そうとする積極性はあるようである。

　「一般推薦＋AO」の場合、「一般＋センター」に比べて授業内外で学んだことを活かそうとする姿勢があり、また、「大学のカリキュラムは専門分野を体系的に学ぶことができるものだった」という評価も高い。「指定校＋附属校」と同じく内容が理解できない授業も少なくなく、暗記重視の姿勢があるものの、「一般＋センター」と統計的に有意な違いはない。同じく年内入試と括られる入試方法利用者でも違いがあることが示されている。

　「指定校＋附属校」入試利用者の大学での学習に対する受け身な側面は、望ましい授業のタイプについての意向からも見て取れる。図6-3は「単位を取るのが難しくても、自分の興味のある授業がよい」のか「あまり興味がなくても、単位を楽にとれる授業がよい」のかの分布を示したものである。どの入試方法でもどちらかといえば、興味関心を優先する傾向はあるが、「指定校＋附属校」では単位が楽に取れる授業を歓迎する比率が最も高く、45％を超えている。興味がなくても授業にまじめに出席する行動は、裏を返せば、大学で提供されるものを無批判に受容することをよしとしているのかもしれず、であれば、できるだけ「楽」な方がよいという判断につながるのであろう。

■ 3-3　入試方法と能力評価

　ここからは、入試方法や入学前の状況、そして大学での学びの姿勢が能力の自己評価、具体的には、専門分野習得度や「大学で身についた能力」とどのような関連

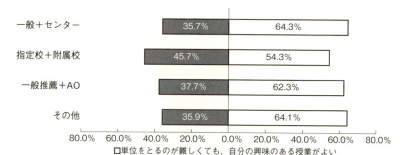

図6-3 入試方法別：望ましい授業のタイプ

にあるのかをみていこう。以下ではこの二つの変数を従属変数として設定する。いずれについてもモデル1では、入試方法とコントロール変数としての属性的な変数、モデル2で大学入学前の状況、モデル3で大学での学習の取り組み、モデル4ですべての変数を投入する重回帰分析を行なった。「大学で身についた能力」については、すべてのモデルに専門分野のダミー変数も投入した。

専門分野習得度の規定要因（表6-3）の結果をみると、「その他」以外の入試方法が有意な効果を持つのはモデル1のみで、高校時代の状況や大学での学習の取り組み方を投入したモデル2以降では有意な効果を維持していない[6]。モデル1で有意な効果がある「一般推薦＋AO」の係数の符号はプラスなので、「一般＋センター」と比較して、「一般推薦＋AO」の場合は習得度のスコアが高くなることがわかる。大学入学前の情報を加えたモデル2や大学での学習への取り組みの情報を加えたモデル3では、「一般推薦＋AO」の係数は小さくなっていることから、「一般推薦＋AO」利用者の入学前の状況や大学での学習への取り組みに習得度を高めるような特徴があり、そのためモデル1でプラスの効果がみられたのだと解釈できる。

モデル2をみると、「現在の専門分野を学びたかった」と高校時代の得手不得手に関する三つの能力項目にプラスの効果があることがわかる。あたりまえといえばあたりまえかもしれないが、本人が学びたいと思っている分野に進学すること、また、

---

[6] 入試方法「その他」はモデル1からモデル4まで一貫した有意なプラスの効果を有している。しかし、上述のように「その他」にはさまざまな入試方法が含まれているため、解釈するのが難しい。ケース数の問題で「その他」をこれ以上細分化することもできないので、本章ではこれ以上は踏み込まない。

第6章　入試方法は大学での学びや成果とどう関連しているのか　*119*

表6-3　専門分野修得度の規定要因

	モデル1			モデル2			モデル3			モデル4		
	B	S.E.		B	S.E.		B	S.E.		B	S.E.	
入試方法 (vs. 一般＋センター)												
指定校＋附属校	.533	.697		.275	.683		.588	.623		.095	.610	
一般推薦＋AO	2.002	.746	**	1.275	.741		1.276	.666		.753	.660	
その他	3.091	1.087	**	2.726	1.056	**	2.414	.967	*	1.985	.935	*
大学受験時												
現在の大学に入学したかった				-.120	.172					-.210	.159	
現在の専門分野で学びたかった				1.755	.173	***				1.091	.163	***
入学できる大学ならどこでも				-.469	.173	**				-.111	.162	
高校時代の得意不得手												
リーダーシップ				1.327	.225	***				1.042	.209	***
問題の解き方考える				1.397	.234	***				1.220	.216	***
勉強のやり方考える				1.699	.268	***				1.179	.248	***
大学での学習の取り組み方												
興味なくてもまじめに受講							.754	.184	***	.563	.178	**
理解できない授業で活多かった							-1.361	.205	***	-1.165	.199	***
授業→授業外で活かした							1.931	.189	***	1.611	.184	***
授業外→授業で活かした							.938	.169	***	.679	.164	***
暗記した							-.442	.196	*	-.366	.190	
カリキュラムは体系的に学べるもの							1.360	.209	***	1.286	.204	***
興味なくても楽しい方がよい							-1.319	.435	**	-1.343	.422	**
2020年調査ダミー	.984	.455	*	1.170	.424	**	.952	.406	*	1.035	.393	**
偏差値	.116	.030	***	.023	.031		.131	.027	***	.075	.029	**
中3時の成績	.442	.210	*	-.009	.198		.295	.188		-.021	.183	
男性	1.137	.453	*	.959	.431	*	1.835	.405	***	1.441	.398	***
定数	40.186	1.858	***	31.026	2.010	***	28.799	2.188	***	23.791	2.238	***
F [*d.f.*]	5.734 [7, 2073]			29.089 [13, 2067]			43.595 [14, 2066]			41.765 [20, 2060]		
sig	***			***			***			***		
自由度調整済みR^2	.016			.149			.223			.282		
N	2.081			2.081			2.081			2.081		

注) ＊＊＊：$p < 0.001$、＊＊：$p < 0.01$、＊：$p < 0.05$。

高校時代にリーダーシップを発揮することのみならず、問題の解き方を工夫したり、勉強のやり方を考えたりといった応用的な能力を身につけていることは、大学での専門分野の習得においても有用であることが示されている。また、「入学できる大学ならどこでもよかった」の符号はマイナスであり、本人が「大学ならどこでもいい」と思っていたとしても、このことは、大学での学びにネガティブな影響をもたらす可能性があるといえる。

　モデル３の大学での学習への取り組み方についてもみていこう。興味がなくてもまじめに受講することは習得度にプラスの効果を持っているものの、内容を咀嚼しないまま暗記するだけだったり、興味がなくても楽な単位を優先していたりする場合は、習得度が低くなる。理解できない授業が多かった場合に、習得度が低くなるのは当然だともいえる。一方で、授業の内容を授業外で活かしたり、授業外で学んだことを授業で活かしたりというように、授業という枠を超えて学習内容を活用することは習得度を高める。「カリキュラムは体系的に学べるものだった」と評価する場合に習得度が高くなるのは、実際にカリキュラムが体系的に組み立てられていることもあるだろうし、そう判断できる程度に、専門分野の内容を把握していることも関連していると考えられる。いずれにせよ、受け身で受講するだけでは、習得度はそれほど高くならず、知識を応用する（使う）ことで、学びが深まり、結果として習得度も高くなるという経路があると考えられる[7]。

　決定係数の値に注目すると、入試方法と属性的な要因のみを投入したモデル１では1.6％と習得度の分散をほとんど説明していない。高校時代の状況を投入したモデル２では14.9％と向上し、大学での学習の取り組み方を投入したモデル３では22.3％、両方を同時に投入したモデル４では28.2％と説明力が大きくなっている。大学での学習の取り組み方を投入したモデルで、説明力が大きく向上するので、専門分野の習得度を高めるには、入学前の状況よりも、実際にどのように学習に取り組むかの方が重要だといえる。

　次に「大学で身についた能力」の規定要因をみていこう（表6-4）。モデル１で「指定校＋附属校」と「一般推薦＋AO」にプラスの効果があり、モデル３で「指定校＋附属校」のプラスの有意な効果が認められる。「一般推薦＋AO」の傾向は分野別習得度と同じであるが、「指定校＋附属校」は、学習への取り組み姿勢を考慮したモ

---

7) なお、入試方法に有意な効果があったモデル１に入試方法と偏差値の交互作用を追加して検討したが、有意な交互作用はなかった。

第6章　入試方法は大学での学びや成果とどう関連しているのか　*121*

表6-4　「大学で身についた能力」の規定要因（重回帰分析）

	モデル1 B	モデル1 S.E.	モデル2 B	モデル2 S.E.	モデル3 B	モデル3 S.E.	モデル4 B	モデル4 S.E.
入試方法 (vs. 一般＋センター)								
指定校＋附属校	1.448 *	.602	.840	.589	1.242 *	.529	.963	.532
一般推薦＋AO	1.489 **	.614	.471	.611	.491	.540	.184	.551
その他	3.485 ***	1.018	2.905 **	.980	2.396 **	.893	2.183 *	.884
大学受験時								
現在の大学に入学したかった			-.023	.158			-.115	.144
現在の専門分野学びたかった			1.428 ***	.157			.649 ***	.145
入学できる大学ならどこでも			-.392 *	.159			-.050	.145
高校時代の得手不得手								
リーダーシップ			1.178 ***	.202			.819 ***	.185
問題の解き方考える			.899 ***	.216			.733 ***	.195
勉強のやり方考える			1.238 ***	.242			.694 **	.220
大学での学習の取り組み方								
興味なくてもまじめに受講					.996 ***	.160	.908 ***	.158
理解できない授業多かった					-1.358 ***	.179	-1.220 ***	.178
授業→授業外で活かした					2.249 ***	.169	2.044 ***	.169
授業外→授業で活かした					.823 ***	.147	.649 ***	.147
暗記した					-.163	.173	-.127	.171
カリキュラムは体系的に学べるもの					1.698 ***	.183	1.671 ***	.183
興味なくても楽しむ方がよい					-.917 *	.375	-.874 *	.372
2020年調査ダミー	.184	.407	.298	.390	.051	.358	.072	.354
偏差値	-.012	.028	-.071 *	.029	.009	.025	-.016	.027
中3時の成績	.369 *	.184	.012	.180	.105	.163	-.105	.163
男性	.746	.421	.669	.409	1.275 ***	.371	1.069 **	.371
定数	48.821 ***	1.755	40.660 ***	1.952	33.357 ***	2.016	29.425 ***	2.120
F [d.f.]	2.603 [17, 2712]		12.996 [23, 2706]		39.985 [24, 2705]		33.551 [30, 2699]	
sig	***		***		***		***	
自由度調整済みR^2	.010		.092		.240		.264	
N	2,730		2,730		2,730		2,730	

注：***：$p < 0.001$、**：$p < 0.01$、*：$p < 0.05$。

第Ⅰ部

第Ⅱ部

デル3でもプラスの効果を持つ。モデル1とモデル3を比較すると、係数の値が若干小さくなるものの、大きくは異ならないので、「指定校＋附属校」入学者には、大学での学習への取り組み方とは関係なく、大学で能力が伸長したと認識しがちな独自の傾向があるといえるだろう。「大学で身についた能力」のもとになった質問項目も専門分野習得度も、同じく自己評価の回答がベースになっている。設問の内容が専門分野に即した具体的な知識を尋ねる習得度項目に比べ、「大学で身についた能力」は、「専門分野に関する知識・スキル」「専門分野における基本的なものの考え方」といった漠然とした尋ね方であるため、感覚的な伸長を感じやすいのかもしれない。専門分野習得度と「大学で身についた能力」の相関は 0.5 程度で、正の相関があるとはいえ、関連はとても大きいわけではない。その意味で、大学で身についた能力の自己評価は習得度とは異なる側面を捉えているといえる[8]。

このことは、入試方法以外の変数の効果の違いからも確認できる。表6-3と表6-4で各変数が持つ効果は総じて類似しているが、表6-4において「暗記した」の係数は負であるものの有意な効果ではない。暗記しているだけの場合、具体的な知識を理解しているとは言い切れないので、専門分野の具体的な内容を尋ねた習得度は低くなる。一方で、漠然と大学で能力が上がったかと尋ねられた場合は、「暗記すること」の負の効果が顕著には現れないといえる。

決定係数の変化を見ると、表6-3と同じくモデル3で大きく上昇しているので、「大学で身についた能力」についても大学での学習への取り組み方の影響の方が強くなっていることがわかる。

4 まとめ

本章では、いわゆる「年内入試」とセンター利用入試を含む一般入試の違いをみてきた。その際の検討課題は2点あった。1点目は、入試方法による大学受験経験や大学での学び方の違い、2点目は、入試方法による専門分野習得度や身についた能力の違いである。

1点目について、「一般＋センター」利用者と「指定校＋附属校」および「一般推薦＋AO」利用者には違いがあった。前者は、入学後の大学や専門分野への志望度

---

8) なお、モデル1に専門分野と入試方法の交互作用、偏差値と入試方法の交互作用を追加して検討したが、有意な交互作用はなかった。

第6章　入試方法は大学での学びや成果とどう関連しているのか　*123*

は相対的に低く、また、大学での学習への取り組み姿勢も消極的であった。しかし、学力面では最も秀でており、高校時代から学習方略を工夫しており、大学で「内容がわからない授業」も最も少ない。「指定校＋附属校」と「一般推薦＋AO」は大学入学前の得手不得手の側面では類似しているが、「一般推薦＋AO」の方が入学後の大学や学問分野への志望度が最も高く、また、大学での学習への取り組み方も総じて積極的な側面が多い。一方で「内容がわからない授業」も少なくなく、それでも授業には出席するという受け身な姿勢もみられる。「指定校＋附属校」の場合は、大学や学問分野への志望度は相対的には高いが、学習への取り組み方には消極的な面も少なくなく、「興味がなくても楽に単位がとれる授業」がよいとする比率は四つの入試方法のなかで最も高い。

　2点目に関して、単純にみれば、どの入試方法を利用したのかによって、習得度や「大学で身についた能力」は異なっていた。いずれの能力も「一般＋センター」利用者が最も低かった。分野別習得度では「一般推薦＋AO」の方が「一般＋センター」よりも有意に高く、「大学で身についた能力」については「一般推薦＋AO」と「指定校＋附属校」の両方が有意に高い傾向にあった。ただし、入試方法による違いは、入学前の状況や入学後の学習への取り組み状況をコントロールすると消えてしまう。したがって入試そのものが習得度なり、身についた能力なりに違いを生み出しているというよりは、「一般＋センター」の授業への取り組み姿勢が総じて低調で、「一般推薦＋AO」や「指定校＋附属校」は「一般＋センター」に比べれば、前向きに授業に取り組んでいるため、専門分野の知識や能力が身についたと捉える方が妥当であろう。

　高校以前に獲得した能力（狭い意味での学力ではなく、もう少し広い意味で）をもとに、どの入試方法を利用するかという選択がなされ、学校に適応したリーダーシップが取れる層が「年内入試」を利用する。この層はまじめに高校生活を送り、その意味で、学内での成績はよいが、学力的には最上位層というわけではない。学力が高い層は、一般入試やセンター利用入試を活用する傾向がある。

　この傾向は大学での学び方にも関連している。「年内入試」利用者は、まじめに授業には出席するものの、理解できない授業が多かったり、暗記に終始していたりする。この傾向は「指定校＋附属校」の者に顕著である。高校卒業時の認識として、幾通りもの異なる問題の解法を考えたり、自分で学習方法を編み出したりといった能力の自己認識が低い傾向にあることをふまえると、おそらく、「言われたことはまじめにやる」タイプで、それもあって、高校までの学校適応は高かったのだ

と考えられる。大学での学びには、それに加えて、自ら主体的に調べたり、授業内外で得た知識を活用したりすることが必要になる。それらができる層が「一般推薦＋AO」の者に相対的に多いため、これらの入試利用者で、習得度や大学で身についた能力が高くなっていたのだといえる。

「一般＋センター」利用者は、中3時の成績がよいことをふまえると、潜在的な能力は低くはないと考えられる。大学での学習への取り組みには総じて消極的で、そのために、身につけることができたはずの能力やスキルを獲得しないままに卒業していることが危惧される。複数校を受験するのがあたりまえの「一般＋センター」利用入試の場合、第一志望の大学に入学できるケースは、それほど多くはない。また、自身が合格した大学や学科のなかから進学先を選択せざるをえないこともあり、志望度の高くない大学や想定外の学科に入学してしまった場合に、積極的に取り組む意識に切り替えるのはそれほど容易なことではないだろう。

以上をまとめると、入学後の大学でのパフォーマンスを向上させるためのアプローチ法は、「年内入試」利用者と「一般入試」利用者では異なっている可能性が示唆される。「年内入試」合格者、とくに、指定校推薦や附属校からの入学者には、高校までの受け身な勉強方法では太刀打ちできないのが、大学での学び方であり、早い段階で「大学での学びと高校までの学びは異なる」ことを認識して、行動を変えるよう水路づけることが重要であろう。一方、潜在的な能力を活かしきれていない可能性が高い「一般入試」合格者は、消極的な姿勢を積極的な方向に切り替えるなんらかのきっかけが必要になると考えられる。ただし「一般入試」合格者にはそもそも大学や学問分野への志望度が低い者も少なからず存在し、一律の方法や仕組みを設けるだけでは効果は薄いだろう。「一般入試」の課題に対するアプローチ法の方が難しいと考えられる。

最後に、残された課題について述べておこう。1点目は入学先大学の特徴を十分に考慮していないことである。先行研究では、大学難易度などの大学の置かれた状況によって、同じ入試制度を利用した合格者でも能力や性質が異なっていることが指摘されていた。検討課題②では、偏差値を統制変数として用いたものの、交互作用が有意にならなかったこともあり、踏み込んだ解釈はしなかったが、もう少し丁寧にみていくことが必要であろう。2点目は入試方法「その他」の扱いである。実は、大学での学習の取り組みが最も前向きであり、分野別習得度、大学で身についた能力が最も高いのがこの「その他」である。「その他」には少数の多様な入試方法の合格者が含まれており、そのすべてがこのような特徴を持っているとは考えにく

いが、ケース数の限界もあり、踏み込んで解釈することができなかった。

　今後も「年内入試」の合格者数は増加していくと想定される。それぞれの入試方法でどのような学生が入学し、どのように大学で学んでいるのかの知見を積み上げていくことで、より多様化する入試に大学として有効に対応することが可能になると考えられる。

【文　献】

木村拓也, 2020,「入試の多様化の経緯と現状」中村高康編『大学入試がわかる本──改革を議論するための基礎知識』岩波書店, pp. 45–65.

木村治生, 2020,「入学者選抜と大学入学前後の学びの関連の検討──推薦入試・AO 入試に注目して」『大学教育学雑誌』42(2), 29–38.

木村治生, 2021,「推薦入試・AO 入試の効果に関するレビュー研究──「個別大学の追跡調査」と「複数高校・大学を対象とした調査」の結果に注目して」『大学入試研究ジャーナル』31, 167–174.

木村裕, 2020,「揺れる日本の大学入試改革──その実態と挑戦」伊藤実歩子編著『変動する大学入試──資格か選抜か　ヨーロッパと日本』大修館書店, pp. 235–264.

次橋秀樹, 2019,「大学推薦入試の展開と現状──現代における推薦入試の類型化試案」『京都大学大学院教育学研究科紀要』65, 331–343.

中村高康, 1996,「推薦入学制度の公認とマス選抜の成立──公平信仰社会における大学入試多様化の位置づけをめぐって」『教育社会学研究』59, 145–165.

中村高康, 2011,『大衆化とメリトクラシー──教育選抜をめぐる試験と推薦のパラドクス』東京大学出版会

文部科学省, 2023,「令和 5 年度国公私立大学入学者選抜実施状況」文部科学省〈https://www.mext.go.jp/content/20231129-mxt_daigakuc02-000032825_01.pdf（最終確認日：2024 年 9 月 30 日）〉

山村滋, 2019,「入試方法志向の変化とそのメカニズム」山村滋・濱中淳子・立脇洋介『大学入試改革は高校生の学習行動を変えるか──首都圏 10 校パネル調査による実証分析』ミネルヴァ書房, pp. 89–106.

第7章 大学時代のレポート学習行動は職場における経験学習を促進し続けるのか
卒業後2年目までの追跡

小山治

1 問題設定

本章の目的は、大学時代のレポート学習行動は職場における経験学習を促進し続けるのかという問いを明らかにすることである。

人びとが大学で学ぶ意義とは何かと問われたら何と答えるだろうか。大学教員であれば、研究をすることと答えるかもしれない。職業人であれば、勉強以外を含めて好きなことに打ち込むことと答えるかもしれない。大学教員であっても、職業人であっても、この問いに対する答えには相当なばらつきが出るだろう。もしそうであれば、この問いを手に負える範囲に焦点化する必要があるということになる。そこで、以下では、この作業を行うことにしよう。

まず、本章では、大学教育の中身として、レポート学習行動に着目する。レポート学習行動とは、レポート執筆過程における学習行動を指す。本章が数ある大学教育の中身のなかでレポート学習行動に着目するのは、この経験こそ、高校までとは異なる大学教育ならではの学習経験であるとともに、社会（主に仕事の領域）で必要とされるさまざまな能力と正の相関関係があると考えられるからである。

大学教育における書く力について認知心理学の立場から理論的・実践的な検討を行なった井下（2008：4）は、書くという行為に「「大学での学び」の本質がある」と述べている。また、鈴木・杉谷（2009：5-6）は、レポートライティングを学ぶことで、情報が氾濫する社会で求められる①論理的思考、②他者との会話、③メディアリテラシー、④創造や発見といったさまざまな能力を意味のある文脈のなかで獲得していくことができると指摘している。中澤（2019：11）も、学術的文章を書くことは、情報リテラシーの力、読解力、論理的思考力といったように文部科学省の「学

士力」で示されている「汎用的技能の大半を含み込んでいる」と指摘している。さらに、村岡（2018：10-11）は、大学と仕事の実務におけるライティング活動の共通性に着目して、大学と社会をつなぐライティング教育という考え方を提唱している。このように、レポート学習行動は、大学における学習経験の根幹をなすものと考えられるため、本章では最も重要な独立変数となる[1]。

次に、本章では従属変数として職業的レリバンスに着目する。本田（2005：150）によれば、職業的レリバンスとは、「時間面では将来的であるが、主に社会の側、特に仕事という社会的領域が期待する有効性」を指す。本章が職業的レリバンスの中身として設定するのは、（卒業後の）職場における経験学習（内省を伴う仕事ぶり）である。経験学習とは、「主に個人が、外部環境と直接相互作用することを通して自己に変化が起こるプロセス」を指す（中原 2010：269）。職場における経験学習を取り扱うのは、それがレポートの執筆過程で求められる認知的な試行錯誤と類似する変数であるからである（小山 2022：174）。

職場における経験学習については、すでに小山（2017, 2019, 2021, 2022）が従属変数としている。そこでは、大学時代のレポート学習行動は職場における経験学習と有意な正の関連があることが明らかにされている。本章の重要な意義は、この知見を学生の追跡調査によって再検証することにある。

本章の分析で使用するのは、全国の4年制大学の人文・社会科学分野の学部4年生に対する卒業後までの追跡調査（ウェブ調査）のデータのうち、①第1～3波調査（2019～2021年度）および第1～3波追加調査（2020～2022年度）を合算したデータである（専門分野が「その他」の者を分析対象に含む）。以降では、第2波調査と第2波追加調査をw2と表記し、第3波調査と第3波追加調査をw3と表記する。分析対象は、3時点の調査のすべてに有効回答し、かつw2とw3の両時点で正規雇用（経営者・役員を含む）の有職者である877ケースである[2]（卒業後2年目までに相当）。ただし、欠損値などを除外するため、実際の分析対象はこのケース数よりも少なくなる場合がある。本章では、標本が無作為抽出されたと仮定して、参考までに統計的検定を行う。ただし、サンプルサイズが大きくないため、本章の知見の

---

1) 卒業論文については、統制変数として扱う。なお、「理系でも4割、文系では8割」が卒業論文・卒業研究を課されていないか、それにあまり時間をかけていないのが実態である（金子 2013：44）。レポート学習行動は、卒業論文よりもはるかに多くの者が経験する大学教育ならではの学習経験である。

2) ただし、実際には経営者・役員の者はいなかった。

第7章　大学時代のレポート学習行動は職場における経験学習を促進し続けるのか　*129*

一般化には十分に留意する必要がある。

　本章の構成は次の通りである。第2節では、本章と関連する先行研究の到達点を整理し、その問題点を検討したうえで本章の学術的な意義を論証する。第3節では、分析で使用する変数の設定を行う。第4節では、大学時代のレポート学習行動を主な独立変数とし、職場における経験学習を従属変数とした分析を行う。第5節では、本章の主な知見をまとめて結論を示し、その含意について考察したうえで、今後の課題を指摘する。

2　先行研究の検討

　ここでは、本章の問題関心と直接的に関連するレポートなどのライティング経験の職業的レリバンスに関する実証的な先行研究を取り上げる[3]。

　まず、先行研究の到達点を整理する。

　社会科学分野の大卒就業者に対するインターネットモニター調査のデータを分析した小山 (2017) によれば、大学時代のレポート学習行動のうち、学術的作法と第三者的思考という二つの要素は、卒業後の職場における経験学習と有意な正の関連がある。同様の知見は、小山 (2019) でも確認されている。また、社会科学分野と工学分野の大卒就業者に対するインターネットモニター調査のデータを分析した小山 (2021, 2022) では、高校時代の文章執筆経験や職場におけるビジネス文書執筆経験などの影響力を統制してもなお、大学時代のレポート学習行動は職場における経験学習と有意な正の関連があることが明らかにされている。なお、上述した一連の先行研究では、卒業論文の執筆の有無は、職場における経験学習と有意な関連がない。

　レポートではなく、卒業論文に着目した実証研究としては、篠田・日下田 (2014) がある。そこでは、「現在の能力等に関する主観的な評価に対して、卒業論文の執筆経験は、直接の効果を持たない」一方で、当該執筆経験は、「私生活上の「専門教育の役立ち感」に対して、直接の効果を持っている」(篠田・日下田 2014：66-67)。

　次に、以上の先行研究の問題点を検討する。

　先行研究の問題点としては、次の2点を挙げることができる。

　第一に、レポート学習行動の職業的レリバンスに関する先行研究では、就業者に

---

3) 論証方法や引用の作法などのようなレポートライティング教育に関する実践的な研究はここでは検討しない。

対する一時点の調査のデータを分析することに留まっているという点である。こうした研究方法では、回答者の記憶の曖昧さや過去の正当化といったバイアスが介入する可能性は否めない。卒業後年数が経過すればするほど、この可能性は増すように思われる。

　第二に、分析対象となる専門分野に偏りがみられるという点である。小山（2017, 2019）では、社会科学分野のみが調査対象になっている。小山（2021, 2022）では、社会科学分野と工学分野が調査対象になっているものの、人文科学分野は調査対象外となっている。篠田・日下田（2014）は人文科学分野のみに焦点化しており、そのなかでも卒業論文しか問題にしていない。

　以上の先行研究の問題点を克服するために、本章では、全国の4年制大学の人文・社会科学分野の学部4年生に対する卒業後2年目までの追跡調査（ウェブ調査）のデータを分析することによって、レポート学習行動の職業的レリバンスを実証的に明らかにする。

3 変数の設定

　表7-1は、本章の分析で使用する変数の操作的定義をまとめたものである。以下では、重要な変数についてのみ説明する。詳細については、表中を参照されたい。

　従属変数は、職場における経験学習である。具体的には、「困難な仕事に挑戦した」などの16個の質問項目（各5件法）について、「いつもしていた」＝5〜「まったくしていなかった」＝1として、平均値を算出した。この質問項目は、学術的な手続きによって開発された尺度であり、中原・溝上（2014）、小山（2022）などで使用されている。内的整合性を表すCronbachのαの値は、w2で0.904、w3で0.910であり、非常に大きな値となっている（各n＝877）。

　主な独立変数は、大学時代のレポート学習行動である。ウェブ調査では、「大学で履修した全授業でレポート（1,000字以上で特定のテーマについて論じる文章）」を1回以上課された者を対象として、レポートの取り組みについて質問した。まず、「本や論文を調べた」などの10個の質問項目（各5件法）について、「とてもあてはまる」＝5〜「まったくあてはまらない」＝1とした。レポートを一度も課されたことのない者には0を割り当てた。次に、これらの質問項目を因子分析（主因子法、プロマックス回転）にかけた。その結果、①（レポート学習行動）学術的作法、②（レポート学習行動）第三者的思考、③（レポート学習行動）情報収集・整理という

第7章　大学時代のレポート学習行動は職場における経験学習を促進し続けるのか　　*131*

表7-1　分析で使用する変数の操作的定義

変数名	操作的定義
職場における経験学習	「あなたの仕事に対する意識や行動」に関する次の16個の質問項目（各5件法）について、「いつもしていた」＝5〜「まったくしていなかった」＝1として、平均値を算出した。① 「困難な仕事に挑戦した」、② 「自分を成長させる機会に果敢に挑戦した」、③ 「責任の重い仕事を引き受けた」、④ 「仕事の失敗を恐れずに取り組んだ」、⑤ 「自分の考えや行動を客観的に見つめた」、⑥ 「知識や情報を通じて、仕事のやり方を振り返った」、⑦ 「対話を通じて、仕事のやり方を振り返った」、⑧ 「仕事のプロセスや結果を評価した」、⑨ 「議論を導き出そうとした」、⑩ 「仕事に共通する根本的な原因を見つけ出そうとした」、⑪ 「仕事を通じて自分なりの仕事のコツを見つけ出そうとした」、⑫ 「知識や情報を整理して、仕事を進める方法を考えた」、⑬ 「実際の仕事をもとに、仕事の持論を確かめた」、⑭ 「ある場面で成功したやり方を、それ以外の場面でも試した」、⑮ 「仕事の経験則が、一般的に通用するか試した」、⑯ 「正しいと思うやり方が、他の場面で通用するか試した」。
性別（男性ダミー）	男性＝1、女性＝0とした。「その他」は分析から除外した。
父親の最終学歴（大卒・大学院卒ダミー）母親の最終学歴（大卒・大学院卒ダミー）	大卒・大学院卒＝1、それ未満の学歴＝0とした。「その他」と「親はいない」は分析から除外した。
実家の蔵書数	実家の蔵書数について、「ほとんどない」＝0、「20冊くらい（本棚1段分くらい）」＝0.2、「50冊くらい（本棚半分くらい）」＝0.5、「100冊くらい（本棚1つ分くらい）」＝1、「200冊くらい（本棚2つ分くらい）」＝2、「300冊くらい（本棚3つ分くらい）」＝3、「400冊以上（本棚4つ以上）」＝4.5という100冊単位の値に置き換えた。
中学3年生のときの校内成績	5件法の選択肢について、「上の方」＝5〜「下の方」＝1とした。
高校3年生のときの校内成績	5件法の選択肢について、「上の方」＝5〜「下の方」＝1とした。「通っていない」は分析から除外した。
出身高校普通科ダミー	普通科＝1、それ以外＝0とした。
2020年度調査開始ダミー	2020年度調査開始＝1、2019年度調査開始＝0とした。
（大学）国公立大学ダミー	最初の調査時点の所属大学が国公立大学＝1、私立大学＝0とした。
（大学）学部の偏差値	「大学偏差値テラス」というウェブサイトで公表されている河合塾のボーダー偏差値を使用した。
（大学）大学入学方法（一般入試ダミー）	大学入学方法が一般入試（センター試験のみの入試を含む）＝1、それ以外＝0とした。
（大学）大学で学んだ専門分野ダミー	人文科学、社会科学、その他（基準）というダミー変数とした。心理学は人文科学とした。
（大学）大学の成績	「大学でいままで履修した授業の成績のうち、最上位の評価であったものは、およそ何割くらいありましたか」という質問文（11件法）について、「0割」＝0〜「10割」＝10とした。
（大学：生活時間）授業の予復習や課題（卒論を含む）をやる時間	
（大学：生活時間）内定先から指示された課題や研修をやる時間	
（大学：生活時間）大学や内定先からの指示以外の自主的な勉強	
（大学：生活時間）読書（マンガ、雑誌を除く）	「今学期の平均的な1週間」の生活時間について、「0時間」＝0、「1時間未満」＝0.5、「1時間以上3時間未満」＝2、「3時間以上5時間未満」＝4、「5時間以上10時間未満」＝7.5、「10時間以上15時間未満」＝12.5、「15時間以上20時間未満」＝17.5、「20時間以上30時間未満」＝25、「30時間以上」＝35とした。
（大学：生活時間）友だちづきあい	
（大学：生活時間）サークルや部活動	
（大学：生活時間）アルバイト	
（大学：生活時間）インターネット・SNS（スマートフォン・携帯電話による利用を含む）	
（大学）レポート学習行動	「大学で履修した全授業でレポート（1,000字以上で特定のテーマについて論じる文章）」を1回以上課された者を対象として、レポートの取り組みについて質問した。まず、「本や論文を調べた」等の10個の質問項目（各5件法）について、「とてもあてはまる」＝5〜「まったくあてはまらない」＝1とした。レポートを一度も課されたことのない者には0を割り当てた。具体的な質問項目については、表7-2を参照されたい。次に、これらの質問項目を因子分析（主因子法、プロマックス回転）にかけた。以降では、抽出された各因子の因子得点を使用する（詳細については、後述する）。
（大学）ゼミ取り組み度	ゼミに所属している（いた）者を対象として、「ゼミにおけるあなたの取り組み」について、① 「課題に熱心に取り組んでいる」、② 「議論に積極的に参加している」、③ 「他の学生と協力している」、④ 「学生のまとめ役になっている」、⑤ 「担当教員に質問・相談している」、⑥ 「ゼミ飲み会やパーティに参加している」という6個の質問項目（各5件法）を設定した。各質問項目について、「とてもあてはまる」＝5〜「まったくあてはまらない」＝1とした。ゼミ未経験者（「ゼミという制度がない」と回答した者を含む）には0を割り当てた。因子分析（主因子法、プロマックス回転）の結果、1つの因子しか抽出されなかったので、上記の6個の質問項目の平均値を使用した（Cronbach's α =0.909）。
（大学）卒業論文真剣度	卒業論文（卒業研究を含む）に取り組む者を対象とした「卒業論文・卒業研究に真剣に取り組んでいる」という質問項目（5件法）を使用した。「とてもあてはまる」＝5〜「まったくあてはまらない」＝1とした。卒業論文未執筆者（「卒業論文・卒業研究はない」と回答した者を含む）には0を割り当てた。
（現職：産業）製造・金融業・官公庁・教育機関ダミー	製造・金融業・官公庁・教育機関＝1、それ以外の産業＝0とした（各調査時点の変数）。
（現職：規模）正規従業員数1000人以上・官公庁・教育機関ダミー	正規従業員数1000人以上・官公庁・教育機関＝1、それ以外＝0とした（各調査時点の変数）。
（現職：職種）職種ダミー	専門・技術職、事務職、営業・販売職、その他の職種（基準）というダミー変数とした（各調査時点の変数）。
（現職）仕事における論理的な文章執筆経験	ふだんの仕事における頻度に関する「自分の知識などを文章で論理的に書く」という質問項目（4件法）について、「ひんぱんにする（ほぼ毎日）」＝4〜「ほとんどしない」＝1とした（各調査時点の変数）。

第Ⅰ部

第Ⅱ部

132

三つの因子が抽出された。以降では、各因子の因子得点を使用する（詳細については、後述する）。

　他の独立変数としては、性別などの基本的な変数、ゼミ取り組み度、卒業論文真剣度、現職に関する変数などを設定した [4]（詳細については、第 2 章も参照）。なぜなら、レポート学習行動以外で重要な変数の影響力を統制する必要があるからである。最も重要な統制変数は、仕事における論理的な文章執筆経験（頻度）である。なぜなら、小山（2021, 2022）によれば、職場における経験学習の最大の正の規定要因は、ビジネス文書執筆経験であるからである。また、ゼミと卒業論文については、大学教育の重要な構成要素であるため、統制変数とした。

4 分　析

■ 4-1　全体像の確認

　まず、分析で使用する変数の全体像を確認する。

　従属変数である職場における経験学習については、w2 では、平均値が 3.526、標準偏差が 0.644、最小値が 1.000、最大値が 5.000、歪度が –0.255、尖度が –0.050 となっている（$n=877$）。同様に、w3 では、平均値が 3.537、標準偏差が 0.626、最小値が 1.000、最大値が 5.000、歪度が –0.267、尖度が 0.437 となっている（$n=877$）。職場における経験学習は調査時点でほとんど変化はない。

　表 7-2 は、最も重要な独立変数であるレポート学習行動に該当する質問項目について因子分析（主因子法、プロマックス回転）を行なった結果をまとめたものである [5]。第 1 因子は、「結論がわかるように書いた」などから構成されるため、（レポート学習行動）学術的作法と呼称する。第 2 因子は、「授業の担当教員に質問・相談

---

4) ゼミ取り組み度については、因子分析の結果、抽出された因子が一つであったため、表中のような合成変数とした。現職の産業・規模については、良質な雇用機会に相当するか否かという基準でダミー変数とした。

5) 最初に、「インターネットや本の内容を出典を示さずにそのまま写した」という質問項目（これのみ逆転項目）を含めた 11 個の質問項目で因子分析を行なった。しかし、当該質問項目の因子負荷量が 0.400 を大きく下回るとともにいずれかの因子に分類することが困難な状況となったため、当該質問項目を除外した 10 個の質問項目を因子分析にかけた。なお、第 2 章でも同様の因子分析を行なっている。ここでは分析結果が若干異なっているものの、因子の構成自体は第 2 章とほぼ同じ傾向である。本章と第 2 章では分析対象が異なるため、因子の個数が異なったと考えられる。

第7章　大学時代のレポート学習行動は職場における経験学習を促進し続けるのか　*133*

表7-2　レポート学習行動の因子分析

質問項目	学術的作法 Cronbach's α =0.800 因子負荷量	第三者的思考 Cronbach's α =0.578 因子負荷量	情報収集・整理 Cronbach's α =0.593 因子負荷量
結論がわかるように書いた	0.832	-0.096	-0.083
根拠をはっきりと書いた	0.723	-0.041	0.083
自分の主張を書いた	0.633	0.069	-0.131
問いをはっきりと立てた	0.554	0.006	0.188
自分の主張が妥当なのか検討した	0.522	0.144	0.092
授業の担当教員に質問・相談した	-0.093	0.697	0.067
友だちとレポートの内容について話し合った	0.008	0.548	-0.073
早めに仕上げて構成を考え直した	0.184	0.426	-0.009
本や論文を調べた	-0.037	-0.087	0.847
調べた情報をノートやパソコンに整理した	0.011	0.132	0.476
因子相関行列			
学術的作法	1.000	0.485	0.590
第三者的思考	0.485	1.000	0.462
情報収集・整理	0.590	0.462	1.000

注1) 主因子法、プロマックス回転による。
注2) n =877。

した」などから構成されるため、（レポート学習行動）第三者的思考と呼称する。第3因子は、「本や論文を調べた」などから構成されるため、（レポート学習行動）情報収集・整理と呼称する。Cronbach の α の値については、第1因子では十分な大きさであり、第2・3因子でも許容範囲内の大きさであると考えられる。以降では、各因子の因子得点を分析に使用する。

■ 4-2　職場における経験学習の規定要因

表7-3は、分析で使用する変数の記述統計量をまとめたものである。表7-4は、職場における経験学習を従属変数とした重回帰分析の結果をまとめたものである[6]。それによれば、次の6点がわかる。

第一に、w2 と w3 の両時点において、（現職）仕事における論理的な文章執筆経

---

6) 独立変数間に極端に強い相関関係はない。*VIF* の最大値は、w2 で 2.853、w3 で 3.100 である。

験に相対的に強い有意な正の関連がみられるという点である。この変数の標準化偏回帰係数は、w2時点では2番目に大きい値であり、w3時点では1番目に大きな数である。

第二に、w2とw3の両時点において、（レポート学習行動）学術的作法にも相対的に強い有意な正の関連がみられるという点である[7]。この変数の標準化偏回帰係数の値はw2時点では1番目に大きい値となっており、w3時点でも（現職）仕事における論理的な文章執筆経験のそれと近い値となっている。

第三に、w2とw3の両時点において、大学教育に特徴的な他の変数であるゼミ取り組み度と卒業論文真剣度には有意な関連はみられないという点である[8]。

第四に、w2とw3の両時点において、自主的勉強時間に有意な正の関連がみられるという点である。

第五に、w2とw3の両時点において、サークル・部活動時間に相対的に弱い有意な正の関連がみられるという点である。

第六に、w2とw3の両時点において、アルバイト時間には有意な関連がみられないという点である。

以上の分析結果について考察する。

第一に、w2とw3の両時点において、（現職）仕事における論理的な文章執筆経験に相対的に強い有意な正の関連がみられたのは、小山（2021, 2022）の知見と整合的である。これらの先行研究でも、変数の操作的定義は異なるものの、仕事におけるビジネス文書執筆経験が職場における経験学習の最大の正の規定要因であった。

第二に、w2とw3の両時点において、（レポート学習行動）学術的作法にも相対的に強い有意な正の関連がみられたのは、小山（2017, 2019, 2021, 2022）の知見と整合的である。これらの先行研究でも、大学時代のレポート学習行動（学術的作法）は

---

7) w2とw3の重回帰分析の独立変数に第2章で使用した授業経験、学習経験をすべて投入しても、（レポート学習行動）学術的作法の有意な正の関連は残る。w2とw3の重回帰分析において、大学の専門分野のダミー変数、大学の成績を除外して、第2章で示した専門分野別習得度（各専門分野の平均値を偏差値化した変数）を独立変数として投入しても、同様の分析結果となる。この場合、専門分野別習得度にも相対的に強い有意な正の関連が出る。

8) ゼミ取り組み度と卒業論文真剣度を同時に独立変数に投入すると両者の影響力が相殺してしまう可能性がある。そのため、片方のみを独立変数に投入した分析も行なった。その結果、w2時点においてのみ、ゼミ取り組み度に有意な弱い正の関連がみられた。一方、卒業論文真剣度には一貫して有意な関連はみられなかった。

表 7-3　記述統計量

変数	w2				w3			
	平均値	標準偏差	最小値	最大値	平均値	標準偏差	最小値	最大値
職場における経験学習	3.521	0.647	1.000	5.000	3.535	0.629	1.000	5.000
性別（男性ダミー）	0.331	0.471	0	1	0.331	0.471	0	1
（父親の最終学歴）大卒・大学院卒ダミー	0.621	0.485	0	1	0.621	0.485	0	1
（母親の最終学歴）大卒・大学院卒ダミー	0.290	0.454	0	1	0.290	0.454	0	1
実家の蔵書数	1.622	1.502	0	4.5	1.622	1.502	0	4.5
中学3年生のときの校内成績	4.274	1.043	1	5	4.274	1.043	1	5
高校3年生のときの校内成績	3.795	1.220	1	5	3.795	1.220	1	5
出身高校普通科ダミー	0.906	0.292	0	1	0.906	0.292	0	1
2020年度調査開始ダミー	0.549	0.498	0	1	0.549	0.498	0	1
（大学）国公立大学ダミー	0.593	0.491	0	1	0.593	0.491	0	1
（大学）学部の偏差値	56.546	7.455	35.0	70.0	56.546	7.455	35.0	70.0
（大学）大学入学方法（一般入試ダミー）	0.741	0.439	0	1	0.741	0.439	0	1
（大学）専門分野）人文科学ダミー	0.312	0.464	0	1	0.312	0.464	0	1
（大学）専門分野）社会科学ダミー	0.495	0.500	0	1	0.495	0.500	0	1
（大学）専門分野）その他ダミー	0.193	0.395	0	1	0.193	0.395	0	1
（大学）大学の成績	3.846	2.371	0	10	3.846	2.371	0	10
（大学）生活時間）授業の予復習や課題（卒論含む）をやる時間	8.306	8.864	0	35	8.306	8.864	0	35
（大学）生活時間）内定先から指示された課題や研修をやる時間	1.405	3.321	0	35	1.405	3.321	0	35
（大学）生活時間）大学や内定先からの指示以外の自主的な勉強	2.470	4.994	0	35	2.470	4.994	0	35
（大学）生活時間）読書（マンガ、雑誌を除く）	2.580	4.854	0	35	2.580	4.854	0	35
（大学）生活時間）友だちづきあい	6.428	7.443	0	35	6.428	7.443	0	35
（大学）生活時間）サークル・部活動	2.004	4.991	0	35	2.004	4.991	0	35
（大学）生活時間）アルバイト	11.180	9.733	0	35	11.180	9.733	0	35
（大学）生活時間）インターネット・SNS（スマートフォン・携帯電話による利用を含む）	15.998	11.814	0.5	35	15.998	11.814	0.5	35
（大学）レポート学習行動）学術的作法	-0.006	0.913	-5.971	1.594	-0.006	0.913	-5.971	1.594
（大学）レポート学習行動）第三者的思考	-0.006	0.813	-3.251	2.053	-0.006	0.813	-3.251	2.053
（大学）レポート学習行動）情報収集・整理	-0.003	0.861	-5.109	1.217	-0.003	0.861	-5.109	1.217
（大学）セミ取り組み度	3.268	1.252	0.000	5.000	3.268	1.252	0.000	5.000
（大学）論文熟達度	3.606	1.693	1	5	3.606	1.693	1	5
（現職）産業）製造・金融業・官公庁・教育機関ダミー	0.452	0.498	0	1	0.456	0.498	0	1
（現職）規模）正規従業員数1000人以上・官公庁・教育機関ダミー	0.626	0.484	0	1	0.625	0.484	0	1
（現職）職種）専門・技術職ダミー	0.223	0.417	0	1	0.228	0.420	0	1
（現職）職種）事務職ダミー	0.408	0.492	0	1	0.417	0.493	0	1
（現職）職種）営業・販売職ダミー	0.245	0.430	0	1	0.244	0.430	0	1
（現職）職種）その他の職種ダミー	0.124	0.330	0	1	0.323	0.468	0	1
（現職）仕事における論理的な文章執筆経験	2.159	1.027	1	4	2.229	1.034	1	4

注）w2 の各 n=829、w3 の各 n=829。

表7-4 職場における経験学習の規定要因（重回帰分析）

独立変数	w2 標準化偏回帰係数		w3 標準化偏回帰係数	
性別（男性ダミー）	0.022		-0.001	
（父親の最終学歴）大卒・大学院卒ダミー	0.034		0.005	
（母親の最終学歴）大卒・大学院卒ダミー	-0.007		0.008	
実家の蔵書数	0.044		0.067	+
中学3年生のときの校内成績	0.024		0.022	
高校3年生のときの校内成績	0.006		0.001	
出身高校普通科ダミー	0.074	*	-0.002	
2020年度調査開始ダミー	0.049		0.025	
（大学）国公立大学ダミー	-0.028		0.010	
（大学）学部の偏差値	0.013		0.000	
（大学）大学入学方法（一般入試ダミー）	-0.008		0.017	
（大学）専門分野 人文科学ダミー（基準：その他）	-0.035		-0.024	
（大学）専門分野 社会科学ダミー（基準：その他）	-0.016		0.027	
（大学）大学の成績	-0.023		0.040	
（大学）生活時間）授業の予復習や課題（卒論を含む）をやる時間	-0.062	+	-0.081	*
（大学）生活時間）内定先から指示された課題や研修をやる時間	0.005		-0.006	
（大学）生活時間）大学や内定先からの指示以外の自主的な勉強	0.129	***	0.122	***
（大学）生活時間）読書（マンガ、雑誌を除く）	-0.030		-0.040	
（大学）生活時間）サークルや部活動	0.089	**	0.064	+
（大学）生活時間）友だちづきあい	-0.006		0.069	*
（大学）生活時間）アルバイト	0.042		0.046	
（大学）生活時間）インターネット・SNS（スマートフォン・携帯電話による利用を含む）	0.015		0.003	
（大学）レポート学習行動）学術的作法	0.205	***	0.183	***
（大学）レポート学習行動）第三者的思考	0.067		0.057	
（大学）レポート学習行動）情報収集・整理	0.061		0.044	
（大学）ゼミ取り組み度	0.069	+	0.044	
（大学）卒業論文真剣度	0.028		0.046	
（現職）産業：製造・金融業・官公庁・教育機関ダミー	0.021		0.047	
（現職）規模：正規従業員数1000人以上・官公庁・教育機関ダミー	-0.034		-0.048	
（現職）職種：専門・技術職ダミー（基準：その他の職種）	-0.025		0.002	
（現職）職種：事務職ダミー（基準：その他の職種）	-0.138	**	-0.038	
（現職）職種：営業・販売職ダミー（基準：その他の職種）	-0.058		0.012	
（現職）仕事における論理的な文章執筆経験	0.196	***	0.223	***
自由度調整済み決定係数	0.201		0.171	
F値	7.297	***	6.161	***
n	829		829	

注：＋：$p < 0.10$，＊：$p < 0.05$，＊＊：$p < 0.01$，＊＊＊：$p < 0.001$。

第7章　大学時代のレポート学習行動は職場における経験学習を促進し続けるのか　*137*

職場における経験学習と相対的に強い有意な正の関連があった。上述した分析結果となったのは、学術的なレポートを執筆する過程における認知的な試行錯誤を伴う学習行動は、卒業後2年間を経過してもなお、仕事に転移し続けているからであると解釈できる。

　第三に、ゼミ取り組み度と卒業論文真剣度に有意な関連がみられなかったのは、そこでの学習経験が少なからず形骸化しているからかもしれない。ゼミについては、多くの学生は学問を究めるというよりも友だちづくりなどの人間関係の形成を求めて参加しているというのが実態かもしれない。

　卒業論文については、多くの者は最終学年に一度しか経験しない（しかも就職活動後に実質的な執筆が開始される）ため、大学教員が想定する以上に教育的な影響力が少ないと考えられる。実際、大学生に対する大規模な質問紙調査のデータを分析した金子（2013：44）では、卒業論文・卒業研究を課されていないか、それにあまり時間をかけて取り組んでいない者が文系では8割に達することが明らかにされている。また、前述した篠田・日下田（2014）の知見は、文章の読解・執筆に注力しているはずの人文科学分野でさえ、卒業論文に明確な職業的レリバンスを見出すことは難しいと解釈できる。そうであるならば、社会科学分野を含めた今回のウェブ調査の分析結果は十分に理解できるように思われる。大学教員のなかに存在すると推測される卒業論文信仰については、少なくとも職業的レリバンスという観点からは再考した方がよい可能性がある[9]。

　第四に、w2とw3の両時点において、自主的勉強時間に有意な正の関連がみられたのは、自己投資としての学習という行動特性が仕事において転移したからであると解釈できる。この点は、矢野（2009）の指摘する学び習慣仮説を裏づける結果であると考えられる。

　第五に、サークル・部活動時間に相対的に弱い有意な正の関連がみられたのは、職場における経験学習と類似するような学習経験は課外活動においても部分的に蓄積しうることを示唆しているように思われる。ただし、その影響力はレポート学習行動と比較すると相当弱い。「大学教育は仕事に役に立たず、サークル・部活動の経験こそ仕事に役に立つ」といった俗説は説得力に欠けるように思われる。

9）ただし、本章の分析では、学習成果物である卒業論文の量・質を問うていないという課題は残る。卒業論文の意義を無批判に過大評価することは問題であるように思われるが、同時に、卒業論文の意義を過小評価することも問題であるように思われる。

第六に、アルバイト時間に有意な関連がみられなかったのは、アルバイトで求められる仕事は認知的な試行錯誤をほとんど伴わない簡単な作業であるからであると解釈できる。確かに、アルバイトの内容によっては、最低限の礼儀作法やビジネスマナーなどはある程度身につくかもしれない。しかし、それらはあくまで仕事における基礎・基本に留まっており、職場で活躍するための主たる原動力にはなりえないということだろう。

5 結 論

本章では、大学時代のレポート学習行動は職場における経験学習を促進し続けるのかという問いを明らかにしてきた。本章の主な知見は、次の3点にまとめることができる。

第一に、大学時代のレポート学習行動のなかでも学術的作法に相当する学習経験は、卒業後の職場における経験学習と相対的に強い有意な正の関連があったという点である。これは卒業後1年目、2年目のいずれにおいても同様であった。属性などの基本的な変数、ゼミ取り組み度、卒業論文真剣度、サークル・部活動時間やアルバイト時間などのような他の大学時代の変数、現職に関する変数の影響力を統制してもなお、こうした関連が継続的にみられたという点が重要である。

第二に、ゼミ取り組み度、卒業論文真剣度といった大学教育に特徴的な他の学習経験は卒業後の職場における経験学習と有意な関連がなかったという点である。

第三に、大学時代の課外活動は卒業後の職場における経験学習と明確には関連していなかったという点である。サークル・部活動時間には相対的に弱い有意な正の関連しかなかった。アルバイト時間には有意な関連はなかった。

以上から、本章の結論は、大学時代のレポート学習行動のうち、学術的作法に相当する学習経験は卒業後2年経過しても職場における経験学習を促進し続けるということになる。

それをふまえて、本章の知見の含意について、次の二つの点から考察する。

第一に、大学教育の職業的レリバンスに関する議論の深化である。職業的レリバンスのある教育といった場合、専門的な知識・スキルを直接教える授業、企業などと連携した PBL（Project-based learning）型授業、職業資格試験対策といった内容を想起するのが常識的な見方だろう。しかし、本章の知見によれば、一見すると仕事とはほど遠いようにみえる大学時代の学術的な作法に依拠してレポートを執筆した経

験が、卒業後の仕事ぶりと結びついている。しかも、こうした結びつきはゼミ取り組み度や卒業論文真剣度をはるかに凌駕するという点は看過できない。本章の貢献は、追跡調査のデータを分析することによって、以上の点を再検証した点にある。

　第二に、大学の教育戦略に対する示唆である。本章の知見をふまえれば、大学教育の職業的レリバンスを高めるためには新しい職業教育カリキュラムを構築するといったような大規模で急進的な教育改革は不要である。むしろ、それぞれの専門分野で学生が学術的なレポートを執筆できるように地道に支援すればよい。大学教員のなかには、大学は就職予備校ではないとか、大学は企業などの従属物ではないという意識を持っている者が一定数いるように思われる。学術的なレポートの執筆を基軸として大学教育の職業的レリバンスを高めるという教育戦略は、こうした大学教員から無用な反発を買わなくて済む。この教育戦略は穏健だが、着実に大学と職業社会との関係性を今よりも生産的なものに変容させると考えられる。

　最後に、今後の課題として、次の３点を指摘する。

　第一に、大学時代に学術的な作法に依拠してレポートを執筆した経験が卒業後の職場における経験学習に転移するメカニズムを明らかにする必要があるという点である。そのためには、大学在学中のレポート執筆行動と現在の職場における仕事ぶりに関する聞きとり調査を大卒就業者に対して実施することや、レポート・論文の書き方に関する本と仕事における文章（企画書など）の書き方に関する本を比較することによって共通点を探索することなどが考えられる。

　第二に、継続的な追跡調査が必要であるという点である。本章では、卒業後２年目までの追跡調査のデータを分析したが、より中長期的な分析を行うことで大学教育の職業的レリバンスの持続性や発揮・消滅条件が明確になると考えられる。

　第三に、ゼミ取り組み度と卒業論文真剣度の測定方法を精緻化して、本当にこれらの変数には職業的レリバンスがないのかを再検討する必要があるという点である。本章の知見は、ゼミや卒業論文の意義を信じる多くの大学教員の常識とは異なると予想される。こうした常識を批判し、職業的レリバンスの向上という点から大学教育をよりよい方向に変革するためにも、ゼミと卒業論文の意義を批判的に再検討する必要がある。

【付　記】
　調査実施に際してご協力いただいた大学関係者の方々、ウェブ調査にご回答いただいた方々に厚く御礼申し上げる。

本章は、序章で示されている科研費に加えて、JSPS 科研費 JP23K02536 の研究成果の一部でもある。

【文 献】

井下千以子, 2008,『大学における書く力考える力――認知心理学の知見をもとに』東信堂

金子元久, 2013,『大学教育の再構築――学生を成長させる大学へ』玉川大学出版部

小山治, 2017,「大学時代のレポートに関する学習経験は職場における経験学習を促進するのか――社会科学分野の大卒就業者に対するインターネットモニター調査」『高等教育研究』20, 199-218.

小山治, 2019,「レポートに関する学習経験の職業的レリバンス」『大学教育学会誌』41(1), 61-65.

小山治, 2021,「大学時代のレポートライティング経験は仕事においてどの程度役立つか――社会科学分野と工学分野の比較」『大学教育学会誌』43(1), 38-42.

小山治, 2022,「高校・大学・仕事におけるレポートライティング経験の職場における経験学習に対する連鎖構造――社会科学分野と工学分野を比較した学び習慣仮説の精緻化」井下千以子編著『思考を鍛えるライティング教育――書く・読む・対話する・探究する力を育む』慶應義塾大学出版会, pp. 173-194.

篠田雅人・日下田岳史, 2014,「人文科学系学科における卒業論文の意味するもの――学科における現状認識と、操作変数法による執筆効果の推定から」『大学経営政策研究』4, 55-71.

鈴木宏昭・杉谷祐美子, 2009,「レポートライティング教育の意義と課題」鈴木宏昭編著『学びあいが生みだす書く力――大学におけるレポートライティング教育の試み』丸善プラネット, pp. 1-14.

中澤務, 2019,「書く力の育成とライティングセンター」関西大学ライティングラボ・津田塾大学ライティングセンター編『大学におけるライティング支援――どのように〈書く力〉を伸ばすか』東信堂, pp. 3-26.

中原淳, 2010,「企業における学び」佐伯胖監修・渡部信一編『「学び」の認知科学事典』大修館書店, pp. 264-275.

中原淳・溝上慎一編, 2014,『活躍する組織人の探究――大学から企業へのトランジション』東京大学出版会

本田由紀, 2005,『若者と仕事――「学校経由の就職」を超えて』東京大学出版会

村岡貴子, 2018,「大学と社会をつなぐライティング教育の視点」村岡貴子・鎌田美千子・仁科喜久子編著『大学と社会をつなぐライティング教育』くろしお出版, pp. 3-13.

矢野眞和, 2009,「教育と労働と社会――教育効果の視点から」『日本労働研究雑誌』588, 5-15.

第8章 大学の地域教育は出身大学所在地と居住地の一致の有無と関連するのか

COC+ に着目した卒業後 2 年目までの追跡

小山 治

1 問題設定

　本章の目的は、大学の地域教育は出身大学所在地と居住地の一致の有無（以降、地域一致の有無と表記する）と関連するのかという問いを明らかにすることである。

　本章では、文部科学省による「地（知）の拠点大学による地方創生推進事業」（COC+）に着目してこの問いを実証的に検討する。COC+ とは、2015 ～ 2019 年度を事業期間として、人材の地方への集積を最終的な目的とした高等教育における地方創生政策である（文部科学省 2015：1-2）。COC+ は特定大学 1 校のみで申請する事業ではなく、複数の高等教育機関と地方自治体などが連携して申請する事業である。そこでは、「地元就職率（定着率）」の向上が重要な評価指標の一つとなっている。ここで注意する必要があるのは、COC+ における「地元」とは学生の出身地ではなく、大学所在地（原則として、都道府県単位）を指すという点である [1]。本章では、混乱を避けるために、（学生・卒業者の視点からみた）出身大学所在地という文言を使用する。本章における大学の地域教育とは、（在学中に）大学が提供した出身大学所在地に関する内容を学ぶ教育を指す。

　COC+ では、この事業に参画した大学についても定義がなされている（文部科学省 2015：2）。まず、COC+ 大学とは、「COC+ に参加する大学・地方公共団体・企業等の取組を取りまとめ、事業実施の中心となる大学であり、事業申請の際に申請

---

1) こうした誤解を招くような用語の使用方法自体に大学中心主義的な考え方が見え隠れする。この他にも、文部科学省（2015）には、地元就職率（定着率）の操作的定義が明確にされていないなどの問題点が散見される。

者となる大学で、事業責任大学」を指す。すなわち、COC+ の代表校である。次に、COC+ 参加校とは、「COC+ に参加し、事業に取り組む大学、地方公共団体、企業等」（これらは「事業協働機関」と表記されている）として COC+ に参加する大学を指す。本章では、COC+ 大学と COC+ 参加校を合わせて COC+ 関連大学と呼称し、COC+ に参加していない大学を不参加大学と呼称する。

　本章では、次の三つの比較軸によって、大学の地域教育と地域一致の有無との関連性を分析する。

　第一の比較軸は、出身大学（COC+ 関連大学と不参加大学）の比較である。もし大学の地域教育が COC+ の想定通りに機能したのであれば、COC+ 関連大学出身者ほど、出身大学所在地と居住地が一致するはずである。この比較軸で地域一致の有無に差がなかったとしたら、COC+ の政策効果に疑問が残ることになるだろう。なぜなら、人材の地方への集積のために資源配分を受けた COC+ 関連大学がそれ以外の大学と比較して明確な成果を残せなかったことになるからである。

　第二の比較軸は、COC+ 関連大学内における地域教育型授業の受講経験による比較である。ここでは、COC+ 関連大学内における分散を問題とする。もし大学の地域教育が COC+ の想定通りに機能したのであれば、COC+ 関連大学内において地域教育を受けた者ほど、地域一致の割合が高くなるはずである。ここでも差がみられなかったとしたら、COC+ の政策効果に対する疑問はさらに深まることになるだろう。

　第三の比較軸は、時系列という視点である。注意深い読者であれば、仮に前述した二つの比較軸（かつ、卒業後の一時点のみ）で COC+ の想定通りの結果が出なかったとしても、COC+ の成果を否定するのは早計であるという印象を持つだろう。これに対して、本章では追跡調査という強みを活かして時系列的な比較も行う。詳細については後述するが、第 2 波追加調査時点（卒業後 1 年目）と第 3 波追加調査時点（卒業後 2 年目）に着目して、地域一致の有無に時間的な変化がみられるのかという点について分析する。地域一致の有無に時間的な変化がみられなければ、COC+ は少なくとも短期的な成果とは結びつかなかった可能性が深まることになる。

　本章が COC+ に着目する根拠は、次の 2 点である。

　第一に、政策的な意義である。これまで述べてきたように、COC+ は人材の地方への集積を最終的な目的とした高等教育における地方創生政策として実施された。確かに、COC+ は事業期間を終了し、事後評価も完了している。しかし、後述するように、この事業が人材の地方への集積にどの程度貢献したのかという点については必ずしも十分に検証されていない[2]。にもかかわらず、本章執筆時点で COC+

第8章　大学の地域教育は出身大学所在地と居住地の一致の有無と関連するのか　*143*

の公式情報は、事後評価などの結果を公表していた日本学術振興会の公式ウェブサイトから削除され、現在は国立国会図書館のアーカイブでしか確認できない。また、COC+ 大学のなかには公式ウェブサイト上で最終成果報告書を公表している（いた）ところもあるが、予算の都合のためなのか、リンク切れなども多く散見される。COC+ の最終的な目的がどの程度達成されたかという点を明らかにするためには、事業期間終了後であっても（むしろ事業期間終了後こそ）実証的な検討が不可欠である。上述したような状況では、COC+ の反省点を後継の政策に十分に活かせない。また、COC+ 大学（42 校）の 85.7% は国立大学である以上、国民に幅広く COC+ の成果を開いているとは言いがたいように思われる。

　第二に、学術的な意義である。本章の問題関心は、（教育）社会学の領域でいえば、大学教育による職業的社会化によって、地域移動をどの程度左右しうるのかという論点に関わる。職業的社会化とは、「職業についての志向・行動様式・価値・規範を獲得（内面化）する学習過程」を指す（濱嶋ほか 2005：312）。地域移動に関しては、社会学のみならず、経済学や地理学の領域でも重要な研究領域であり続けてきた（たとえば、石黒ほか（2012）、山口（2018））。また、職業的社会化による地域移動という論点は、日本国憲法 22 条 1 項の職業選択・居住の自由とも関連する。COC+ は、理論的にみれば、教育によって地域移動に関する職業的社会化を促進しようとする政策の一つのケースとして考えることができる。以上のように、本章で明らかにする問いは、社会学を中心におきながらも、他の社会科学の研究領域とも密接に関連した学際的かつ魅力的な問いだといえよう。

　本章では、大学の地域教育を独立変数とし、地域一致の有無を従属変数とした分析によって冒頭で述べた問いを明らかにする。分析対象となるデータは、第 1 波追加調査（2020 年度開始）〜第 3 波追加調査のすべてに有効回答し、かつ第 2 波追加調査と第 3 波追加調査の両時点で正規雇用（経営者・役員を含む）の有職者であるケースである[3]。なぜなら、調査依頼手続きの関係上、追加調査に COC+ 関連大学が多く含まれているからであり、COC+ は正規雇用としての出身大学所在地への就職・定着を暗黙の前提としていると考えられるからである[4]。なお、専門分野別の

2）本章では、COC+ に焦点をあてるが、他の高等教育政策についてもじつは同じ状況かもしれない。すなわち、新規科目の開講・履修者数、セミナー・シンポジウムの実施・参加者数、学生や企業などに対する満足度調査結果などを列挙して「成果」であること強調し、肝心の政策の目的の達成度を不問に付すという態度である。

3）ただし、実際には経営者・役員の者はいなかった。

分析は本章の問題関心から外れるため、専門分野が「その他」である者を分析対象に含める[5]。後述するように、本章のサンプルサイズはかなり小さくなるため、本章の知見を過剰に一般化することには慎重になる必要がある。本章では、標本が無作為抽出されたと仮定して、参考までに統計的検定を行う。

本章の構成は次の通りである。第2節では、本章と関連する先行研究の到達点を整理し、その問題点を検討したうえで本章の学術的な意義を論証する。第3節では、分析方法について説明する。第4節では、前述した比較軸をふまえた分析を行う。第5節では、本章の主な知見をまとめて結論を示し、その含意について考察したうえで、今後の課題を指摘する。

2 先行研究の検討

職業的社会化や地域移動に関する先行研究は膨大な量に達するため、ここでは、本章の問題関心に直結するCOC+に関する実証的な先行研究を中心的に検討する。ただし、COC+に関する実証的な先行研究についても、すでに小山（2017, 2020, 2023）で相当程度検討されているため、本節では、なるべく重複を避け、直近に発表された実証的な先行研究に焦点を絞る。具体的には、大学の地域教育を受けた在学生・卒業者に着目した実証研究（分析の単位は個人）の到達点と問題点を整理・検討する。

まず、先行研究の到達点を整理する。

在学生に着目した先行研究では、大学の地域教育は出身大学所在地と就職予定先所在地などの一致の有無と関連しない（関連する場合でも地域外出身者に限定される）ことが明らかにされている。徳島大学の学部4年生・修士課程（博士前期課程）の学生に対する大規模な質問紙調査のデータを分析した小山（2016）によれば、県内出身者であるほど、県内就職するというきわめて強い有意な関連がみられる一方で、地域科目の受講経験や授業全般における地域学習のいくつかは県外出身者にお

4）追加調査ではない2019年度開始調査では、COC+関連大学はサンプリング対象になっていない（ただし、結果的にCOC+関連大学がいくつか含まれていた）。また、2019年度開始調査（その追跡調査は第4波調査まで実施）では、大学の地域教育に関する質問項目が存在しないため、本章の問題関心に沿った分析ができない。以上から、本章の分析対象は本文中で述べた通りとならざるをえなかった。

5）なお、「その他」を除外しても、分析結果に大きな相違はない。

いてのみ、県内就職の可能性を一定程度高めている。弘前大学を中心とする学部3年生に対する大規模な質問紙調査のデータを分析した李・山口 (2018) によれば、地域志向科目は（とくに青森県外出身者において）出身大学所在地への就職意識を高めているものの、それは実際の就職にはたどり着いていない。同じデータを分析した李・山口 (2019) によれば、大学所在地である青森県出身者に対しては、地域志向科目は就職地選択（意識）を誘導しない。また、青森県以外の東北・北海道出身者においては、地域愛着、当該愛着と地域志向科目受講の交差項が青森県内就職意識（弘前市・つがる地域）と有意な正の関連がある。以上と類似する知見は、特定大学の小規模な質問紙調査のデータを分析した先行研究でも確認されている（柳 2020, 頭師 2021, 尾山ほか 2021, 堀内・松坂 2022）。

　卒業者に着目した先行研究でも、総じて、大学の地域教育は地域一致の有無と関連しない可能性が示唆されている。社会科学分野の大卒就業者に対する大規模なインターネットモニター調査のデータを分析した小山 (2017, 2020) では、大学の地域教育は初職・現職の所在地と関連しないことなどが明らかにされている。これに対して、田中ほか (2023) はこれまでの先行研究とは異なる知見を導き出している。そこでは、島根大学の地域人材育成コース卒業生12名に対する聞きとり調査のデータが主に分析され、地域志向教育は職業選択や現在の仕事と関連があると指摘されている。

　次に、以上の先行研究の問題点を検討する。

　これまでの先行研究にほぼ共通する問題点は、COC+ 事業期間の在学生の就職活動や卒業後のキャリア形成に関する実証的な検討が大幅に不足していること（とくに COC+ 関連大学の卒業者に対する追跡調査が十分に行われていないこと）である。確かに、田中ほか (2023) はこうした問題点を部分的に克服しようとする試みであると評価できる。しかし、そこでは特定大学のきわめて小規模な標本しか分析されておらず、社会調査の方法論的な問題点に対する検討もほとんど行われていない（標本の代表性、とくに実査過程における標本の偏りの可能性など）。

　以上の先行研究の問題点を克服するために、本章では、COC+ 関連大学の卒業者を多く含んだ追跡調査のデータを分析することによって、大学の地域教育と地域一致の有無との関連性を複数時点で明らかにする。その際、先行研究で重要な変数であることが明らかにされてきた高校・大学間の地域移動の有無の影響を考慮する。

3 分析方法

3-1 分析対象

本章の分析対象は、第1節で述べた比較軸によって異なる。

表8-1は、本章の分析対象となるケースの基本的な特徴をまとめたものである。第一の比較軸の分析対象は492ケースであり、第二の比較軸の分析対象は274ケースである。不参加大学で高校・大学間の地域移動ありの層が多いのは、地方から大都市（とくに関東地方）に移動した者が相当数に達するからである。なお、本章の分析対象のサンプルサイズは非常に小さいので、分析結果の過剰な一般化には十分に慎重になる必要がある。

表8-1 分析対象の基本的な特徴

変数	全体	A COC+ 大学	B COC+ 参加校	A+B COC+ 関連大学	C 不参加大学
大学数（校）	69	25	26	51	18
学部数（学部）	89	35	32	67	22
n	492	152	122	274	218
以降の数値は n に対する列%					
男性	34.6	28.9	45.1	36.1	32.6
女性	65.0	71.1	54.9	63.9	66.5
その他	0.4	0.0	0.0	0.0	0.9
（出身大学）国公立大学	57.7	100.0	54.1	79.6	30.3
（出身大学）私立大学	42.3	0.0	45.9	20.4	69.7
高校・大学間の地域移動あり	60.2	52.6	49.2	51.1	71.6
高校・大学間の地域移動なし	39.8	47.4	50.8	48.9	28.4
（出身大学所在地）大都市圏	58.5	13.2	41.0	25.5	100.0
（出身大学所在地）非大都市圏	41.5	86.8	59.0	74.5	0.0
（出身大学所在地）北海道・東北地方	6.9	18.4	4.9	12.4	0.0
（出身大学所在地）関東地方	38.8	9.2	10.7	9.9	75.2
（出身大学所在地）中部地方	20.1	29.6	40.2	34.3	2.3
（出身大学所在地）近畿地方	18.1	10.5	19.7	14.6	22.5
（出身大学所在地）中国・四国地方	12.0	26.3	15.6	21.5	0.0
（出身大学所在地）九州・沖縄地方	4.1	5.9	9.0	7.3	0.0

注1）小数点以下の桁数の丸めのため、合計が100.0%にならない箇所がある。
注2）大都市圏・非大都市圏の区分は、総務省「住民基本台帳人口移動報告」に準拠している。
注3）地方区分は、八地方区分を基準として6カテゴリーに集約している。

第8章　大学の地域教育は出身大学所在地と居住地の一致の有無と関連するのか　*147*

■ 3-2　分析手法と変数の設定

分析で使用する変数の操作的定義について説明する。

従属変数は、地域一致の有無である[6]。この変数では、都道府県単位で一致の有無を測定する。なぜなら、COC+ は、原則として、都道府県単位の地域一致の有無を前提としているからである。上記の地域一致の有無を第 2 波追加調査（卒業後 1 年目）、第 3 波追加調査（卒業後 2 年目）まで追跡する。

最も重要な独立変数は、前述したように、第一の比較軸では、出身大学であり、第二の比較軸では、地域教育型授業の受講経験である[7]。後者については、第 1 波追加調査のみに存在する「出身大学所在地（都道府県）の特徴・魅力について学ぶ授業」という質問項目（5 件法）を使用する。この質問項目の選択肢である「よくあった」と「ある程度あった」を「あった」、「どちらともいえない」を「どちらともいえない」、「あまりなかった」と「ほとんどなかった」を「なかった」という 3 カテゴリーの変数に置換した。

その他の独立変数（統制変数）としては、先行研究で重要性が明らかにされてきた高校・大学間の地域移動の有無（大学所在地である都道府県内の高校から同一都道府県内の大学に進学したのか否か）を使用する。

4　分　析

■ 4-1　出身大学の比較

ここから分析に入る。

表 8-2 は、独立変数を出身大学とし、従属変数を地域一致の有無としたクロス集計の結果をまとめたものである。それによれば、第 2 波追加調査時点と第 3 波追加調査時点のいずれにおいても、出身大学が COC+ 関連大学か否かは、地域一致の有

---

6)　本章のデータには現職所在地に関する質問項目がないため、調査時点での居住地を問題にする。現職所在地と居住地は（とくに非大都市圏において）一致する可能性が高いと推測されるため、この点に大きな問題はないように思われる。なお、第 2 波追加調査では、初職所在地を質問している。従属変数を出身大学所在地と初職所在地の一致の有無として分析しても、分析結果に大きな相違はない。

7)　なお、第一の比較軸で独立変数を COC+ 大学、COC+ 参加校、不参加大学の 3 カテゴリーにしてクロス集計を行なっても、以降の分析結果と大きな相違はない。第二の比較軸で独立変数を 3 カテゴリーではなく、5 カテゴリーのままクロス集計を行なっても、以降の分析結果と大きな相違はない。

表 8-2　出身大学別にみた地域一致の有無

| 出身大学 | 地域一致の有無 | | 合計 | n | 列% |
	一致	不一致			
第 2 波追加調査					
COC+ 関連大学（%）	42.0	58.0	100.0	274	55.7
不参加大学（%）	36.7	63.3	100.0	218	44.3
合計（%）	39.6	60.4	100.0	492	100.0
				p=0.235	Cramer's V=0.054
第 3 波追加調査					
COC+ 関連大学（%）	40.9	59.1	100.0	274	55.7
不参加大学（%）	38.1	61.9	100.0	218	44.3
合計（%）	39.6	60.4	100.0	492	100.0
				p=0.528	Cramer's V=0.028

無と有意な関連がないことがわかる。割合のポイント差も小さく、独立変数と従属変数の関連性の強さを表す効果量である Cramer の V の値も小さい。また、第 2 波追加調査時点から第 3 波追加調査時点にかけて、一致の割合に大きな変化はみられない。

　表 8-3 は、統制変数として高校・大学間の地域移動の有無を、独立変数として出身大学を、従属変数として地域一致の有無を設定した 3 重クロス表の結果をまとめたものである[8]。それによれば、第 2 波追加調査時点と第 3 波追加調査時点のいずれにおいても、高校・大学間の地域移動ありの層においてのみ、不参加大学出身者ほど地域一致をしていることがわかる。行の周辺分布に着目すると、地域一致の有無は、高校・大学間の地域移動の有無によって大きく規定されている（当該地域移動なしの層で顕著に地域一致者が多い）ことがわかる。列の周辺分布に着目すると、二つの調査時点のいずれにおいても、高校・大学間の地域移動ありの層で不参加大学出身者が多く、当該地域移動なしの層で COC+ 関連大学出身者が多いことがわかる。さらに、第 2 波追加調査時点から第 3 波追加調査時点にかけて、一致の割合に大きな変化はみられない。

8）統制変数を出身大学所在地が大都市圏か否かに置き換えて 3 重クロス表をつくると、出身大学は地域一致の有無と有意な関連がない。今回の分析対象では、非大都市圏においては、不参加大学出身者は存在しない。

第8章　大学の地域教育は出身大学所在地と居住地の一致の有無と関連するのか　*149*

表8-3　高校・大学間の地域移動の有無を統制した出身大学別にみた地域一致の有無

出身大学	地域一致の有無		合計	n	列%
	一致	不一致			
第2波追加調査					
高校・大学間の地域移動あり					
COC+ 関連大学（%）	12.9	87.1	100.0	140	47.3
不参加大学（%）	23.7	76.3	100.0	156	52.7
合計（%）	18.6	81.4	100.0	296	100.0
				p=0.016	Cramer's *V*=0.139
高校・大学間の地域移動なし					
COC+ 関連大学（%）	72.4	27.6	100.0	134	68.4
不参加大学（%）	69.4	30.6	100.0	62	31.6
合計（%）	71.4	28.6	100.0	196	100.0
				p=0.662	Cramer's *V*=0.031
第3波追加調査					
高校・大学間の地域移動あり					
COC+ 関連大学（%）	13.6	86.4	100.0	140	47.3
不参加大学（%）	26.3	73.7	100.0	156	52.7
合計（%）	20.3	79.7	100.0	296	100.0
				p=0.007	Cramer's *V*=0.158
高校・大学間の地域移動なし					
COC+ 関連大学（%）	69.4	30.6	100.0	134	68.4
不参加大学（%）	67.7	32.3	100.0	62	31.6
合計（%）	68.9	31.1	100.0	196	100.0
				p=0.815	Cramer's *V*=0.017

■ 4-2　COC+ 関連大学内での比較

次に、COC+ 関連大学内での比較を行う。

表8-4 は、独立変数を地域教育型授業の受講経験とし、従属変数を地域一致の有無としたクロス集計の結果をまとめたものである。それによれば、第2波追加調査時点と第3波追加調査時点のいずれにおいても、地域教育型授業の受講経験は、地域一致の有無と有意な関連がないことがわかる。ここでも、割合のポイント差は小さく、Cramer の *V* の値も小さい。また、第2波追加調査時点から第3波追加調査時点にかけて、一致の割合に大きな変化はみられない。

表8-5 は、先ほどの2重クロス表に統制変数として高校・大学間の地域移動の有無を統制変数として投入した3重クロス表の結果をまとめたものである。それに

表 8-4　地域教育型授業の受講経験別にみた出身大学所在地と地域一致の有無

地域教育型授業の受講経験	地域一致の有無		合計	n	列%
	一致	不一致			
第2波追加調査					
あった（%）	40.9	59.1	100.0	149	54.4
どちらともいえない（%）	39.3	60.7	100.0	28	10.2
なかった（%）	44.3	55.7	100.0	97	35.4
合計（%）	42.0	58.0	100.0	274	100.0
				p=0.831	Cramer's *V*=0.037
第3波追加調査					
あった（%）	38.3	61.7	100.0	149	54.4
どちらともいえない（%）	42.9	57.1	100.0	28	10.2
なかった（%）	44.3	55.7	100.0	97	35.4
合計（%）	40.9	59.1	100.0	274	100.0
				p=0.623	Cramer's *V*=0.059

よれば、高校・大学間の地域移動の有無にかかわらず、地域教育型授業の受講経験は、地域一致の有無と有意な関連がないことがわかる。割合のポイント差は小さく、Cramer の V の値も小さい。行の周辺分布を参照すると、地域一致の有無は、高校・大学間の地域移動の有無によって強く規定されていることがわかる。

■4-3　考　察

以上の分析結果について考察する。

まず、出身大学が地域一致の有無と有意な関連がなかったのは、不参加大学出身者のなかに大都市圏の大学を卒業してそのまま大都市圏に就職・居住した者が相当数いる（その結果、不参加大学出身者のなかにも地域一致をした者が少なからずいる）からであると考えられる。表 8-3 の高校・大学間の地域移動ありの層において、不参加大学出身者ほど、地域一致をしていたことには、こうした背景があると推測される[9]。

次に、COC+ 関連大学内において地域教育型授業の受講経験が地域一致の有無と有意な関連がなかった要因については、①内在的な要因、②外在的な要因、③社会

---

9) なお、この点を裏づける傍証として、COC+ 関連大学で出身大学所在地が大都市圏であった者は 25.5%であるのに対して、不参加大学でそれに該当する者は 100.0%であるという点を付記しておく（表 8-1）。

第8章　大学の地域教育は出身大学所在地と居住地の一致の有無と関連するのか　*151*

表 8-5　高校・大学間の地域移動の有無を統制した地域教育型授業の受講経験別にみた地域一致の有無

地域教育型授業の受講経験	地域一致の有無		合計	n	列%
	一致	不一致			
第 2 波追加調査					
高校・大学間の地域移動あり					
あった（%）	15.4	84.6	100.0	78	55.7
どちらともいえない（%）	7.1	92.9	100.0	14	10.0
なかった（%）	10.4	89.6	100.0	48	34.3
合計（%）	12.9	87.1	100.0	140	100.0
				p=0.575	Cramer's *V*=0.089
高校・大学間の地域移動なし					
あった（%）	69.0	31.0	100.0	71	53.0
どちらともいえない（%）	71.4	28.6	100.0	14	10.4
なかった（%）	77.6	22.4	100.0	49	36.6
合計（%）	72.4	27.6	100.0	134	100.0
				p=0.587	Cramer's *V*=0.089
第 3 波追加調査					
高校・大学間の地域移動あり					
あった（%）	12.8	87.2	100.0	78	55.7
どちらともいえない（%）	21.4	78.6	100.0	14	10.0
なかった（%）	12.5	87.5	100.0	48	34.3
合計（%）	13.6	86.4	100.0	140	100.0
				p=0.663	Cramer's *V*=0.077
高校・大学間の地域移動なし					
あった（%）	66.2	33.8	100.0	71	53.0
どちらともいえない（%）	64.3	35.7	100.0	14	10.4
なかった（%）	75.5	24.5	100.0	49	36.6
合計（%）	69.4	30.6	100.0	134	100.0
				p=0.502	Cramer's *V*=0.101

調査の方法論的な要因があると考えられる。

　内在的な要因としては、地域教育型授業の目的・方法・内容の非対応性が考えられる。地方国立大学で共通教育科目として開講されている地域関連科目のシラバスをテキストマイニングによって分析した石井（2018）によれば、地域関連科目では学生の地域に関する関心・理解を高めることが目指されているだけではなく、グループワークなどによる他者との関係性を構築することも重視されている。この結果

をふまえると、大学の地域教育では、「授業中に話し合いができるから楽しい」「話をしているだけで楽に単位が取得できる」といった授業方法目当ての浅い学習に留まっていた者が相当数いたのではないかと推測される。換言すると、授業の目的・方法・内容が必ずしも整合的に対応していなかった可能性がある。とくにアクティブ・ラーニング型授業のような方法ありきの授業を無批判に展開することで、地域教育の目的が十分に達成されなかったのかもしれない。

外在的な要因としては、新規大卒労働市場の需給構造を挙げることができる。リクルートワークス研究所の大卒求人倍率調査によれば、COC+ 事業期間である 2015 ～ 2019 年度に相当する大卒求人倍率は 1.73 ～ 1.83 で微増しており、ここ 20 年程度では相対的に高い水準である。そのため、COC+ 関連大学が地域教育を充実させたとしても、学生の進路選択行動（とくに地域選択）に大きな影響を与えることはできなかったと推測できる。

社会調査の方法論的な要因とは、本章における大学の地域教育の測定方法が十分ではなかった可能性を指す。前述したように、本章では、「出身大学所在地（都道府県）の特徴・魅力について学ぶ授業」という質問項目で大学の地域教育を測定した。こうした文言にしたことが本章の分析結果に影響した可能性がある。

5 結　論

本章では、大学の地域教育は出身大学所在地と居住地の一致の有無と関連するのかという問いを明らかにしてきた。本章の主な知見は、次の 2 点にまとめることができる。

第一に、卒業後 1 ～ 2 年経過しても、COC+ 関連大学出身者ほど、地域一致の割合が明確に高いわけではなかったという点である。独立変数と従属変数の関連性の強さを表す Cramer の V の値は小さかった。

第二に、COC+ 関連大学出身者に分析対象を絞って分析した結果、卒業後 1 ～ 2 年経過しても、地域教育型授業の受講経験は地域一致の有無と有意な関連がなかったという点である。ここでも Cramer の V の値は小さかった。

以上から、本章の結論は、大学の地域教育は出身大学所在地と居住地の一致の有無と明確には関連しないということになる。

それをふまえて、本章の知見の含意について考察する。

まず、政策的な含意としては、大学の地域教育によって人材の地方への集積を促

進することを最終的な目的とした COC+ はその目的を達成できなかった可能性が高いという点を挙げることができる。この点は第2節で検討した先行研究でも指摘されていた。本章の貢献は、COC+ 関連大学の学生を多く含む追跡調査のデータを分析することによって、先行研究の指摘の妥当性を裏づけた点にある。

確かに、COC+ の政策評価を「地元就職率（定着率）」の高低だけで行うことは適切ではないだろう。しかし、COC+ の最終的な目的は人材の地方への集積であると明記されている以上、本章のような分析を行うことは不可欠である。今後は先行研究と本章の知見をふまえた政策を設計・展開することによって、地方大学・地方自治体・地方企業などをむやみに疲弊させないことが重要であるように思われる。換言すれば、地方創生政策を企画・立案する側の責任・見識が問われる。

次に、学術的な含意としては、大学の地域教育による職業的社会化によって、学生の地域移動を規定することは難しいという点を挙げることができる。本章の知見は、COC+ を一つのケースとして、この理論的な命題を一定程度裏づけたと考えられる。より抽象的に表現すれば、教育という刺激を与えさえすれば、学習者は政策担当者・教育者の意図通りの変化をするという教育万能主義ともいえる安易な教育政策の問題性が示唆される。

最後に、今後の課題として、次の3点を指摘する。

第一に、大学の地域教育が地域一致の有無と関連がなかった要因を検討する必要があるという点である。そのためには、当時のカリキュラム作成者や授業の担当教員に対する聞きとり調査、COC+ コーディネーターであった者に対する聞きとり調査、COC+ 関連大学出身者に対する聞きとり調査、地方自治体・地方経済団体・地方企業に対する聞きとり調査といった研究方法を組み合わせることが考えられる。

第二に、中長期的な追跡調査によって本章の知見を追試する必要があるという点である。本章の知見からは、短期的には大学の地域教育は個人の居住地選択と関連しない可能性が示唆されるものの、さらに卒業後年数が経過すれば別の結果が得られるかもしれない。

第三に、地域一致の有無以外の変数を従属変数とすることによって、COC+ の政策評価を多面的に行う必要があるという点である。具体的には、李・山口（2019）で分析されている地域愛着（度）といった変数を挙げることができる。

【付　記】

　調査実施に関してご協力いただいた大学関係者の方々、ウェブ調査にご回答いただいた方々に厚く御礼申し上げる。

　本章は、序章で示されている科研費に加えて、JSPS 科研費 JP18K02402 の研究成果の一部でもある。

【文　献】

石井和也, 2018,「地方国立大学における「地域」に関する共通教育科目のシラバス分析」『地域デザイン科学』4, 95-106.

石黒格・李永俊・杉浦裕晃・山口恵子, 2012,『「東京」に出る若者たち——仕事・社会関係・地域間格差』ミネルヴァ書房

李永俊・山口恵子, 2018,「「地域志向科目」が地方大学生の就職地選択行動に及ぼす影響について——弘前市における大学生質問紙調査から」『弘前大学大学院地域社会研究科年報』14, 3-14.

李永俊・山口恵子, 2019,「大学における地域志向教育が地域愛着と就職地選択意識に及ぼす影響——弘前市における大学生への質問紙調査より」『都市社会研究』11, 61-74.

内田晃, 2020,「COC+ 事業の成果と課題——北九州・下関地域における若者の地元定着をめざした取り組みの評価」『関門地域研究』29, 1-14.

尾山真・金岡省吾・塩見一三男・小松亜紀子・市村恒士, 2021,「富山大学における地域の担い手教育による地域定着意識の変化に関する研究」『ランドスケープ研究』84(5), 645-650.

小山治, 2016,「県内就職を促進する効果的なカリキュラム・授業開発——徳島大学を事例として」（平成 27 年度とくしま政策研究センター委託調査研究事業 成果報告書）, 1-15.

小山治, 2017,「地域教育は地元キャリア形成に貢献するのか——地域移動類型ごとの初職・現職の所在地に着目して」『都市社会研究』9, 157-171.

小山治, 2020,「地方大学における地域教育は出身大学所在地への就職を促すのか——社会科学分野の大卒就業者に対するインターネットモニター調査」『都市社会研究』12, 127-140.

小山治, 2023,「「地（知）の拠点大学による地方創生推進事業」（COC+）の結果、地域内就職者割合は増加したのか——国立大学に着目した試論的な検討」『都市社会研究』15, 157-168.

頭師暢秀, 2021,「地元就職促進科目は地元就職に有効か」『近畿大学教育論叢』32(2), 85-101.

田中久美子・美濃地裕子・小竹雅子, 2023,「大学の地域志向教育がキャリア形成に及ぼす影響——地域人材育成コース卒業者の追跡調査から」『大学入試研究ジャーナル』33, 219-225.

濱嶋朗・竹内郁郎・石川晃弘編, 2005,『社会学小辞典（新版増補版）』有斐閣

堀内史朗・松坂暢宏, 2022,「地域学習と地方就職——フィールドワーク授業が卒業生の勤務地に与える効果」『理論と方法』37(2), 213-220.

文部科学省, 2015,「平成 27 年度大学教育再生戦略推進費「地（知）の拠点大学による地方創生推進事業（COC+）」公募要領」〈https://www.mext.go.jp/component/a_menu/education/detail/__icsFiles/afieldfile/2015/06/01/1356396_1_2_1.pdf（最終確認日：2025 年 2 月 17 日）〉

山口泰史, 2018,『若者の就職移動と居住地選択——都会志向と地元定着』古今書院

柳永珍, 2020,「若者の地域定着の実態とCOC+ 事業——愛着と就職意思を中心に」『関門地域研究』29, 15-27.

第9章 職業資格の取得の
規定要因は何か

大学入学偏差に着目して

河野 志穂

1 はじめに

　本章の目的は、職業資格の取得の規定要因を分析することである。

　昨今、「学び直し」や「リスキリング」が政策的に提唱され、社会人になってからも学び続けることが推奨されている。1998年から雇用保険に一定期間加入している人を対象に始まった教育訓練給付制度では、労働大臣の指定を受けた、簿記検定講座や語学講座を受講すると、受講終了後に受講料の8割相当額（上限20万円）が受講者本人に支給された。その後、給付率は2割〜4割まで下げられたものの、数度の改正をうけて、2019年には「一般教育訓練給付金」「特定一般教育訓練給付金」「専門実践教育訓練給付金」の三つになり、「特定一般教育訓練給付金」では費用の4割（上限20万円）が支給され、「専門実践教育訓練給付金」では、費用の5割（年間上限40万円）、資格取得後1年以内に一般被保険者として雇用されるなどの条件を満たした場合は費用の7割（年間上限56万円）が給付されるというように、資格取得の給付金が拡充されている。資格はなんらかの能力や技能を身につけていることを証明するものである。大卒者にしてみれば、職業資格は、大学卒業という教育資格に追加して取得する能力・技能の証明といえる。では、こうした追加的な能力・技能証明を必要とするのはどのような人なのだろうか。

　本章では、大学卒業という縦の学歴では共通する大卒者が、横の学歴、つまりどのような大学を卒業したか、具体的には大学の入学偏差値の違いによって、職業資格を取得するか否かが異なるかを検証する。また、専門分野やキャリア教育の受講といった大学関連の変数や、就職先の業界や企業規模といった仕事関連の変数が、職業資格の取得に影響するのかについてもあわせて検討する。

156

　入学偏差値に着目するのは、後述の先行研究で指摘されている、偏差値の低い大学の学生ほど学歴とは異なるシグナルとして職業資格を必要とするという仮説を検証するためである。また、卒業後の資格取得に関して、仮に入学偏差値が高い大学の卒業生ほど職業資格を取得する場合は、職業資格は学歴と似通っており、入学偏差値の低い大学の卒業生にとっては、「学び直し」の成果が得にくいことを意味する。

　果たして職業資格は学歴とは異なるシグナルになりうるのだろうか。

2　先行研究の検討と課題設定

　学歴と職業資格の関係に関する先行研究を、制度面と実態面に分けて検討する。

　まず、制度面に関して辻（2000）は、明治元（1868）年から昭和50（1975）年までの約100年間に創設された316種の公的職業資格を対象に行なった分析を通じて、公的職業資格と学歴の間には、無試験認定、受験の基礎要件、一部試験科目免除、実務経験の代替の四つの関わりがあることを指摘した。また、これに先立つ研究で辻（1979：95）は、公的職業資格の認定にあたり、資格の受験要件として大学卒業が求められる場合、どの大学の出身者かは問われず、大卒者は平等に扱われることを指摘している。つまり、辻の一連の研究は、国家資格の認定にあたり要件として必要とされる教育年数（いわゆる縦の学歴）と公的職業資格の制度的な関係を明らかにするものであり、職業資格取得者の実際の学歴には言及していない。

　次に、実態面に関して阿形（2000）は、1995年に実施されたSSM調査のデータをもとに、代表的な国家資格として「比較的取得は容易で学歴水準は低いが、専門技能を有する伝統的な資格（伝統型）」「学歴は高いが女性が多く、就業が長続きしない専門職資格（女性専門職型）」「比較的取得がむずかしく学歴も高い、ホワイトカラー向けの建設・不動産関連の資格（建設ホワイト型）」「比較的新しく創設された工業関係の、主に男性が取得する資格（男性工業型）」の4類型を見出した[1]。阿形の分析の過程をみると、取得要件として学歴が定められていない点で共通している職業資格であっても、実際の取得者の学歴構成が異なることがわかり、たいへん興

1）参考までに、各類型について資格名を記すと、「伝統型」は美容師、看護婦（現在の看護師）、調理師、「女性専門職型」は保母（現在の保育士）、教員免許、「建設ホワイト型」は、宅地建物取引主任者（現在の宅地建物取引士）、土木施工管理技士、「男性工業型」はガス溶接技能者、自動車整備士、電気工事士、クレーン運転士、ボイラー技士、危険物取扱者などである。

味深い[2]。しかしながら、当該資格の取得者が、その資格をいつ取得したのかは明らかにされていない。

職業資格の取得時期に着目した研究としては、労働政策研究・研修機構（2014）が挙げられる。当機構が行なった調査では、ウェブモニターのなかから25歳以上であり、かつ調査実施者が定めた一定の職業資格（民間資格も含む）を有する人をスクリーニングし、それぞれの資格について50〜150サンプルを目標に回答を収集している。そして、取得の時期に着目し、職業資格を、在学時型、在職時型、両者の中間型に分類した[3]。この調査では、85の資格一つひとつに関して、性別・年代・学歴・就業状態のほか、取得時期、取得動機、主な勉強方法や資格取得によって生じた働き方や処遇の変化などをまとめていて、資料的価値が高い。しかしながら、データの分析が資格取得者のみに限定されており、資格未取得者に比べて、在学中の資格取得者や働きながら資格を取得した者に、どのような特徴があるのかは明らかにされていない。

本章で分析に用いる調査データは、これらの先行研究の課題を乗り越えることができるデータである。たとえば、回答者には、職業資格の取得者のほかに未取得者も含まれており、両者の違いを検討できる。また、大学4年時から卒業後3年目までを追跡した調査であるので、資格取得者については、学生時代に取得したのか、社会人になってから取得したか、そうであれば卒業後何年目に取得したのかがわかる。

分析にあたっては、大学の入学偏差値に着目する。その理由は二つある。第一は、偏差値の低い大学の学生ほど学歴とは異なるシグナルとして職業資格を必要とするのかを検証するためである。山田（2007）によれば、1980年代まではわずかな偏差値の差が大学の威信の差とみなされ、偏差値の違いが就職にも影響すると考えられていたが、1990年代以後、18歳人口の減少と大学の大衆化により、とくに中堅以下の大学では、偏差値の違いが大きな意味を持たなくなり、学歴とは異なるシグナルとして、大学での成績や客観的な能力指標を代替すると考えられる資格が求められ

---

2) 阿形のデータによれば、取得に学歴要件がないという点で共通する宅地建物取引主任者（現在の宅地建物取引士）と電気工事士であるが、高等教育の修了者が前者は60.0%であるのに対し、後者は10.0%であった（阿形2000）。

3) たとえば、在学時型の資格としては、医療分野や教育の資格が、在職時型の資格としては、実務系、技術系の資格のほか、IT分野や事務・販売など入職時に資格要件が課されることがあまりない資格が挙げられている。両者の中間型の資格、つまり在学時に取得するケースや働きながら取得するケースの両方がある資格としては、電気工事士、理容師、美容師、調理師などが挙げられている。

るようになったという。山田が指摘するように、職業資格の取得には「学歴とは異なるシグナル」を獲得する意味があるとすれば、それを欲するのは、偏差値の高くない、いわばより威信の低い大学の学生・卒業生であろう。ならば、偏差値が相対的に低い大学の学生・卒業生は、相対的に高い大学の学生・卒業生に比べ、資格を取得する確率が高いのだろうか。第二は、入学偏差値が卒業後の資格取得に影響するのかを検証するためである。資格の取得にあたっては、筆記試験が実施されることが多い。卒業後の資格取得に、大学入学時の学力水準である入学偏差値が影響するのならば、職業資格は、学歴とは異なるシグナルではなく、むしろ学歴に類似したものにすぎない。社会人の「学び直し」が提唱されるなか、資格取得においてこうした学力によるハンディがあるかを検証することは、政策を推進するにあたり教育的バックグラウンドによって有利不利がないかを検証するうえで意義がある。

3 どのような資格が取得されているのか

　分析に入るまえに、どのような職業資格が取得されているのかを概観する。

　職業資格についての質問は第2波調査から盛り込まれている。調査票では、なんらかの職業資格（教員免許、社会調査士、簿記、宅建、行政書士、販売士、銀行業務検定、秘書検定、カラーコーディネーターなど。特定の会社内のみで通用する資格は除く）を「持っているか」「持っていないか」を問い、そののちに「持っている」と回答した者には、所有資格のなかでもっとも主要な（難度や希少性が高い）資格の名称を（その資格に等級がある場合は何級かを含め）記入してもらっている。第2波調査は社会人1年目に実施された調査であり、第2波調査で回答者が主要な資格として書いた資格に関しては、在学中に取得したものなのか、卒業後に取得したものなのかについても回答してもらっている。また、第3波調査・第4波調査では、過去1年間に上記のような職業資格を取得したか否かを聞き、その後、主要な資格の名称を記入してもらっている。

　各波の回答者全体に占める資格取得者の割合は、第2波は41.7%（回答者1501人中の626人[4]）、第3波は17.3%（回答者1189人中の206人）、第4波は17.9%（回答者424人中の76人）である。

---

4) なお、以下の分析では、大学入学前の取得者22人と資格名を書かなかった4名は除いている。

表9-1　各波における資格取得者数

		第2波調査 在学中の取得	第2波調査 卒業後の取得	第3波調査 直近1年の取得	第4波調査 直近1年の取得
大学の資格課程で取得できる資格	教育職員（幼稚園教諭以外）	①資格課程の資格として分析　136	①資格課程の資格として分析　55	5	9
	幼稚園教諭・保育士	12	13	3	1
	司書	8	5	2	0
	学芸員	32	1	1	0
（大学の資格課程以外の資格）資格の分野	司法・警察・消防・防衛	②第2波で回答・在学中に取得した大学の資格課程以外の資格　6	③第2波で回答・卒業後に取得した大学の資格課程以外の資格　5	④第3波で回答・直近1年に取得した大学の資格課程以外の資格　4	⑤第4波で回答・直近1年に取得した大学の資格課程以外の資格　10
	経営・経理・労務・金融	156	64	106	19
	翻訳・通訳	9	1	2	0
	コンピューター・OA操作機器	10	13	37	15
	航空・船舶・運輸・通信	6	5	5	2
	工業・化学・技術	15	3	12	2
	建築・土木・不動産・農畜産	12	14	14	3
	医療・衛生・社会福祉	15	10	8	12
	健康生活・スポーツ	0	0	2	0
	教養・ファッション	7	1	7	4
合計		411	190	208	77

(単位：人)

注）表中の①〜⑤は、後述の分析の区分である。①は第2波調査において在学中あるいは卒業後に取得したと回答した資格課程の資格（後述のW2_資格課程の資格）、②は第2波調査において在学中に取得したと回答した資格課程以外の資格（後述のW2_在学中の課程外の資格）、③は第2波調査において卒業後に取得したと回答した資格課程以外の資格（後述のW2_卒業後の課程外の資格）、④は第3波調査において卒業後に取得したと回答した資格課程以外の資格（後述のW3_卒業後の課程外の資格）、⑤は第4波調査において卒業後に取得したと回答した資格課程以外の資格（後述のW4_卒業後の課程外の資格）である。

　表9-1には、各波において主要な職業資格として記載された資格名やその分野を掲載している。表では、当該資格を取得するために設置された資格課程の授業の単位を修得することにより、特段の資格試験を受験せずに取得できる資格（以下、大学の資格課程の資格と略記）とそれ以外に分けて掲載した。大学の資格課程で取得できるものに関しては資格の名称を、それ以外に関してはその資格が該当する分野を掲載している。

　表9-1を読み取る。まず、大学の資格課程の資格については、第2波調査の場合、在学中も卒業後も、最も取得者が多いのは幼稚園教諭以外の教育職員（在学中136人、卒業後55人）である。そのあとに、学芸員（在学中32人、卒業後1人）、幼稚園教諭・保育士（在学中12人、卒業後13人）と続く。在学中の取得に限定すれば、大学の資格課程の資格（教育職員、幼稚園教諭・保育士、司書、学芸員）を記入し

た者は 188 人おり、在学中の資格取得者全体（411 人）の半数弱（約 46%）を占める。なお、第 2 波調査における資格課程の資格の取得時期の回答については読み取りに注意が必要である。それは、授業の履修に着目した回答者は「在学中に取得した」と回答し、資格が付与される時点（卒業時）に着目した回答者は「卒業後に取得した」と回答した可能性があるためである。そのため、次節の分析では、第 2 波調査で回答された大学の資格課程の資格（表 9-1 中の①：灰色の網掛け部分）の取得者に関しては、在学中と卒業後に分けずに分析を行う[5]。

　続いて、大学の資格課程以外の資格（表 9-1 中の②〜⑤）について、二つ特徴を述べる。第一は、②〜⑤のいずれの区分でも、最も取得者が多い分野が経営・経理・労務・金融分野（以下、経営・金融分野と略記）であることだ。とくに、第 2 波調査で「在学中に取得した」と回答された資格課程以外の資格（表 9-1 中の②）のうち、経営・金融分野の多さは圧倒的で、当分野の取得者は 156 人であるのに対し、二番目の医療・衛生・社会福祉分野は 15 人、三番目の建築・土木・不動産・農畜産分野は 12 人である。なお、経営・金融分野について、さらに詳細に資格名までみると、②〜⑤のいずれの区分でも簿記の取得者が最も多い（②では 68 人、③では 19 人、④では 39 人、⑤では 10 人が簿記と回答）。しかし、②では取得者の多さでいえば五番目だったファイナンシャル・プランナー（取得者 7 人）が、③〜⑤では二番目の多さであるように（ちなみに取得者は③で 18 人、④で 29 人、⑤で 4 人）、同じ経営・金融分野でも、在学中と卒業後で取得する資格に違いがみられる。

　第二の特徴は、経営・金融分野の取得者と比べ少ないが、コンピューター・OA 操作機器分野（以下、コンピューター分野と略記）や、建築・土木・不動産・農畜産分野（以下、建築・不動産分野と略記）の資格の取得者が、相対的に多いことである。たとえば、コンピューター分野に関しては、④で 37 人が当分野の資格名を回答しており、資格課程以外の資格の取得者が、経営・金融分野以外の分野では、多くても 10 人台であることを考えれば特筆して多い。また、建築・不動産分野の資格取得者は、在学中（②）も卒業後（③や④）も 10 人程度であまり変化がない。なお、当分野の資格の内訳をみると、宅地建物取引士の取得者が、②や③で 8 人、④で 7 人おり、継続的に一定数の取得者がいる。

---

5) 第 2 波調査で、大学の資格課程の資格を卒業後に取得したと回答した者は 74 人であるが、74 人のうち 55 人は、第 1 波調査で、卒業後の進路として就職先（非正規も含め）が決まっていた。就職先決定者の場合、卒業後に継続的に大学の資格課程を履修していたとは考えにくいことも、在学中と卒業後を分けずに分析を行う理由である。

第9章 職業資格の取得の規定要因は何か *161*

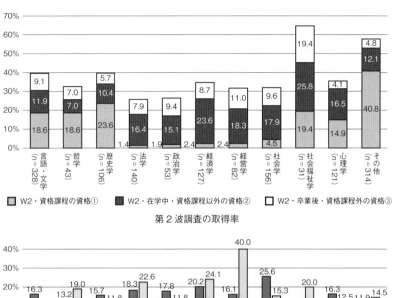

第2波調査の取得率

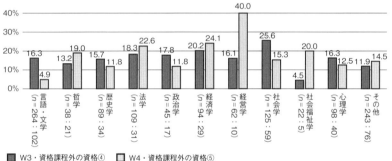

第3波および第4波調査における大学の資格課程以外の資格の取得率

図 9-1　回答者の専門分野別の資格の取得率（nの( )内は第3波：第4波の各専門分野の回答者数）

　図 9-1 は、専門分野ごとの資格の取得率の違いである。図中のパーセンテージは各専門分野の回答者全体に占める割合である。図の上段は第2波調査の結果を、下段は第3波および第4波調査の結果を示している。

　まず、図の上段の第2波調査の取得率であるが、資格課程の資格①（薄いグレー色）の取得率は、その他の分野で最も多く、約4割が取得している。これはその他の分野に教育学専攻が含まれるためである。その一方で、法学、政治学、経済学、経営学、社会学といった社会科学系の専門分野に関しては、資格課程の資格①（薄いグレー色）の取得率は5%に満たない。対して、在学中の資格課程以外の資格②（濃いグレー色）の取得率は、社会福祉学や経済学は2割強、哲学は1割未満であるものの、これら以外の専門分野では軒並み1割台であり、専門分野によるばらつきが小さい。

また、卒業後の資格課程以外の資格③（白色）の取得率は、社会福祉学のみ2割弱だが、社会福祉学以外の専門分野では軒並み1割に満たず、ばらつきが小さい。図の下段の、第3波および第4波調査における大学の資格課程以外の資格の取得率であるが、第3波調査④の社会福祉学（取得率約5%）と社会学（同約25%）の差や、第4波調査⑤の言語・文学（取得率約5%）と経営学（同40%）の差を除けば、こちらも専門分野によるばらつきは小さい。以上から、大学の資格課程の資格の取得には、専門分野によって取得率に差があるが、資格課程以外の資格に関しては在学中も卒業後も専門分野によって取得率に大きな違いはないことがわかる。

4 誰が資格を取得するのか

■ 4-1 使用する変数と基礎統計量

本節では、在学中および卒業後の資格取得について、大学の入学偏差値を絡めた分析を行う。使用する変数は表9-2に、基本統計量は表9-3に示す。

本分析では第1波調査から第4波調査までの各波の調査データを使う。ここでは、使用する変数のうち重要なものについて説明する。

1) 従属変数について

まず、従属変数は、資格の取得時期と、大学の資格課程の資格かそれ以外かに着目し、表9-2のとおり、五つを設定した（あわせて前述の表9-1も参照）。いずれの従属変数も、取得するか否かを2項ロジット分析で検討するため、データは「1 = 取得した」「0 = 取得していない」と2値化している。ただし、資格の取得時期に関しては、従属変数「W2_資格課程の資格①」のみは、前述の理由から、在学中か卒業後かを分けていない。なお、その他の四つの従属変数（「W2_在学中の課程外の資格②」「W2_卒業後の課程外の資格③」「W3_卒業後の課程外の資格④」「W4_卒業後の課程外の資格⑤)」は、すべて大学の資格課程以外の資格の取得に関するものである[6]。第3波調査と第4波調査は直近1年に取得した資格であるため、当然、卒業後の取得であるが、第2波調査は、調査時点までに取得した資格について聞いているため、大学の資格課程以外の資格を"在学中"に取得した場合に、従属変数

---

6) なお、第3波および第4波調査における大学の資格課程の資格の取得者は、表9-1に記載のように第3波調査で11人、第4波調査で10人と少数であるため、分析対象からはずしている。

第9章　職業資格の取得の規定要因は何か　*163*

表 9-2　本分析で使用する変数

従属変数	
W2_ 資格課程の資格①	第2波調査において取得したと回答した主要な資格名が、大学の資格課程で取得できる資格（具体的には、教育職員（幼稚園教諭を除く）、幼稚園教諭および保育士、図書館司書、学芸員）であり、その取得時期を「在学中」と回答した者＝1、それ以外＝0とした。
W2_ 在学中の課程外の資格②	第2波調査において取得したと回答した主要な資格名が、大学の資格課程で取得できる資格以外の資格であり、その取得時期を「在学中」と回答した者＝1、それ以外＝0とした。
W2_ 卒業後の課程外の資格③	第2波調査において取得したと回答した主要な資格名が、大学の資格課程で取得できる資格以外の資格であり、その取得時期を「卒業後」と回答した者＝1、それ以外＝0とした。
W3_ 卒業後の課程外の資格④	第3波調査において過去1年間に取得したと回答した主要な資格名が、大学の資格課程で取得できる資格以外の資格である者＝1、それ以外＝0とした。
W4_ 卒業後の課程外の資格⑤	第4波調査において過去1年間に取得したと回答した主要な資格名が、大学の資格課程で取得できる資格以外の資格である者＝1、それ以外＝0とした。

独立変数		
性別		第1波調査で回答。女性＝1とし、男性＝0（基準ダミー）とした。
入学偏差値		河合塾による2020年度の「ボーダー偏差値」の数値を用いた。
専門分野	人文科学ダミー	言語・文学、哲学、歴史学、心理学＝1とした。基準ダミーはその他である。
	社会科学ダミー	法学、政治学、経済学、経営学、社会学、社会福祉学＝1とした。基準ダミーは同上。
在学中のキャリア教育受講ダミー		第1波調査において、これまで受けた授業経験として「就職対策や人生設計などキャリア形成に関する授業」を「よくあった」あるいは「ある程度あった」を選択した場合＝1、それ以外＝0とした。
在学中の自主的な学習時間		第1波調査のふだんの時間の過ごし方（1週間における合計時間）を聞く質問で「大学や内定先からの指示以外の自主的な勉強をやる時間」の回答として、「0時間」の選択者には0を、「1時間未満」には0.5を、「1時間以上3時間未満」には2を、「3時間以上5時間未満」には4を、「5時間以上10時間未満」には7.5を、「10時間以上15時間」には12.5を、「15時間以上20時間未満」には17.5を、「20時間以上30時間未満」には25を、「30時間以上」には30を投入した。
在学中の優の割合		第1波調査において、大学でいままで履修した授業の成績のうち、最上位の評価であったものの割合を0割～10割までで選択してもらった。0割には0を、1割には1をというように10まで投入した。
[第2波以降の各調査時] 就職先の業種	金融ダミー	金融（銀行・生命保険・信販など）＝1、それ以外＝0とした。
	情報ダミー	情報・ソフトウェア＝1、それ以外＝0とした。
	教育機関ダミー	教育機関（学校・幼稚園など）＝1、それ以外＝0とした。
	官公庁ダミー	官公庁＝1、それ以外＝0とした。
[第2波以降の各調査時] 1000人以上企業等ダミー		就職先が従業員1000人以上の企業、教育機関、官公庁＝1とし、それ以外＝0とした。
[第2波以降の各調査時] 就職先での教育訓練	短期の教育訓練ダミー	現在の勤め先で受けた教育訓練（職場を離れて知識やスキルをつけるために受ける研修）の受講日数（第3波および第4波調査の場合は前回調査からの1年の間で受けた受講日数）が「半日～1日程度」「2日以上1週間未満」を選択した者＝1とした。基準ダミーは「教育訓練は受けなかった」。
	中長期の教育訓練ダミー	同上の受講日数について「1週間以上2週間未満」「2週間以上1か月未満」「1か月以上」を選択した者＝1とした。基準ダミーは同上。
[第2波以降の各調査時] 自己啓発の実施ダミー		大学を卒業後（第3波および第4波調査の場合は過去1年間で）、自己啓発（仕事時間外に、勤め先の指示ではなく自分の意思でする勉強）をした場合＝1、していない場合＝0とした。

第Ⅰ部

第Ⅱ部

「W2_在学中の課程外の資格②」に「1 = 取得した」を立て、"卒業後"に取得した場合には、従属変数「W2_卒業後の課程外の資格③」に「1 = 取得した」を立てた。

なお、職業資格には、国家資格の業務独占資格や必置資格のように当該業務を行うために必ず取得しなければならない資格もあるが、一方、大多数の民間資格がそうであるように、仕事をするうえで必須でない資格もある。多様な資格を一括して扱うことに異論があるかもしれないが、本分析では、特定の資格の取得の要因分析を目的としていないため、多様な資格を一括に扱う。

2）独立変数について

次に、独立変数の設定理由だが、基本属性としての「性別」のほか、①大学関連変数や②仕事関連変数を投入する。

3）①大学関連変数

「入学偏差値」「専門分野」「在学中のキャリア教育の受講」「在学中の自主的な学習時間」「在学中の優の割合」を設定した。「入学偏差値」や「在学中の優の割合」を投入するのは、資格取得にあたり筆記試験が求められることが多いため、認知能力が資格取得のアクセル要因／ブレーキ要因のいずれになっているかを考察するためである。「専門分野」については、調査票では11分野で回答をしてもらっているが、細分化されすぎているので、人文科学と社会科学とその他に分け、その他を基準ダミーとした。「在学中のキャリア教育の受講」を入れるのは、就職対策や人生設計について考える当該授業が資格取得を後押しするものかを検証するためである。「在学中の自主的な学習時間」は、大学や内定先から求められて行うのではない自発的な学習時間であり、学生時代に自発的に学習をする人ほど資格を取得しているかを検証するためである。

4）仕事関連変数

「就職先の業種」「就職先の規模」「就職先の教育訓練」「自己啓発の実施」を設定した。「就職先の業種」は、調査票では16業種から選んでもらっているが、職務の遂行上、資格の取得が必須であったり求められたりすることの多い金融業界、情報業界、教育機関のほか、ジェネラリストとして職務の遂行上、資格の取得が求められることが少ないと思われる官公庁をダミー変数とした。基準となるのは、製造、建設、エネルギー、卸売、小売、マスコミ、サービス、飲食・宿泊、運輸、住宅・

第9章　職業資格の取得の規定要因は何か　*165*

表 9-3　基本統計量

従属変数							
変数名	使用する分析モデル	調査波	N	最小値	最大値	平均値	標準偏差
W2_資格課程の資格取得の有無①	W2_資格課程の資格①	第2波	1462	0	1	0.171	0.377
W2_在学中の課程外の資格取得の有無②	W2_在学中の課程外の資格②	第2波	1462	0	1	0.147	0.354
W2_卒業後の課程外の資格取得の有無③	W2_卒業後の課程外の資格③	第2波	1286	0	1	0.083	0.276
W3_卒業後の課程外の資格取得の有無④	W3_卒業後の課程外の資格④	第3波	1037	0	1	0.179	0.384
W4_卒業後の課程外の資格取得の有無⑤	W4_卒業後の課程外の資格⑤	第4波	387	0	1	0.140	0.347

独立変数								
	変数名	使用する分析モデル	調査波	N	最小値	最大値	平均値	標準偏差
属性	女性ダミー	W2_資格課程の資格①/W2_在学中の課程外の資格②	第2波	1462	0	1	0.655	0.475
		W2_卒業後の課程外の資格③	第2波	1286	0	1	0.666	0.472
		W3_卒業後の課程外の資格④	第3波	1037	0	1	0.661	0.474
		W4_卒業後の課程外の資格⑤	第4波	387	0	1	0.667	0.472
大学関連変数	入学偏差値	W2_資格課程の資格①/W2_在学中の課程外の資格②	第2波	1462	35.0	70.0	56.244	7.750
		W2_卒業後の課程外の資格③	第2波	1286	35.0	70.0	55.959	7.674
		W3_卒業後の課程外の資格④	第3波	1037	35.0	70.0	56.459	7.516
		W4_卒業後の課程外の資格⑤	第4波	387	42.5	70.0	58.417	6.787
	専門分野 人文科学ダミー	W2_資格課程の資格①/W2_在学中の課程外の資格②	第2波	1462	0	1	0.401	0.490
		W2_卒業後の課程外の資格③	第2波	1286	0	1	0.386	0.487
		W3_卒業後の課程外の資格④	第3波	1037	0	1	0.404	0.491
		W4_卒業後の課程外の資格⑤	第4波	387	0	1	0.455	0.499
	専門分野 社会科学ダミー	W2_資格課程の資格①/W2_在学中の課程外の資格②	第2波	1462	0	1	0.392	0.488
		W2_卒業後の課程外の資格③	第2波	1286	0	1	0.404	0.491
		W3_卒業後の課程外の資格④	第3波	1037	0	1	0.392	0.488
		W4_卒業後の課程外の資格⑤	第4波	387	0	1	0.364	0.482
	[在学中]キャリア教育受講ダミー	W2_資格課程の資格①/W2_在学中の課程外の資格②	第2波	1462	0	1	0.358	0.479
		W2_卒業後の課程外の資格③	第2波	1286	0	1	0.370	0.483
		W3_卒業後の課程外の資格④	第3波	1037	0	1	0.356	0.479
		W4_卒業後の課程外の資格⑤	第4波	387	0	1	0.341	0.475
	[在学中]自主的な学習時間	W2_資格課程の資格①/W2_在学中の課程外の資格②	第2波	1462	0.0	30.0	3.186	5.913
		W2_卒業後の課程外の資格③	第2波	1286	0.0	30.0	2.850	5.430
		W3_卒業後の課程外の資格④	第3波	1037	0.0	30.0	2.976	5.486
		W4_卒業後の課程外の資格⑤	第4波	387	0.0	30.0	3.035	5.525
	[在学中]優の割合	W2_資格課程の資格①/W2_在学中の課程外の資格②	第2波	1462	0	10	3.886	2.446
		W2_卒業後の課程外の資格③	第2波	1286	0	10	3.806	2.417
		W3_卒業後の課程外の資格④	第3波	1037	0	10	3.878	2.427
		W4_卒業後の課程外の資格⑤	第4波	387	0	10	3.724	2.390

不動産、農林水産業、その他の業種に勤める人である。よって、無職は、本分析には含まれない。「就職先の規模」は、大企業ほど教育訓練の機会が充実していることをふまえ[7]、資格取得に企業規模が影響しているかを検証するためである。また、就職先が労働者の知識・スキルの向上に力を入れているかを検討するため、「就職先の教育訓練」の実態についても、教育訓練の日数から短期教育訓練、中長期の教

表 9-3 基本統計量 (つづき)

	変数名	使用する分析モデル	調査波	N	最小値	最大値	平均値	標準偏差
						独立変数		
仕事関連変数	就職先の業種	金融ダミー	W2_資格課程の資格① /W2_在学中の課程外の資格②	第2波	1462	0	1	0.075	0.264
			W2_卒業後の課程外の資格③	第2波	1286	0	1	0.086	0.280
			W3_卒業後の課程外の資格④	第3波	1037	0	1	0.080	0.271
			W4_卒業後の課程外の資格⑤	第4波	387	0	1	0.078	0.268
		情報ダミー	W2_資格課程の資格① /W2_在学中の課程外の資格②	第2波	1462	0	1	0.105	0.306
			W2_卒業後の課程外の資格③	第2波	1286	0	1	0.119	0.324
			W3_卒業後の課程外の資格④	第3波	1037	0	1	0.128	0.335
			W4_卒業後の課程外の資格⑤	第4波	387	0	1	0.147	0.355
		教育機関ダミー	W2_資格課程の資格① /W2_在学中の課程外の資格②	第2波	1462	0	1	0.109	0.312
			W2_卒業後の課程外の資格③	第2波	1286	0	1	0.124	0.330
			W3_卒業後の課程外の資格④	第3波	1037	0	1	0.123	0.329
			W4_卒業後の課程外の資格⑤	第4波	387	0	1	0.103	0.305
		官公庁ダミー	W2_資格課程の資格① /W2_在学中の課程外の資格②	第2波	1462	0	1	0.135	0.342
			W2_卒業後の課程外の資格③	第2波	1286	0	1	0.154	0.361
			W3_卒業後の課程外の資格④	第3波	1037	0	1	0.150	0.358
			W4_卒業後の課程外の資格⑤	第4波	387	0	1	0.142	0.350
	就職先の規模	1000人以上企業等ダミー	W2_資格課程の資格① /W2_在学中の課程外の資格②	第2波	1462	0	1	0.577	0.497
			W2_卒業後の課程外の資格③	第2波	1286	0	1	0.634	0.482
			W3_卒業後の課程外の資格④	第3波	1037	0	1	0.592	0.492
			W4_卒業後の課程外の資格⑤	第4波	387	0	1	0.620	0.486
	就職先の教育訓練	短期の教育訓練ダミー	W2_資格課程の資格① /W2_在学中の課程外の資格②	—	—	—	—	—	—
			W2_卒業後の課程外の資格③	第2波	1286	0	1	0.219	0.414
			W3_卒業後の課程外の資格④	第3波	1037	0	1	0.359	0.480
			W4_卒業後の課程外の資格⑤	第4波	387	0	1	0.401	0.491
		中長期の教育訓練ダミー	W2_資格課程の資格① /W2_在学中の課程外の資格②	—	—	—	—	—	—
			W2_卒業後の課程外の資格③	第2波	1286	0	1	0.629	0.483
			W3_卒業後の課程外の資格④	第3波	1037	0	1	0.271	0.445
			W4_卒業後の課程外の資格⑤	第4波	387	0	1	0.209	0.407
		自己啓発の実施ダミー	W2_資格課程の資格① /W2_在学中の課程外の資格②	—	—	—	—	—	—
			W2_卒業後の課程外の資格③	第2波	1286	0	1	0.747	0.435
			W3_卒業後の課程外の資格④	第3波	1037	0	1	0.774	0.418
			W4_卒業後の課程外の資格⑤	第4波	387	0	1	0.747	0.435

育訓練、教育訓練なしの3区分にわけ、検証する（基準ダミーは教育訓練なしである）。また、「自己啓発の実施」を投入するのは、職場の指示ではなく自発的な学習をする人が資格を取得しているのかを検証するためである。なお、仕事関連変数は、第2波調査以降、継続的に調査しているので、従属変数の調査の波と一致する波のデータを用いる。

---

7) 内閣府（2018）によれば、企業規模が1000人以上の企業の教育訓練費は、30～99人の企業の教育訓練費の3.6倍であり、勤める企業の規模により受けられる人的投資が大きく変わってくるという。

表9-4 職業資格の取得の有無の2項ロジット分析

		W2_資格課程の資格① Exp(B)	W2_在学中の課程外の資格② Exp(B)	W2_卒業後の課程外の資格③ Exp(B)	W3_卒業後の課程外の資格④ Exp(B)	W4_卒業後の課程外の資格⑤ Exp(B)
属性	女性ダミー	1.174	1.339 +	1.026	1.118	1.263
大学関連	入学偏差値	0.978 +	0.974 *	1.009	1.042 **	1.038
	人文科学ダミー	0.499 ***	0.964	1.505	1.052	0.498
	社会科学ダミー	0.080 ***	1.553 +	1.587	1.237	0.879
	[在学中] キャリア教育受講ダミー	0.887	1.057	0.714	1.077	0.720
	[在学中] 自主的な学習時間	1.012	1.020	1.000	0.973	1.020
	[在学中] 優の割合	1.066 +	0.992	1.044	0.970	0.968
仕事関連	就職先の業種 (ref. 製造、建設、エネルギー、卸売、小売、マスコミ、サービス、飲食・宿泊、運輸、住宅・不動産、農林水産業、その他の業種に勤める人) [各調査時] 金融ダミー	0.326 *	2.547 ***	5.425 ***	4.669 ***	4.337 ***
	[各調査時] 情報ダミー	0.817	0.681	1.160	1.418	1.825
	[各調査時] 教育機関ダミー	9.400 ***	0.299 **	0.414 *	0.329 **	0.535
	[各調査時] 官公庁ダミー	0.896	0.892	0.888	0.307 **	0.855
	就職先の規模 (ref. 従業員が 999 人以下) [各調査時] 1000 人以上企業等ダミー	1.117	1.604 **	0.788	1.511 *	0.747
	就職先の教育訓練 (ref. 受けなかった) [各調査時] 短期の教育訓練ダミー			2.596 +	1.306	0.681
	[各調査時] 中長期の教育訓練ダミー			3.640 **	1.698 *	1.149
	自己啓発 (ref. 行わなかった) [各調査時] 自己啓発の実施ダミー			1.356	1.891 *	4.425 **
	定数	0.785	0.381	0.009 ***	0.007 ***	0.007 **
	N	1462	1462	1286	1037	387
	χ²	380.213	63.276	78.397	127.730	41.235
	-2対数尤度	957.418	1157.708	658.546	847.935	271.553
	Nagelkerke R^2	.382	.075	.136	.190	.182

注) ****：$p < .001$, ***：$p < .01$, *：$p < .05$, +：$p < .1$。

4-2 分析の結果と考察

前頁の表9-4に分析の結果を示した。知見は5点である。

第一に、［W2_資格課程の資格①］の取得については、教員免許の取得者が多いためか、専門分野に関しては人文科学や社会科学で取得している確率が低く、就職先として教育機関に勤める人で取得の確率が高いことである。また、認知能力に関しては、入学偏差値と大学の成績（優の割合）は異なる傾向を示していることである。つまり、偏差値に関しては、低いほうが取得の確率が高いものの、大学の成績に関しては、優の割合が増えるごとに取得の確率が高まる。

第二に、資格課程以外の資格の取得については、②～⑤のどの波でも、金融業に勤める者で取得の確率が高いことである。これは、銀行や保険会社では、業務の遂行上、取得が必須の資格があるためである[8]。また、どの波でも金融業界の取得率が高いのは、たとえば、保険業界では、一般課程試験の合格後に、専門課程試験、変額保険販売資格試験、外貨建保険販売資格試験と、さらなる試験に合格することで、販売できる保険の種類が増えていくため、継続して資格取得をしていると考えられる。

第三に、勤続年数が長くなると職場が提供する教育訓練の影響力が弱まり、自己啓発の影響力が強まることである。［W2_卒業後の課程外の資格③］では、教育訓練を受けなかった者に比べ、短期および中長期の教育訓練を受けた者は資格取得の確率が高かったが、［W3_卒業後の課程外の資格④］では、短期の教育訓練を受けた者と何も受けなかった者とでは統計的な有意差はなくなっている。さらに［W4_卒業後の課程外の資格⑤］では、短期も中長期も教育訓練の影響はなくなっている。調査の波を追うごとに、資格を取得するか否かは、職場で与えられる教育訓練よりも自発的な学習が左右するようになっている。

第四に、入学偏差値の影響である。［W2_資格課程の資格①］や［W2_在学中の課程外の資格②］の場合は入学偏差値は負の値で有意となり、［W2_卒業後の課程外の資格③］、［W3_卒業後の課程外の資格④］、［W4_卒業後の課程外の資格⑤］につい

---

8) たとえば、銀行や証券会社で金融商品を販売するには、金融証券取引法第64条1に基づき外務員の登録が必須であるが、登録には日本証券業協会が実施する外務員試験に合格しなければならない。保険会社も同様で、保険の募集をするには保険募集人の登録をしなければならず（保険業法第275条および第276条）、生命保険募集人の場合は、一般社団法人生命保険協会が実施する一般課程試験に合格しないと登録ができない。このように、外務員や保険募集人は、業務独占や必置の国家資格ではないものの、金融業界で就職する者にとっては必須の資格といえる。

ては入学偏差値は正の値を示す（ただし、正の値で有意なのは［W3_卒業後の課程外の資格④］のみである）。偏差値については一貫した傾向が読み取りづらいが、資格課程の資格（①）や、在学中の課程外の資格（②）の取得に関しては、偏差値が低い者ほど取得の確率が高く、卒業後の課程外の資格（③④⑤）の取得に関しては、偏差値が高いほうが取得の確率が高いといえる。つまり、在学中については、偏差値の低い大学の在学者が取得をし、卒業後は偏差値の高い大学の卒業者が資格を取得する傾向があるのである。卒業後、就職してからも資格を取得するのは学習への親和性の高いと推測される高偏差値大学の出身者なのである。

　第五に、在学中のキャリア教育の受講や自主的な学習時間が、どの波でも資格取得の確率を高めていないことである。卒業後はまだしも在学中の資格取得に効かない点は興味深い。学生はキャリア教育を受けたからといって資格の取得の確率が高まるわけではなく、自主的な学習時間が長いからといって取得の確率が高まるわけでもないのである。ただ、今回は取得済みの資格に焦点をあてているため、資格を取得したか否かを問わず資格試験の学習に取り組んだか否かを従属変数とした場合は、キャリア教育や自主的な学習時間の影響が出る可能性もある。

5　おわりに

　本章では職業資格の取得の規定要因を、取得時期を分けて検討した。その結果、専門分野、大学の成績（優の割合）は在学中の資格取得に影響を及ぼすものの、卒業後の資格取得には影響を及ぼさないことがわかった。また、就職先として金融業界への就職が、大学の資格課程以外の資格の取得を促すこと、大学卒業後の年数がたつにつれて、職場が提供する教育訓練機会よりも自己啓発が資格の取得を左右することも明らかになった。とくに注目した要因である、大学の入学偏差値に関しては、在学中は入学偏差値の低い大学の学生ほど資格取得をする確率が高いという結果となり、先行研究が提示した、偏差値の低い大学の学生ほど学歴とは異なるシグナルとして職業資格を必要とするという仮説を立証することになった。また、卒業後の資格取得と入学偏差値の関係は、統計的に有意な結果が出たのは一部の波のみであったが、入学偏差値が高いほど資格取得をする可能性が高かった。これは、社会人調査データを用いて同様の分析を行い、入学偏差値の低い大学の卒業生が資格取得を行なっていないことを指摘した河野（2018）と一致する。

　本章で用いたデータは、相対的に入学偏差値の高い大学の回答者が多かったため、

日本の大学の偏差値分布に即したデータを用いた場合は、同様の結果となるかについては検証の余地がある。今後の課題としたい。

【文　献】

阿形健司, 2000, 「資格社会の可能性──学歴主義は脱却できるか」近藤博之編『日本の階層システム 3──戦後日本の教育社会』東京大学出版会, pp. 127–148.

河野志穂, 2018, 「誰が資格を取得するのか──大学在学中と卒業後の資格取得の規定要因」本田由紀編『文系大学教育は仕事の役に立つのか──職業的レリバンスの検討』ナカニシヤ出版, pp. 61–87.

辻功, 1979, 「わが国における職業資格制度の発達（その 2）──第 2 次世界大戦終了から昭和 50 年まで」『筑波大学教育学系論集』3, 77–100.

辻功, 2000, 『日本の公的職業資格制度の研究──歴史・現状・未来』日本図書センター

内閣府, 2018, 「日本経済 2017–2018──成長力強化に向けた課題と展望」〈https://www5.cao.go.jp/keizai3/2017/0118nk/keizai2017-2018pdf.html（最終確認日：2024 年 2 月 13 日）〉

山田浩之, 2007, 「学生の変貌」山田浩之・葛城浩一編『現代大学生の学習行動』広島大学高等研究開発センター, pp. 1–10.

労働政策研究・研修機構, 2014, 『JILPT 調査シリーズ No.129 職業資格の取得とキャリア形成に関する調査（WEB 調査結果の概要)』

第10章 人文・社会系大学生の学習経験と進学行動

学部時代の経験に着目した大学院進学要因分析

久保 京子

1 問題設定

　近年、価値発見・価値創造的視座を提供する人文科学・社会科学分野に高い期待が寄せられており、人文科学・社会科学系の高度人材の育成が求められている。しかし、日本では、自然科学系に比べ人文科学・社会科学系の修士号・博士号取得者の数が少なく、人文科学・社会科学系の大学院生を増やすことは喫緊の課題となっている。中央教育審議会大学分科会大学院部会は「人文科学・社会科学系における大学院教育改革の方向性（中間とりまとめ）」のなかで、人文科学・社会科学系人材の量的規模（大学院進学・修了者数）が極度に小さい現状の課題として「社会的評価や認知の不足」「大学院そのものの課題」の二つを挙げている（中央教育審議会大学分科会大学院部会 2022）。しかし、人文科学・社会科学系の大学院進学は自然科学系に比べて、進学決定のタイミングが遅いことから、社会的要因や大学院そのものだけではなく、学部時代の学習経験もまた大学院進学行動に影響を与えていると考えられる。そこで本章では、「大学での学びと卒業後の仕事に関する調査」のデータを用いて、学部時代の経験や能力の獲得状況が、人文科学・社会科学系の大学院進学のプッシュ要因たりうるかを検討する。

　本章の構成について述べる。第 2 節では、大学院の進学行動についての先行研究を検討して、研究課題を提示する。第 3 節では、使用するデータと変数を提示し、分野別習得度、大学時代の学習への取組みや獲得状況が大学院進学行動に影響を与える要因をウェブ調査の二項ロジスティック分析から検証する。第 4 節では、ウェブ調査回答者のうち大学院修了者に対するインタビュー調査から、進学時期や進学理由について尋ねた結果を紹介する。第 5 節では第 3 節、第 4 節の結果をまとめ、

インプリケーションおよび今後の課題について述べる。

② 先行研究の検討と課題の設定

　先行研究として、大学院進学の規定要因研究、大学院進学の理由・時期に関する研究について検討する。

　これまで行われた大学院進学の要因についての研究は、大きく二つに分けられる。一つは学校基本調査等の政府統計を用いた大学院進学率を被説明変数とする時系列重回帰分析である。浦田（2004）は、1977 年から 1999 年を対象に修士課程進学率の重回帰分析を行い、家計所得、大卒無業者率（男女）、入学定員比率、博士卒無業者率（男子のみ）、修士卒無業者率（女子のみ）が影響を与えることを示した。藤村（2015）は博士課程進学率低下の原因を探索する目的で、1981 年から 2013 年のデータを対象に時系列回帰分析を行い、博士後期課程への進学に際して経済的支援が十分ではないことを示した。村澤（2020）は、1968 年から 2015 年を対象に分析を行い、大学院の構造的供給過剰を指摘した。もう一つは、SSM 調査等の個票データを基本とした大学院進学ダミーを被説明変数とする二項ロジスティック回帰分析である。村澤（2008）は、SSM2005 年調査データをもとに、個人の進学選択には、人口規模や、マクロレベルの制度的要因が作用することを明らかにしている。村澤（2020）は SSM2005 年調査と SSM2015 年調査を連結させたデータから、父親学歴、中 3 時成績が大学院の進学に正の影響を与えることを示している。これらの分析では、大学院進学要因として、マクロ要因とミクロ要因が想定されている。このように、大学院進学要因の研究は蓄積されてきている。しかし、大学院教育において、大学院進学率を上げるための政策提言に資する研究を行い、今後教育プログラムの改善を検討するのであれば、上記のマクロ要因やミクロ要因だけではなく、学部生の大学での経験についても、それが大学院進学要因になるかを検証する必要があるだろう。

　進学理由、進学決定時期に関する調査研究としては、全国大学生協連院生委員会（2023）と治部・星野（2021）がある。全国大学生協連院生委員会（2023）によると、文科系の修士課程への進学理由の 1 位、2 位はそれぞれ「興味を深める」「専門知識」であり、とくに「興味を深める」は理工系・医薬系に比べて際立って多く、文科系で「就職に有利」と回答した者が少ない。進学決定時期については、文科系は理工系と同様、学部 3 年と回答した者が最も多いが、学部最終年と回答する者が理工系に比べて多い。治部・星野（2021）によると、人文分野における修士課程への進学理

第10章　人文・社会系大学生の学習経験と進学行動　*173*

由としては、最も高かったのが「研究することに興味・関心があった」、次に高かったのが「研究したい課題や問題意識があった」であった。とくに「研究したい課題や問題意識があった」は、他分野と比較して、群を抜いて高い。また、社会分野における修士課程への進学理由として最も高かったのが「自分自身の能力や技能を高めることに関心があった」、次に高かったのが「研究することに興味・関心があった」であった。とくに「自分自身の能力や技能を高めることに関心があった」は、他分野のなかで最も高い。進学を決めた時期については、大学入学前に進学を決めていたと回答した者の割合が、理工系で高く、人文社会系で低い。逆に、大学4年が理工系で低く、人文社会系で高い。

　これらの先行研究から、大学院進学要因として、これまで検討されてきたマクロ要因（制度、景気など）やミクロ要因（出身階層、家庭の経済状況など）だけではなく、学部時代の経験——研究したい課題や問題意識を醸成する機会、能力・技能を高められる機会——が大学院進学に向かわせると考えられる。そこで本章では、①学部時代の学習への取組み・経験、②学部時代の能力の獲得状況、③分野別習得度に着目し、それぞれが、大学院進学要因になりうるかという仮説を立て、ウェブ調査結果について定量分析を行い（第3節）、ウェブ調査で尋ねられていない大学院進学理由や進学決定時期についてインタビューデータから確認する（第4節）。

3　学部時代の経験・獲得された能力が進学行動に与える影響

■ 3-1　使用するデータ

　本研究で使用するのは2019年度から2022年度に行われたパネル調査「大学での学びと卒業後の仕事に関する調査」（以下、本調査）のうち、2019年に行われた第1波調査と、2020年に行われた第1波追加調査の結果を統合したデータである。本調査は大学4年生を対象に10月あるいは11月から翌年1月にかけて行われたものである（第1波調査と第1波追加調査は、調査対象となる学部が異なる点に留意する必要がある（序章　表0-1参照））。大学院進学において、専攻分野は重要な要因であると考えられるため、分析対象は、専攻分野が明確な（質問「あなたが大学で学んだ専門分野は次のうちどれですか」において、言語・文学、哲学、歴史学、法学、政治学、経済学、経営学、社会学、社会福祉学、心理学のいずれかを選択した）2,119人とした。なお、そのうち大学院進学予定者は196人である[1]。

■ 3-2 使用する変数

使用する変数及び基礎統計量を表 10-1、10-2 に示した。ここでは、使用する変数のうち重要なものについて説明する。

従属変数は、（大学院）進学者ダミーである。卒業後の進路について、回答時点で国内、国外問わず大学院への進学を予定している場合を 1、それ以外を 0 とする。「それ以外」には就職だけではなく、「まだ決まっていない」「その他」が含まれている。

独立変数のうち、学部時代の学習への取組み・経験に関する変数は、学習への取組み（「授業内容の授業外や自己との関連」「授業内容の理解・興味」「成績優先」）、ゼミで受けた指導（「研究のテーマ設定についてのアドバイス」）、卒業論文・卒業研究への取組みである[2]。学習への取組みは、大学での学習の取組みに関する 13 項目（「興味がわかない授業でもまじめに受けていた」「なるべく良い成績をとるようにしていた」など）について、「ほとんどなかった」〜「よくあった」の 5 件法で尋ねたものを 1 〜 5 点に点数化し、因子分析（主因子法、プロマックス回転）し、因子負荷量が低いものを除去して再度因子分析を行い、三つの因子「授業内容の授業外や自己との関連」「授業内容の理解・興味」「成績優先」を抽出した。それぞれの因子について、因子負荷量が高い項目の得点の平均値をとり、その値をそれぞれの得点とした。Cronbach の α 係数はいずれも 0.6 以上 0.7 未満である。内部整合性は許容できる水準にあるとみなして（村瀬ほか 2007）、これらの得点を採用した[3]。

能力の獲得状況の変数は、専門的能力（「専門分野に関する知識・スキル」「専門分野を超えた、幅広い知識やものの見方」）、汎用的能力（「技術的能力」「コミュニケーション能力」「外国語能力」）、成績（最上位評価の割合）である。汎用的な能力は、回答時点で能力に関する項目（「コンピュータを使ってデータを作成・整理・分析する」「自分の言いたいことを口頭で伝える」など）について、「まったくうまくできない」〜「うまくできる」の 5 件法で尋ねたものを 1 〜 5 点に点数化し、因子

---

1) 大学院進学予定者 196 人のうち「就職活動をしていない」と回答した人は 162 人（82.7%）であったため、ほとんどの大学院進学者は、不本意ではなく、希望して大学院に進学したとみなした。また、分析対象者の専攻分野は言語・文学、設置主体は国立、性別は女性の割合が高いが、学校基本調査（令和元年度）によると、人文・社会系の学部卒業生の専攻分野は経済学、設置主体は私立、性別は男性の割合が高く、母集団と本調査分析対象者には「ずれ」があることに留意しなければならない。
2) 本調査では学習時間を含めた生活時間を尋ねている。しかし、尋ねられた生活時間が大学院進学決定時期より後である可能性があることを鑑みて、分析では採用しなかった。
3) 因子分析の結果は表 10-3 の通りである。

第10章　人文・社会系大学生の学習経験と進学行動　　*175*

表 10-1　使用する変数

	変数名	操作的定義
	進学者ダミー	卒業後の進路に関する設問に「国内の大学院に進学」あるいは「海外の大学院に進学」を選択した者＝1、それ以外（民間企業に正社員就職、公務員（正規職員）として就職、起業・自営業、まだ決まっていない、その他）＝0とした。
個人属性	中学3年生時成績	中学3年生時の成績を「下の方」～「上の方」の5段階で尋ねたものを、1～5点に点数化した。
	高校3年生時成績	高校3年生時の成績を「下の方」～「上の方」の5段階で尋ねたものを、1～5点に点数化した。
	両親学歴ダミー	両親のいずれか／どちらとも大学院卒＝1、両親どちらとも大学院卒ではない＝0とした。
	実家の本の数	「あなたのご実家には、本（マンガ・雑誌・学習参考書以外）はどれくらいありますか。あなたの家族の本も含みます。」という質問に「ほとんどない」「20冊くらい（本棚1段分くらい）」「50冊くらい（本棚半分くらい）」「100冊くらい（本棚1つ分くらい）」「200冊くらい（本棚2つ分くらい）」「300冊くらい（本棚3つ分くらい）」「400冊以上（本棚4つ以上）」の7段階で尋ねたものを1～7点に点数化した。
	実家の現在のくらしむき	実家の現在のくらしむき（経済的な豊かさ）について「ゆとりがない」～「ゆとりがある」の5段階に尋ねたものを1～5点に点数化した。
	男性ダミー	男性＝1、女性・それ以外＝0とした。
大学属性	国立大学ダミー	国立＝1、公立・私立＝0とした。
	出身大学偏差値	河合塾ウェブサイト等で調べた学部毎の偏差値を連続変数として採用した。
	専攻分野ダミー	言語・文学、哲学、歴史学、法学、政治学、経済学、経営学、社会学、社会福祉学、心理学それぞれのダミー変数を作成した。参照基準は、「言語・文学」である。
	分野別習得度	回答者の専門分野について身につけたこととして、どの程度あてはまるかについて「まったくあてはまらない」～「とてもあてはまる」の4段階で尋ねたものを1～4点に得点化し、各分野別に偏差値をとった。
	成　績	大学で履修した授業の成績のうち、最上位の評価は、およそ何割あったかという問い（選択肢は0割から10割の11段階）について、回答を連続変数（0～10）として採用した。
学習への取組・経験	学習の取組	大学での学習の取組に関する項目（「興味がわかない授業でもまじめに受けていた」「なるべく良い成績をとるようにしていた」など）について、「ほとんどなかった」～「よくあった」の5件法で尋ねたものを1～5点に点数化し、因子分析（主因子法、プロマックス回転）し、因子「授業内容の授業外や自己との関連」「授業内容の理解・興味」「成績優先」を抽出した。それぞれの因子について、因子負荷量の高い項目の得点の平均値をとった（ただし、「授業内容への興味と理解」は3変数「自分の学んでいる専門分野に興味がわからなかった」「内容が理解できない授業が多かった」「大学のカリキュラムが自由すぎて、学び方がわからなかった」を反転して平均値をとった）。
	ゼミで受けた指導	所属するゼミの指導教員がしてくれたことに関する項目「研究のテーマ設定についてのアドバイス」について、「全くない」～「よくある」を5件法で尋ねたものを1～5点に得点化した。なお、ゼミ経験がない場合は0点とした。
	卒業論文・卒業研究への取組	「卒業論文・卒業研究に真剣に取り組んでいる」について、「まったくあてはまらない」～「とてもあてはまる」の5件法で尋ねたものを1～5点に得点化した。卒業論文・卒業研究の経験がない場合は0点とした。
能力の獲得状況	専門的能力	専門能力に関する項目（「専門分野に関する知識・スキル」「専門分野を超えた、幅広い知識やものの見方」）について、「全く身についていない」～「とても身についている」の5件法で尋ねたものを1～5点に得点化した。
	汎用的能力	回答時点で身についている能力に関する項目（「コンピュータを使ってデータを作成・整理・分析する」「自分の言いたいことを口頭で伝える」など）について、「まったくうまくできない」～「うまくできる」の5件法で尋ねたものを1～5点に点数化して、因子分析を行なう（主因子法、プロマックス回転）、「技術的能力」「コミュニケーション能力」「外国語能力」の三つの因子を得た。それぞれの因子について、因子負荷量の高い項目の得点の平均値をとった。

表 10-2　基礎統計量

		平均値	標準偏差	最小値	最大値	度数
	進学者ダミー	0.092	0.290	0	1	2119
個人属性	中学3年生時成績	4.112	1.102	1	5	2119
	高校3年生時成績	3.712	1.218	1	5	2118
	両親学歴ダミー	0.076	0.266	0	1	2119
	実家の本の数	4.025	1.811	1	7	2119
	実家の現在のくらしむき	3.478	1.115	1	5	2119
	男性ダミー	0.380	0.485	0	1	2119
大学属性	国立大学ダミー	0.536	0.499	0	1	2119
	出身大学偏差値	56.277	7.920	35.0	70.0	2081
	(専攻分野ダミー) 言語・文学	0.282	0.450	0	1	2119
	(専攻分野ダミー) 哲学	0.032	0.175	0	1	2119
	(専攻分野ダミー) 歴史学	0.091	0.287	0	1	2119
	(専攻分野ダミー) 法学	0.113	0.317	0	1	2119
	(専攻分野ダミー) 政治学	0.042	0.201	0	1	2119
	(専攻分野ダミー) 経済学	0.109	0.311	0	1	2119
	(専攻分野ダミー) 経営学	0.085	0.280	0	1	2119
	(専攻分野ダミー) 社会学	0.127	0.334	0	1	2119
	(専攻分野ダミー) 社会福祉学	0.033	0.179	0	1	2119
	(専攻分野ダミー) 心理学	0.086	0.280	0	1	2119
	分野別習得度	50.000	9.979	9.000	76.258	2119
	成績	3.789	2.370	0	10	2119
学習への取組・経験	(学習の取組) 授業内容の授業外や自己との関連	3.384	0.793	1	5	2119
	(学習の取組) 授業内容の理解・興味	3.311	0.748	1	5	2119
	(学習の取組) 成績優先	3.776	0.948	1	5	2119
	研究のテーマ設定についてのアドバイス	3.917	1.515	0	5	2119
	卒業論文・卒業研究への取組	3.480	1.797	0	5	2119
習得能力	(専門的能力) 専門分野に関する知識・スキル	3.496	0.920	1	5	2119
	(専門的能力) 専門分野を超えた幅広い知識	3.406	0.956	1	5	2119
	(汎用的能力) 技術的能力	3.224	0.704	1	5	2119
	(汎用的能力) コミュニケーション能力	3.714	0.743	1	5	2119
	(汎用的能力) 外国語能力	2.537	1.231	1	5	2119

分析（主因子法、プロマックス回転）を行い、「技術的能力」「コミュニケーション能力」「外国語能力」の三つの因子を抽出した。それぞれの因子について、因子負荷量が高い項目の得点の平均値をとり、それぞれの項目の得点とした。Cronbach の

第10章　人文・社会系大学生の学習経験と進学行動　*177*

表 10-3　学習への取組の因子分析

	授業内容の外部・自己との関連 α=0.676	授業内容の理解・興味 α=0.642	成績優先 α=0.664
	因子負荷量	因子負荷量	因子負荷量
授業で学んだことを授業外で活かした	0.761	-0.022	-0.091
授業外で学んだことを授業で活かした（※1）	0.615	0.195	-0.018
複数の授業で学んだことを関連づけて理解していた	0.510	-0.116	0.022
授業に関して自分で調べてみた（※2）	0.457	-0.086	0.183
内容が理解できない授業が多かった	0.033	0.670	-0.003
自分の学んでいる専門分野に興味がわからなかった	-0.034	0.660	0.025
なにをどう学べばよいかわからなかった（※3）	0.078	0.519	0.009
興味がわかない授業でもまじめに受けていた	-0.043	0.070	0.770
なるべく良い成績をとるようにしていた	0.032	-0.056	0.653
因子相関行列			
授業内容の外部・自己との関連	1.000	-0.447	0.369
授業内容の理解・興味		1.000	-0.318
成績優先			1.000

N=2080、主因子法、プロマックス法。※1「授業外（アルバイト、サークル、インターンシップなど）で学んだことを授業で活かした」、※2「授業に関連して、わからないことや関心のあることが出てきたら自分で調べてみた」、※3「大学のカリキュラムが自由すぎて、なにをどう学べばよいかわからなかった」

表 10-4　汎用的能力の因子分析

	コミュニケーション能力 α=0.778	技術的な能力 α=0.803	外国語能力 α=0.856
	因子負荷量	因子負荷量	因子負荷量
異なる意見や立場をふまえて、考えをまとめる	0.863	-0.108	-0.024
自分の言いたいことを口頭で伝える	0.671	-0.072	0.088
多様な人々と協力しながら物事を進める	0.656	-0.154	0.009
問題をみつけ、解決方法を考える	0.654	0.152	0.002
自分の知識や考えを文章で論理的に書く	0.437	0.326	-0.001
コンピュータを使ってデータを作成・整理・分析する	-0.197	0.833	-0.023
自分の知識や考えを図や数字を用いて表現する	0.046	0.634	0.024
必要な情報（文献・資料・データ）を収集する	0.173	0.580	-0.041
コンピュータを使って文書・発表資料を作成する	0.152	0.538	-0.008
簡単なコンピュータプログラムが書ける	-0.253	0.517	0.125
必要な情報が正しいかどうかを確かめる（※）	0.231	0.512	-0.039
外国語で会話する	0.065	-0.048	0.894
外国語の論文や本を読む	-0.010	0.102	0.807
因子相関行列			
コミュニケーション能力	1.000	0.599	0.318
技術的な能力		1.000	0.239
外国語能力			1.000

N=2080、主因子法、プロマックス法。※「必要な情報（文献・資料・データ）が正しいかどうかを確かめる」

　α係数はいずれも 0.7 以上であり、内部整合性は十分あるとみなして、これらの得点を採用した[4]。

　個人属性・大学属性に関する変数は、性別（男性ダミー）、両親学歴ダミー、中学3年生時成績、高校3年生時成績、大学の設置主体（国立大学ダミー）、出身大学偏

4）因子分析の結果は表 10-4 の通りである。

差値を採用した。両親学歴ダミーは、両親のどちらか／いずれも大学院卒＝1、両親のいずれも非大学院卒＝0とした。大学の設置主体に関するダミー変数を国立大学ダミーのみとしたのは、本調査において、大学院進学者の半数以上が国立大学出身であること、公立の人数が非常に少ないことによる。

■ 3-3　分　析

　学部時代の学習への取組み・経験、学部時代の能力の獲得状況が進学行動に与える影響を検討するために、二項ロジスティック分析を行なった（表10-5）。

　投入した変数は以下の通りである：モデル1；個人属性、大学属性、モデル2；モデル1＋分野別習得度、モデル3；モデル2＋学習経験＋能力＋成績。

　モデル1をみると[5]、進学の規定要因について、これまでの研究で指摘されていた、親の学歴（《両親学歴ダミー》）や性別（《男性ダミー》）といった個人属性変数のほか、大学属性変数である《出身大学偏差値》が正の影響を与える。また、文化資本の代替指標である《実家の本の数》も正の影響を与える。個人属性＋大学属性に分野別習得度の偏差値を投入したモデル2では、《分野別習得度》が大学院進学行動に正の影響を与えている。しかし、学習経験＋能力＋成績を投入したモデル3では、《分野別習得度》の影響はなくなり、成績、学習への取組み・経験、習得能力が有意になる。《成績》は有意に大学院進学確率を高める。学習への取組みについては、《授業内容の授業外や自己との関連》および、《授業内容の理解・興味》が、大学院進学確率を高め、《成績優先》が大学院進学確率を低くする。《研究テーマについてのアドバイス》は大学院進学の確率を低くする。これは、テーマについてのアドバイスを受けるほど大学院に進学しなくなる、というわけではなく、教員からテーマについてアドバイスを受けず主体的に設定する学生ほど進学しやすいと考えられる。習得能力については、《専門分野に関する知識・スキル》《外国語能力》が、進学行動に正の影響を与える。《コミュニケーション能力》は負の影響がみられた。《コミュニケーション能力》については、主観的な指標であるため、その解釈には注意が必要である。ここでは①実際には「コミュニケーション能力」があるが、自己評価が低い、②実際に「コミュニケーション能力」がない、の二通りの解釈が考えられる。分析によって、進学行動に対する分野別習得度の達成状況の効果がみられたが、それは、学部における学習経験や達成度によって媒介されていると考えられる[6]。

---

5) 以下、変数を《　》で表す。

表10-5　大学院進学行動の規定要因（10分野）

		モデル1 B	モデル1 S.E.	モデル2 B	モデル2 S.E.	モデル3 B	モデル3 S.E.
個人属性	中学3年時成績	-0.003	0.076	-0.008	0.076	0.004	0.079
	高校3年時成績	0.055	0.071	0.051	0.071	0.029	0.074
	両親進学歴ダミー（※）	0.908 ***	0.222	0.889 ***	0.223	0.826 ***	0.234
	実家の本の数	0.112 *	0.046	0.096 *	0.047	0.071	0.049
	実家の現在のくらしむき	-0.112	0.072	-0.111	0.072	-0.091	0.075
	男性ダミー	0.334 *	0.168	0.329 +	0.168	0.417 *	0.176
大学属性	国立大学ダミー (ref. 公立・私立)	-0.091	0.173	-0.059	0.174	-0.016	0.183
	出身大学偏差値	0.051 ***	0.013	0.049 ***	0.013	0.049 ***	0.013
専攻分野ダミー (ref. 言語・文学)	哲学	0.913 **	0.342	0.937 **	0.343	1.232 ***	0.366
	歴史学	0.641 *	0.254	0.650 *	0.255	0.889 **	0.275
	法学	-0.001	0.264	0.014	0.265	0.645 +	0.347
	政治学	-0.761	0.468	-0.745	0.469	-0.425	0.492
	経済学	-1.164 **	0.449	-1.188 **	0.450	-0.644	0.472
	経営学	-0.792 +	0.450	-0.784 +	0.451	-0.408	0.472
	社会学	-0.294	0.286	-0.288	0.286	0.044	0.307
	社会福祉学	-0.485	0.746	-0.487	0.748	-0.464	0.760
	心理学	1.016 ***	0.253	1.014 ***	0.254	1.328 ***	0.280
	分野別履修程度			0.021 *	0.008	-0.001	0.011
	成績					0.152 ***	0.037

180

表 10-5 大学院進学行動の規定要因（10分野）（続き）

		モデル1		モデル2		モデル3	
		B	S.E.	B	S.E.	B	S.E.
学習への取組・経験	（学習の取組）授業内容の授業外や自己との関連					0.462 ***	0.137
	（学習の取組）授業内容の理解・興味					0.559 ***	0.132
	（学習の取組）成績優先					-0.181 +	0.101
	研究のテーマ設定についてのアドバイス					-0.121 *	0.053
	卒業論文・卒業研究への取組					0.056	0.066
習得能力	（専門的能力）専門分野に関する知識・スキル					0.284 *	0.117
	（専門的能力）専門分野を超えた幅広い知識					-0.067	0.106
	（汎用的能力）技術的能力					-0.033	0.145
	（汎用的能力）コミュニケーション能力					-0.558 ***	0.145
	（汎用的能力）外国語能力					0.155 *	0.078
	定数	-5.711 ***	0.753	-6.603 ***	0.837	-7.978 ***	1.019
	カイ2乗	128.134 ***		134.813 ***		224.040 ***	
	-2 対数尤度	1166.163		1159.484		1070.258	
	Nagelkerke R2 乗	0.129		0.135		0.220	

N = 2080. ***：p < 0.001, **：p < 0.01, *：p < 0.05, +：p < 0.1. ※両親ともにいずれかが大学院卒＝1、両親ともに非大学院卒＝0

第10章　人文・社会系大学生の学習経験と進学行動　*181*

表 10-6　大学進学行動の規定要因（歴史学）

		B		S.E.
個人属性	中学 3 年生時成績	0.106		0.228
	高校 3 年生時成績	-0.081		0.201
	両親学歴ダミー（※）	0.913		0.680
	実家の本の数	-0.061		0.137
	実家の現在のくらしむき	-0.124		0.211
	男性ダミー	0.231		0.468
大学属性	国立大学ダミー（ref. 公立・私立）	-0.164		0.502
	出身大学偏差値	0.055		0.035
分野別習得度	他者の歴史観を尊重する姿勢が身についている	-1.218	**	0.408
	資料の発掘・踏査の方法や現場での記録法が身についている	-0.038		0.264
	生涯にわたって歴史を学び続ける姿勢が身についている	0.861	*	0.391
	様々な形の史資料を客観的に選別することができる	-0.564		0.400
	成績	0.152		0.103
学習への取組・経験	（学習の取組）授業内容の授業外や自己との関連	0.680	+	0.382
	（学習の取組）授業内容の理解・興味	0.585	+	0.349
	研究のテーマ設定についてのアドバイス	-0.292	*	0.148
習得能力	（専門的能力）専門分野に関する知識・スキル	0.369		0.308
	（汎用的能力）コミュニケーション能力	-0.151		0.364
	（汎用的能力）外国語能力	-0.070		0.224
	定数	-6.032	*	2.620
	カイ 2 乗	31.233	*	
	-2 対数尤度	138.173		
	Nagelkerke R2 乗	0.257		

$N = 191$、*** : $p < 0.001$、** : $p < 0.01$、* : $p < 0.05$、+ : $p < 0.1$、※両親ともに／いずれかが大学院卒＝ 1、両親ともに非大学院卒＝ 0

4　人文社会系学生の進学決定時期と進学理由

■ 4-1　使用するデータ

　第 4 波調査（対象は 2019 年に第 1 波調査に参加した者。修士課程を 2 年で修了し、新卒就職した者であれば、仕事に就いた最初の年の調査）において、ウェブ調

6）ケース数および大学院進学者数が分析に十分である 4 分野（言語・文学、歴史学、社会学、心理学）について、表 10-5 の変数に加えて、分野別習得度を投入して、二項ロジスティック分析を行なった。表 10-6 に分野別習得度で有意な影響がみられた歴史学の結果を示す。

182

査経由でインタビュー調査への協力を依頼し、協力を表明していただいた方に対して、2022年の夏から秋にかけてインタビュー調査を行なった。本章では、インタビュー対象者のうち、①大学院に進学した者、②大学院進学時期あるいは大学院進学理由が明確な者の計15名を分析対象とする。表10-7にインタビュー対象者の情報を示す。表には、出身大学及び大学院の豊永（2018, 2022）の分類を載せた[7]。ほとんどの対象者は国公立大学A群の出身者であり、進学による高等教育機関の移動をしていない。高等教育機関を進学で移動した者は15名中5名である（D, F, H, L, O）。

■ 4-2　インタビュー結果

1）大学院進学を決めた時期

　進学決定時期は大学入学前から学部3年まで幅がある。しかし、インタビューから、ある時点で進学を決意するというよりは、意識と行動にグラデーションがみられることが明らかになった。たとえば、Aは学部2年後半に大学院に行きたいという意識はあったが、大学院卒は就職に不利であるという噂を聞いて悩み、最終的に大学院に進学している。Hは大学院を考えながらも就職活動をして、内定を得たが、大学院に進学した[8]。

> A：進学選択の時点〔学部2年後半〕で大学院まで行きたいなっていう思いはあったんですけれども、かなり就職とかを考えると、大学院行っちゃうとやっぱり不利になるということをよく聞いていたので、悩み続けはしたんですけど、4年生になったあたりで「あれ、インターンとかも行かなかったし、これはやばいんじゃないか」と思ったんですけども、やっぱり大学院に行かないと興味がある、興味があって入ったところなので、やっぱ大学院に行かないとまともに研究っぽいことすらもせずに卒業してしまうのはやっぱりおかしいなと思いまして。取りあえずそっちは

7）豊永（2022）による大学分類を概説する。国公立大学A群は基幹・研究・重点大学、旧官立大学、既存研究で有名大学とされてきた国公立大学から構成される。国公立大学B群はA以外のすべての国公立大学を指す。私立大学A群は、中核私立大学、旧設八医科大学、第1世代の医療系大学、既存研究で有名大学とされてきた私立大学から構成される。私立大学B群は、A群以外の1960年以前に設置された第1世代の私立大学に該当する。

8）インタビューデータの引用は、内容に変更がない程度の修正をしている。インタビュアーの発言は＊、内容の補足は〔　〕、中略は［…］で示した。

第10章　人文・社会系大学生の学習経験と進学行動　*183*

表10-7　インタビュー対象者の概要

ID	専門分野	性別	出身大学	出身大学院	勤務先	進学決定時期	進学きっかけ・理由
A	言語・文学	男	国公立A	国公立A	博士課程後期在学中	学部3年	研究をもっとしたい
B	言語・文学	女	国公立A	国公立A	広告	大学入学前	学部のカリキュラム上、興味のある分野を学ぶ時間が少ないが、学ぶならしっかり学びたかったため
C	言語・文学	女	国公立A	国公立A	IT	学部3年	1) 職業上、有利である 2) 日本語学への興味 3) 学問そのものへの楽しみ
D	心理学	女	私立B	国公立B	市役所（会計年度職員）	学部3年	資格（臨床心理士、公認心理士）をとるため
E	心理学	男	国公立A	国公立A	電気・ガス・水道	—	1) 母校をフィールドに研究したい 2) 母校で働くには大学院卒が有利
F	心理学	女	国公立A	国公立A※	博士課程後期在学中	学部2年	1) 研究者志望 2) 資格（臨床心理士）をとるため
G	哲学	女	国公立A	国公立A	コンサルティング業	学部3年	研究者を目指していた
H	哲学	男	国公立A	国公立A※	建設業	学部3年	もっと勉強がしたい、哲学が面白いからもっと続けたい
I	法学	男	国公立B	国公立A※※	司法修習生	—	興味のある分野へのアプローチの一つとして
J	法学	男	国公立B	国公立B	福祉施設職員	大学4年	せっかく勉強を続けているのだから最後までがんばりたい
K	歴史学	男	国公立A	国公立A	IT＋博士後期課程	学部3年	研究はやればやるだけやる成果・発見があって楽しい
L	歴史学	女	私立A	私立B	就職活動中	学部2年	専門職（学芸員）を目指すにあたり、修士号があった方が有利
M	歴史学	女	国公立A	国公立A	大学事務（有期雇用職員）	学部4年	大学院に進学した方が学びにゆとりがある
N	歴史学	女	国公立A	国公立A	国家公務員	学部3年	もう少し勉強してから社会に出たい
O	その他	男	私立A	国公立A	博士課程後期在学中	大学入学前	やりたいことを本気で勉強したい、親が修士卒だから、修士までそれをやってもいいだろう

注：「—」は不明。○は自由記述で専攻を「文化(社会学)」と回答。※学部時代に所属していた大学とは異なる大学を名乗る大学院。※※学部大学院は同大学の独立研究科。分類は豊永（2022）による

行きたいなと思って、入試を受けまして、似たような経緯で博士も入っちゃいました。就職に出遅れ、勉強したいなという思いもあって。

＊：いつ頃から大学院を意識しましたか？
H：多分3年生の最初の4月ぐらいから。大学院に行くっていう選択肢もあるのかなっていうのはあり。まあ、全然大学院がどんな生活がイメージできなかったんでわかんないけど、であり、就職かなっていうのもあり。［…］就活を始めたのが、大学3年生が終わる11月から12月ごろなんですけど。で3年生の12月に就活でちょっと面接なんだっけな？　面接集団討論みたいなのがあるやつにして。それはわかってやったって思ったけど、なぜかその後すぐに3年生の12月一個受かってよかったと思ったあと、もう就活をやめて大学院に行こうって決めたんですけど。

　大学入学前に進学を決めていた者（B, O）については高校の進路選択の段階で、徹底的に学びたいという意識が芽生えている。たとえばBは、もともと「学ぶならしっかり学びきりたい」と考えていた。大学のカリキュラムを調べ、興味のある分野を研究する時間が学部では得られないことを知り、大学院進学を決めている。

B：大学院に行こうと思ったのが、もう高校の時で、学ぶならしっかり学びきりたいなっていうふうに思ったのと、どうしても大学の学部のカリキュラムをみた時に、1年次は全員同じような専門性とか関係ない教養があって、2年から徐々に入ってくるものもあったんですけど、あまり自分の研究っていうか、興味のあることへの時間っていうのはやっぱり必須の単位とかであったりとかで取れないなっていうふうに思っていたので、やるのであれば最後までやりたいと思って、進学を決めました。

2) 大学院進学理由
　大学院進学理由は、(1) 学問を深めたいから（「学部の教育では物足りない」を含む）、(2) キャリア上に有利になるから、(3) 資格取得に修士号が必要だから、の三つに分かれる。なお、一人が複数の理由を持つこともある（C, E, F）。

(1) 学問を深めたいから
　前述のBのように、大学入学前から、徹底的に学びたいという考えもあるが、ゼ

ミでの学習がとてもおもしろかったからもっと学びたいという回答もみられた。K
は3年から始まるゼミにおいて未開拓の研究テーマを設定して、その研究に楽しみ
を覚えて大学院進学を考えるようになった。Eは、教育実習の段階で、大学院に進
んで、フィールドで研究を行うという方針を立てている。

> K：ちょうど学部3年の頃からゼミのほうがスタートをするんですが、そのゼミをや
> るなかで、とくに僕自身が研究テーマとして○○の歴史学的な研究をやってるん
> ですけれども、ほとんどやっている方がいないというところで、やればやるだけ成
> 果になるといいますか、いろいろと発見もあっておもしろいなというふうに次第
> に思うようになりまして。それで大学院進学っていうのをまず考え始めたという
> のが最初のきっかけで。

> E：もう学部時代は、就職活動はまったくしていなくて、もう教員になるつもりだった
> ので、教育実習で、もうその時には院に進むつもりだったんです。[…] 実際に学
> 部時代は教員免許持ってないので、何かそういった教育現場のフィールドで何か
> 研究できることがないんで、実際に教員免許を持って、そういうフィールドで何か
> 研究したいなっていう［…］

(2) キャリア上有利になるから

　修士号は必須ではないが、取っておいた方がキャリア形成において有利と認識し
ているケースが、専門職（学芸員、教職など）を目指す学生においてみられた。L
は、もともと歴史や博物館に興味があり、学芸員を取ることを目指していた。学部
2年で、仕事において修士号が有利であるという情報を得て、修士課程に進学する
ことを考えるようになった。Cは日本語教師という職業に興味があり、大学で教え
ることを考えた。また、日本語学や言語学への興味や、留学で学ぶことが楽しいと
思うようになり進学した。一方で、企業に就職することを見据えて「キャリア上有
利になるから」大学院に進学する者はみられなかった。

> ＊：大学院に進学した動機を教えてもらえますか。
> L：動機自体はそんなたいしたものはなくって、専門職というか学芸員とかにつきた
> いなと思っていたので、そうなったら修士を持っていたほうが有利っていうので、
> 修士号が欲しくて進学しました。

＊：結構早くから大学院に行くことは意識されていたんですか。

L：そうですね。もう2回生のころには確実に思っていました。

＊：その大学院に行ったほうが学芸員として働くには有利だよ、みたいな情報っていうのはどこから得たりしたんですかね？

L：どこだろう？　何か耳に入ってくるっていう感じですかね。ていうのと、大学院へ行っている人はそういうものを目指している人が多いとか。あと、募集も修士以上の時もたまにある、みたいな話を先生がしてたりとかしていたので、多分その辺からかなというふうには思います。

＊：2回生のころにはもうそういう情報が入って、もう自分は大学院に行くんだっていう心積もりですか。

L：はい。

C：当時、学部3年生の秋、3年生ぐらいから、もともと、ちょっと日本語教師という仕事に興味はあったんですけど、仮に、たとえば日本語教師っていう職場自体が、大きく分けると、民間の日本語学校か、国内外の大学とか、そういった高等教育機関の講師みたいな感じで分かれるんですけど。こちらの大学とかの講師になる場合は、当然、日本語教育とか、言語学とか、そういった分野の、関連する分野で修士号を取ってないと、駄目という場合が、ほとんどなんです。そういった意味では、そういう幅を広げるために、興味が、一応、その日本語教育とか、日本語学っていう学問自体にも興味があったので、興味があるうちに行っておこうって思ったのが、一つです。二つ目は、海外留学をしていた時に関してなんですけど、「たくさん勉強させられた」みたいなことを、先ほど、ちょっと申し上げたと思うんですけど、それによって、それを通じて、結構、勉強すること、学問を深めることが楽しいって、純粋に考えるようになって。

(3) 資格取得に修士号が必要だから

　臨床心理士を目指して修士課程に進学した者はインタビュイーのなかで2名いる（D, F）。ただ、資格が欲しいというだけではなく、これまでの自分の経験や興味と照らし合わせて進路を選択している。たとえば、Dは、幼い頃の興味から心理学、臨床心理士に行きついている。

D：小学生とかのぐらいに、インターネットを調べてたら心理学者っていうのを見て、

何かいいなって思ったんですけど。ただ、研究者になるのはすごい難しいって書いてて、いったんちょっと諦めるかみたいな感じだったんですけど。結局、やっぱり大学に入って臨床心理学を学ぶなかで、そこまで、その研究者って絶対なれないわけではないかもしれないというか。自分の適性とかいろいろ考えたら、やっぱり研究っていう分野に進みたいなというのがあったのと。臨床心理学は、大学院進学したら臨床心理士とか公認心理師が取れるので、その点、もし研究者になれなくても、食いっぱぐれることはないというか手に職はつけられるかなというのはありましたね。

5 まとめ

　先行研究の検討から、マクロ／ミクロレベルでの大学院進学要因については、これまで明らかにされていたが、大学における学生の経験や獲得能力が大学院進学に与える影響については十分に検証されていないこと、自然科学系に比べて、人文社会系分野において大学院進学を決定する時期が遅いこと、進学理由の特徴として、人文系では「研究したい課題や問題意識があった」が、社会系では「自分自身の能力や技能を高めることに関心があった」が他分野に比べて特徴的に高いことを指摘した。そこで、本研究では、学部時代の学習経験や能力の獲得状況が人文社会系の大学院進学行動に影響を及ぼすという仮説を立て、検証を行なった。

　計量的な分析（第3節）では、分野別習得度が進学行動確率を高めるが、他の変数（学習経験・習得状況）を投入することによって、その影響が消失することが確認された。一見すると、各分野において、参照基準に基づく科目を習得することが大学院進学に影響を高めるようであるが、その背景には、外部との接続を意識した学びの経験、成績（最上位評価の割合）、専門知識やスキルが身についているという実感があることが明らかになった。これらの結果から、学部時代の学びが大学院進学のプッシュ要因になりうることを示した。

　インタビュー調査（第4節）からは、決定時期と進学理由について以下のことが示唆された。①進学決定時期は、高校時代から学部3年まで幅がある。ただし、進学のモチベーションは、大学院の存在を知っているという段階から、実際に進学を決意する段階までグラデーションがある。一部の学生は高校時代から進学を考えており、彼／彼女らは「学ぶ」ことを念頭に置いて進学を決めている。②進学理由は、(1) 学問を深めたい、(2) キャリア上有利になる、(3) 資格取得に修士号が必要に

分けられる。「学問を深めたい」は、前述の高校時代からその意識を持つ者もいれば、学部2、3年から学問のおもしろさにめざめる者もいる。「キャリア上有利になる」「資格取得に修士号が必要」という理由も学歴だけがあればいいというよりは、学問的な興味関心が前提にあり、進路選択、進学行動に結びついていた。

　本研究から得られるインプリケーションを2点挙げる。一つ目は、人文社会系の大学院進学者を増やす施策を検討する際、学部後半から大学院への接続だけではなく、高校から大学への接続も同様に重要ということである。人文社会系の大学院進学の決定そのものは遅いが、そのきっかけとなる学問的な興味関心や、キャリアの目標という学びの原点は早い段階から存在しているケースも多い。高校時点では漠然としている興味関心やキャリア目標をすくいあげるにあたり、学ぶことに意欲的であるが情報にとぼしい生徒や、進路の決め方がわからない生徒に対して、大学院に関する情報の提供や丁寧な進路指導を行うことが、大学院進学者を増やすことに重要な意味を持ってくると考えられる。二つ目は、同じく人文社会系の大学院進学者を増やす施策を検討する際、大学院のカリキュラムだけではなく、学部における授業も重要ということである。これは、単によい成績を取ることを促せばよいというわけではない。なぜならば、成績の高さが大学院進学確率を高めると同時に、成績重視の態度が大学院進学確率を低めるからである。他方、授業内容については、外部・自己との関連が大学院進学の確率を高めることが明らかにされた。ゆえに、学部教育において、授業内容の授業外や自己との関連・接続を意識し、興味・関心にあった科目を自由に選択できること、そのうえで、成績として評価されることが大学院進学行動に重要であると考えられる。

　最後に、本研究の課題を3点あげる。一つ目は、「コミュニケーション能力」の扱いである。計量的分析（第3節）では、コミュニケーション能力（「異なる意見や立場をふまえて、考えをまとめる」「自分の言いたいことを口頭で伝える」「多様な人々と協力しながら物事を進める」「問題をみつけ、解決方法を考える」「自分の知識や考えを文章で論理的に書く」の得点の平均値）が高いほど大学院に進学していないという結果が出た。詳細は割愛するが、インタビュー調査では、ゼミのディスカッションで議論のなかでの立ち回り方や自分の意見の述べ方などのコミュニケーション能力を獲得しているという意見があり、ウェブ調査とは相反する結果となっている。今回の結果になった理由として、以下の3点が考えられる。①汎用的能力が主観的指標であるため、大学院に進学する者はコミュニケーション能力を持っているが、自らに期待する水準に達していないために低く回答してしまう可能性、②

大学院に進学する者はコミュニケーション能力を持っているが、それ以上に就職活動を経験して民間企業に内定した学生が、自分はコミュニケーション能力があると考え、そのように回答したため、調査結果では相対的に前者のコミュニケーション能力が低くなる可能性、③実際にコミュニケーション能力が高いほど大学院に進学せず、例外的にコミュニケーション能力が高い者が、インタビュー協力者として名乗りを上げた可能性。学部までに培われたコミュニケーション能力と、大学院進学行動、大学院でのコミュニケーション能力獲得の関連を明らかにするためには、ウェブ調査における質問項目の工夫やさらなるインタビュー調査による解明が必要とされるだろう。

　二つ目は、本調査が大学院進学者の分析を意図して設計されていないため、十分なデータが得られなかったという点である。たとえば、本調査では、大学院進学理由や大学院進学決定時期は尋ねられていない。そして、本研究では触れなかったが、学部時代の学習時間も大学院進学へ影響を及ぼす要素になりうると考えられる[9]。一方で、今回の分析から、大学院進学において、高校生やそれ以前の興味関心や進路指導、授業での経験が重要であることが明らかにされた。そのため、今後、大学院進学に焦点を当てた調査を設計するのであれば、個人属性や大学属性だけではなく、授業や学習時間を含めた高校や大学での経験を視野に入れることが望まれる。

　三つ目は分野別習得度の影響を確認できなかった点である。本章の分析は、大学院進学における分野別習得度の影響が大学時代の経験や獲得能力に媒介されていたことを示した。しかし、分野別でそれぞれの項目変数を投入した分析では、一貫した解釈は得られなかった[10]。分野別習得度と進学行動の関連を明らかにすることにより、「人文・社会系」だけではなく、その下位分野に特有の大学院進学者数減少の問題の要因を明らかにし、大学院進学者を増やす施策の助けになると考えられる。

---

9) 表10-5のモデル3に生活時間を投入した分析では、生活時間のうち「授業の予復習や課題（卒論を含む）」「大学や内定先からの指示以外の自主的な勉強」「友だちづきあい」が進学行動に影響を与えた（友だちづきあいは負、それ以外は正の影響、図表は省略）。注2で言及したように、学習時間は分析に採用しなかったが、学習時間の大学院進学要因としての可能性は残されている。大学院進学要因に関する調査を行うのであれば、学部前期の学習時間を尋ねることも検討されるべきであろう。

10) 注6参照。

【文 献】

浦田広朗, 2004,「拡大する大学院」江原武一・馬越徹編著『大学院の改革』東信堂, pp. 31-50.

治部眞里・星野利彦, 2021,「修士課程（6年制学科を含む）在籍者を起点とした追跡調査（2020年度修了（卒業）者及び修了（卒業）予定者に関する報告）」文部科学省　科学技術・学術政策研究所

全国大学生協連院生委員会, 2023,「第12回全国院生生活実態調査　概要報告」〈https://www.univcoop.or.jp/press/life/report_m12.html（最終確認日：2024年10月8日）〉

中央教育審議会大学分科会大学院部会, 2022,「人文科学・社会科学系における大学院教育改革の方向性　中間とりまとめ――自主的な「問い」の尊重と教育課程として果たすべき責任の両立に向けて」〈https://www8.cao.go.jp/cstp/gaiyo/yusikisha/20220804/sanko1.pdf（最終確認日：2024年10月8日）〉

豊永耕平, 2018,「出身大学の学校歴と専攻分野が初職に与える影響の男女比較分析――学校歴効果の限定性と専攻間トラッキング」『社会学評論』69(2), 162-178.

豊永耕平, 2022,「社会階層と社会移動全国調査（SSM調査）における学校名コードの加工」『応用社会学研究』64, 67-82.

藤村正司, 2015,「大学院拡充政策のゆくえ――今どこに立ち, 次にどこに向かうのか？」『大学論集』47, 57-72.

村澤昌崇, 2008,「大学院の分析――大学院進学の規定要因と地位達成における大学院の効果」中村高康編『2005年SSM調査シリーズ6 階層社会の中の教育現象』2005年SSM調査研究会, pp. 87-108.

村澤昌崇, 2020,「大学院の需要・供給の現況――マイクロ・マクロデータを用いた進学・就職・収入に与える影響要因の分析」

吉田文編著『文系大学院をめぐるトリレンマ――大学院・修了者・労働市場をめぐる国際比較』玉川大学出版部, pp. 26-45.

村瀬洋一・高田洋・廣瀬毅士共編, 2007,『SPSSによる多変量解析』オーム社

第11章 大学教育の質の把握に
関する理論的検討

学生の習得度から何が見えるか

松下 佳代

1 本章の問題と目的

1-1 大学教育の質とは何か

　大学教育の質とはなんだろうか。大学改革支援・学位授与機構は、「学生の学習成果の獲得のための活動を管理するために行う評価の対象となる属性・性質を指す包括的な用語」（大学改革支援・学位授与機構 2021：24）と定義している。この定義は抽象度が高いため、具体的な意味を把握しにくいが、少なくとも二つのことが含まれていることがわかる。一つは、学生の学習成果の獲得のための活動の管理が質の評価の目的とされていること、もう一つは、その評価の対象となるなんらかの属性・性質が質とみなされていること、である。

　一方、オランダの大学評価専門家フローインスティン（Vroeijenstijn, A. I.）は、「質は、質を求めるすべての関係者の間での交渉の産物」であり、高等教育機関はそうした要求を目的・目標に反映させるべきだとしたうえで、「目的・目標の達成」を質とみなしている（フローインスティン 2002：30-35）。さらにフローインスティンは、「質（quality）」の性格を、「卓越性（excellence）」との対比によって示している。両者の違いについてフローインスティンは、ファーストフードと星つきレストランの違いを引き合いに出しながら説明する。つまり、「卓越性」はファーストフードも星つきレストランも同一の基準で比較したうえで、どの店が優れているかを表しているのに対し、「質」はファーストフードと星つきレストランがそれぞれに異なった基準で「（訪れた客に）期待された通りのものを提供できるか」を表しているという。

　この質と卓越性の区別は、ユニバーサル段階にある各大学のミッションを考える

うえで重要な区別である。だが、質と卓越性をあわせて大学教育の質とする見方も
あるだろう。本書では、前者を狭義の質、後者を広義の質と捉え、広義における大
学教育の質について論じていくことにする。

■ 1-2　大学教育の質をどう把握するか

では、そうした大学教育の質はどのようにして把握されるのだろうか。以下の三
つの視点を設定することができる。

(a) 評価主体——評価するのは、第三者か、大学か、学生か。
(b) 評価対象——評価されるのは、大学の教育活動（カリキュラム、授業、教育環境
　　など）・教育成果か、学生の学習活動（正課、準正課、課外）・学習成果か。
(c) 評価時期——評価するのはいつか（科目終了時、特定の学年、卒業時、卒業後な
　　ど）。

冒頭の定義では、評価の対象となるのが、何の属性・性質かが明示されていなか
ったが、それは（b）のように示すことができる。ただし、大学の教育活動・教育
成果と学生の学習活動・学習成果は二者択一的なわけではない。大学の教育活動が
実際にうまくいっているかは、学生の学習成果を通じて把握されることが多いから
である。平たくいえば、学生が学び成長できる大学が、大学教育の質の高い大学と
いうことになる。

■ 1-3　本章の目的

本書は『文系大学生は専門分野で何を学ぶのか』というタイトルを掲げている。
ここまで注意深く各章を読み通してこられた読者ならおわかりのとおり、本書での
評価主体は「学生」であり、評価対象は主に「学習活動・学習成果」である。評価時
期は、大学４年時と社会人１・２・３年目で、パネル調査として実施されている。と
りわけ、文系の大学生・卒業生を評価主体として、学習成果を文系学問分野の「習
得度」という点から捉えている点が、最大の特徴である。

本章では、本研究が、学生の習得度を通して、どのように大学教育の質を把握し
ているのかを、他の評価方法と比較しながら明らかにする。ただし、大学教育の質
を把握する方法のうち、本章では学生を通した質の評価に的を絞る。「学生を通し
た」とは、学生が評価主体あるいは評価対象として位置づけられているということ

である。したがって、大学あるいは第三者が大学の教育活動について評価する大学評価や大学ランキングなどは、本章の検討の範囲外に置かれる。

2 学生を通した大学教育の質の評価のタイプ

2-1 タイプ分け

学生を通した大学教育の質の評価は、〈直接評価−間接評価〉〈汎用的／一般的な学習成果−分野別の学習成果〉という２軸で、大きく４タイプに分けることができる（図11-1）。なお、ここではほぼ量的データを用いた評価に限定していることをあらかじめことわっておく。

1）直接評価−間接評価

図中に示した縦軸の直接評価（direct assessment）と間接評価（indirect assessment）の違いは、その評価方法が、学習成果の直接的なエビデンスに基づくか、間接的なエビデンスに基づくかに依拠している（したがって、直接評価−間接評価という対は、直接指標−間接指標、直接的エビデンス−間接的エビデンスといった対と対応している）。たとえば、学習者の知識や能力の表出を通じて――「何を知り、何ができるか」を学習者自身がやってみせることで――行われる評価は直接評価であり、一方、

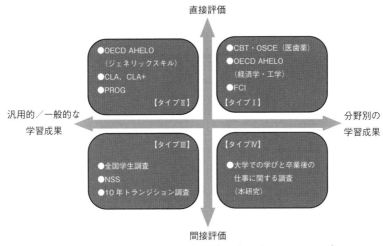

図 11-1　学生を通した大学教育の質の評価の四つのタイプ

学習成果についての学習者の自己報告を通じて——「何を知り、何ができると思っているか」を学習者自身に答えさせることによって——行われる評価は間接評価である（山田 2012, 松下 2017）。この分類によれば、質問紙調査は間接評価、テストは直接評価の方法ということになる。

学習成果（learning outcomes）は、「プログラムやコースなど、一定の学習期間終了時に、学習者が知り、理解し、行い、実演できることを期待される内容を言明したもの」と定義され、「多くの場合、学習者が獲得すべき知識、スキル、態度などとして示される」（中央教育審議会 2008）。ここでいう「実演」とはデモンストレート（demonstrate）、つまりやってみせることであり、「学習成果」とは一義的には直接評価で把握されるものといえる。

間接評価だけでは、「学習者が、学習プロセスの終了後に、何を知り、理解していて、また何をやってみせることができるか」を把握することはできない。また、いわゆる「ダニング＝クルーガー効果」（Kruger & Dunning 1999）——能力の低い人は自身の能力を過大に評価する傾向があり、逆に能力が高い人は自身の能力を控え目に評価する傾向があること——などの理由から、自己報告による間接評価で直接評価を代替することは妥当性を欠く。実際、アメリカのアクレディテーション機関（教育機関の適格認定を行う外部機関）の一つである WSCUC（WASC Senior College and University Commission）のガイドブックでは次のように書かれている。

　　学生の学習のエビデンスは、調査（能力や成長についての学生による自己報告）以上のものを含むべきである。[…] 学生の学習のエビデンスを提供するには、学生の学習の成果物の直接評価の結果を含む、より多くの異なるタイプのエビデンスが求められる。（WSCUC 2015：16）

その一方で、直接評価だけでは、学習成果についての学生自身の実感（能力の獲得感など）を把握することはできない。また、学生の価値観、興味・関心などの意識や学習成果に至る学習行動なども、学生の自己報告に依拠した間接評価を行うしかないだろう。

このように、直接評価、間接評価にはそれぞれに独自の機能があり、相互に代替することはできない。

2) 汎用的／一般的な学習成果 − 分野別の学習成果

横軸は、汎用的／一般的な学習成果と分野別の学習成果の区別である。ここでは「汎用的／一般的（generic/general）」を、特定の学問分野に限定されず幅広く使える、という意味で用いている。一方、「分野別（subject-specific）」は、特定の学問分野に限定されている、ということである。特定の分野で獲得した知識や能力がその分野をこえて広く適用できるという場合もあるが（小野ほか 2023）、それは副次的な成果であり、直接の学習成果としては、特定分野の知識や能力の獲得ということになる。

日本では「汎用的技能（generic skills）」というタームが普及しているが、ジェネリック（generic）には、「ジェネリック薬品」のように、「特別でもブランド名でもなく、シンプルで安価」という意味合いも含まれている。したがって、広くいろいろな場面で使えるという意味であれば、ジェネリック（generic）よりもジェネラル（general）を用いるべきだとアメリカの大学関係者に指摘されたことがある。一方、ヨーロッパでは、generic competences と subject-specific competences という対も使われている[1]。そのため、ここでは、「汎用的／一般的（generic/general）」と表すことにした。

大学教育では、近年、汎用的能力が重視されるようになった。たとえば、2006 年に経済産業省が提案した「社会人基礎力」は、「前に踏み出す力」「考え抜く力」「チームで働く力」という汎用的能力で構成されており、2018 年の更新版でも、その基本的性格は変わっていない。また、文部科学省が 2008 年の中教審答申（いわゆる「学士課程答申」）で打ち出した「学士力」は、「知識・理解」「汎用的技能」「態度・志向性」「統合的な学習経験と創造的思考力」からなり、なかでも「汎用的技能」や「態度・志向性」といった汎用性を持つ能力が重要な位置を占めている。本書の調査項目の土台となった日本学術会議の分野別参照基準のなかでも、各分野において「分野に固有な能力」と並んで「ジェネリックスキル」が挙げられている。

このように汎用的能力が重視されるようになってきた背景としては、大学教育のユニバーサル化によって知識やスキルだけでなく態度・価値観も多様な学生が入学するようになったこと、社会の流動化が進み大学での専門分野と卒業後のキャリアが必ずしも一致しないのが普通になったこと（したがって専門分野の枠をこえた知識・能力が将来への準備として求められるようになったこと）、知識の更新のされ方が急速でインターネットによる外部化も進んだために知識の価値の相対的低下が

---

1) Tuning プロジェクトのウェブサイト〈https://www.unideusto.org/tuningeu/competences/（最終確認日：2024 年 10 月 10 日）〉。

生じたこと、などが挙げられよう（松下 2019）。

とはいえ、大学では、どこかの段階で各学問分野に分かれて教育・学習が行われることになっており、分野別の学習成果が依然として、第一義的に重視されていることには変わりない。したがって、〈汎用的／一般的 − 分野別〉という区別は大学教育の質を把握するうえで不可欠である。

■ 2-2　タイプごとの事例

以下では、代表的な事例を挙げながら、各タイプの特徴をみていこう。それを通じて、本書における大学教育の質の把握の特徴を浮き彫りにするためである。ただし、ここで取り上げるのは、一つの大学やプログラムの範囲をこえて実施されているものに限定している。たとえば、分野別の学習成果についての直接評価は、各大学の科目レベルの評価では必ず行われているはずだが、ここには入れていない。

1）タイプ I

タイプ I は、分野別の学習成果についての直接評価である。日本では、医療系の国家試験や、医・歯・薬学分野で臨床実習に行く前にその準備ができているかをみる共用試験などがある。この共用試験には、CBT（Computer Based Testing）と OSCE（オスキー）（Objective Structured Clinical Examination）があり、前者はウェブ形式で知識を問う客観テスト、後者はスキル・態度をシミュレーション場面で実演させて評価する試験である。どちらも医療系大学間共用試験実施評価機構（CATO）によって運営されている[2]。ただし、これらは学生個々人の資質・能力を評価するものであり、そこから大学教育の質を把握するという性格はあまり強くない。

一方、海外では、医療系に限らず各分野の直接評価が数多く開発されている。たとえば、LAA（Learning Assistant Alliance）のウェブサイト[3]には、STEM 系分野における学習成果評価のツールが多数掲載されており、そのなかには間接評価（質問紙）と並んで、多様な直接評価のツールが含まれている。

2）CATO のウェブサイト〈https://www.cato.or.jp/index.html（最終確認日：2024 年 10 月 10 日）〉。

3）LAA Resources のウェブサイト〈https://sites.google.com/view/laa-resources/assessment-research-and-results/lasso-available-instruments（最終確認日：2024 年 10 月 10 日）〉。

第11章　大学教育の質の把握に関する理論的検討　*197*

> 問3　1階建ての建物の屋根から、石が地面に落下すると、どうなるか。
> (A) 落ち始めてすぐに最高速度に達し、その後は一定の速度で推移する。
> (B) 石が地面に近づくにつれて重力の引く力が強くなるため、だんだん速度が上がる。
> (C) ほぼ一定の重力が作用しているため、だんだん速度が上がる。
> (D) 落下するのは、すべての物体には地面で静止しようとする自然な性質が備わっているためである。
> (E) 落下するのは、重力が下に押す力と空気が下に押す力が組み合わさった結果である。

図 11-2　FCI の問題例

(1) FCI

　なかでもよく知られているのが FCI（Force Concept Inventory：力学概念指標）である（新田・塚本 2011）。FCI はニュートン物理学の基本的概念の理解度を評価するテストで、30 問からなる。各設問には五つの選択肢があり、いわゆる多肢選択式のテストだが、図 11-2 のように、物理学の誤概念（素朴概念）をあぶり出すようなよく練られた問題になっている。

　FCI（もしくはそれをアレンジした問題）は、授業のなかでも用いられてきた。ハーバード大学のエリック・マズール（Mazur, E.）は、FCI のこのようなシンプルな問題で多くのハーバード大学の学生が間違えたという事実にショックを受けて、「ピア・インストラクション」という授業法を編み出した（マズール 2015）。FCI の結果は、従来の物理学の教育方法が概念的理解より数理計算で問題を解くことを重視していることに起因すると考えられたからである。ピア・インストラクションでは、FCI と同様の問題について、まず一人で答え、次に学生同士で議論して教え合い、再度一人で答えるというやり方によって、概念的理解への関与を高める。

　ここには、FCI が物理学という分野での大学教育の質を浮き彫りにし、その改善を促したことがみてとれよう。

(2) OECD AHELO（経済学・工学）

　分野別の学習成果についての直接評価は、世界規模でも行われている。その代表例が、OECD の AHELO（Assessment of Higher Education Learning Outcomes：高等教育における学習成果調査）である（OECD 2012）[4]。PISA（Programme for International Student Assessment：生徒の学習到達度調査）の大学教育版といってもよい。

---

4) OECD AHELO のウェブサイトも参照〈https://www.oecd.org/education/skills-beyond-school/ahelo-main-study.htm（最終確認日：2023 年 11 月 23 日／現在アクセス不可）〉。

AHELO の主な目的は、学生が学士課程の最終学年で、何を知りできるようになっているかというデータを、国際的な基準に照らして評価できるようなかたちで、政府・教育機関・学生自身に提供することとされている。2010〜12 年に行われた試行調査では、経済学・工学の 2 分野とジェネリックスキルが調査の対象となった。

たとえば、経済学では 1 問の論述問題と 45 問の多肢選択問題が出題された（解答時間 90 分）。評価されたのは、「分野の知識・理解」「分野の知識とその応用」「関連データと定量的手法を効果的に活用する能力」「専門家および非専門家へのコミュニケーション能力」「自立した学習スキルを身につける能力」の五つの学習成果である。参照基準でいえば、最初のものが「基本的な知識・理解」、次の三つが「分野に固有の能力」、最後のものが「分野で身につくジェネリックスキル」といえるだろうか。いずれも、単に事実的知識を再生させるのではなく、概念の応用、適切な統計的・非統計的ツールの使用、結論の導出、方針の提案など、「コンテンツ以上」のスキルに重点が置かれている。

このようなテストに加え、学生・教員・大学への質問紙調査を併用することで、効果的な教育を行なっている大学（高い成績、不利な学生への支援、社会人・留学生など特定の学生グループへの支援など）を分析し、目標・ミッションのタイプごとのベストプラクティスを特定することが目指されている。さらに、試行調査では実現しなかったが、インプットとアウトプットを評価することで、「付加価値」、つまり「学習の増分 (learning gains)」を測定することも当初は意図されていた。「学生による学習の増分を評価することで、より正確な質の尺度 (measure of quality) を決定することができる」という考えに基づくものであった。

このように、OECD AHELO では、二つの分野で学習成果の直接評価が実施され、それをもとに大学教育の質の把握が目指された。さらに、大学教育の前後でどう学生の学習成果が変わったかを通じて、大学教育の付加価値分析も行われることになっていた。ここに述べたのは試行調査の内容だが[5]、よかれあしかれ、学習成果の直接評価による大学教育の質の把握の一つのプロトタイプとみることができる。

一方、OECD AHELO に対しては、批判もなされている。その一つ、米国教育協議会 (American Council on Education：ACE) とカナダ大学協会 (Universities Canada) か

5）この後、本調査も計画されていたが、OECD ウェブサイト上では、その進捗について公表されていない〈https://www.oecd.org/education/skills-beyond-school/ahelo-main-study.htm（最終確認日：2023 年 11 月 23 日／現在アクセス不可)〉。

らの共同書簡（2015）[6] では、「学習成果の目的は、教育機関が学生に何を達成させるかを決定し、定義し、それが成功したかどうかを測定することであるべき」であり、「学習成果を標準化し、さまざまな教育機関のパフォーマンスを評価する手段として利用しようとする AHELO には、深い欠陥がある」と批判している。グローバルな評価ツールが、世界中の高等教育におけるミッションの多様性を損ねることになる、という批判である。

それに対して、OECD のグリア事務総長は、「教育機関が中心となって行う学習成果の評価は、外部からのベンチマーキングや比較の側面（dimension）がなければほとんど価値がない」のであって、AHELO は「学生の学習成果を信頼できる形で評価すること」を可能にする、と反論している[7]。同時に、その一方で、高等教育機関の多様性は重要であり「ベンチマーキングは標準化と混同されるべきではない」、AHELO で評価しているのは高等教育機関の枠をこえて共有できる「共通要素」の部分にすぎないとも述べている。

ここで問題になっている〈標準化 vs 多様性〉の対比は、フローインスティンの指摘した〈卓越性 vs 質〉の対比と重なり合っている。つまり、標準化を行なって同一の評価基準・評価尺度のうえで「卓越性」を競い合うのか、それとも高等教育機関の多様性を認め、それぞれの設定したミッションや目的の達成を「質」とみなすのか、である。この対比は、タイプ I だけでなくどのタイプでも重要な視点となる。

2) タイプ II

タイプ II は、汎用的／一般的な学習成果についての直接評価である。代表的なものとして、OECD AHELO（ジェネリックスキル）、河合塾・リアセックの PROG（Progress Report on Generic Skills）を挙げることができる。

(1) OECD AHELO（ジェネリックスキル）／ CLA（CLA+）

OECD AHELO のジェネリックスキルのテストでは、北米を中心に広く実施されている CLA（Collegiate Learning Assessment：大学学習評価）[8] から転用されたパフォー

---

6) 共 同 書 簡〈https://www.insidehighered.com/sites/default/files/files/ACE-UC%20AHELO%20Letter.pdf（最終確認日：2024 年 10 月 10 日）〉。

7) 共同書簡への返答〈https://web-archive.oecd.org/2015-07-09/367722-ahelo%20letter.pdf（最終確認日：2024 年 10 月 10 日）〉。

8) CLA のウェブページ〈https://cae.org/higher-ed/（最終確認日：2024 年 10 月 10 日）〉。

マンス課題（2問のうちから1問選択）と25問の多肢選択問題が用いられた（解答時間120分）(OECD 2012)。パフォーマンス課題では、仮想的だが現実的な状況に関するいくつかの問いに対して論述形式で答えることが求められる。また、その際には文書ライブラリに収められた新聞記事、地図、報告書、手紙、インタビュー、グラフなどさまざまな情報源・形式の証拠（エビデンス）を整理し論証することが要求される。解答は、分析的推論と評価、問題解決、効果的な文章作成の3観点、7段階からなるルーブリックを使って採点されることになっている。

たとえば、試行調査で使われた問題の一つは、「あなたはミルタウン市の職員です」で始まるシナリオを与えられ、市内の湖でみつかった奇形ナマズの原因をめぐる三つの説についてどれが最も妥当かを論じたうえで、市長に対して提案を行うというものだった。

試行調査の報告書では、このパフォーマンス課題について、難易度と解答負荷が高く、またアメリカの文化的影響が強すぎて、問題として適切ではなかったと論評された (OECD 2013)。だが、CLA はその後、多肢選択問題も加えた CLA+ に改訂され、1年次と4年次で受験することにより、付加価値アプローチを用いて個人の成長とともに大学教育の質を把握するツールとして北米以外でも用いられている。

(2) PROG

一方、日本の大学で、ジェネリックスキルについての直接評価（テスト）として普及しているのが、ベネッセの GPS-Academic と河合塾・リアセックの PROG だ。GPS-Academic は、「思考力」「姿勢・態度」「経験」で汎用的能力を評価するもので、とくに「思考力」は比較的 CLA+ に近い。

これに対し、PROG はすべて多肢選択問題で、「リテラシー」「コンピテンシー」を測定する。「リテラシー」「コンピテンシー」は、OECD の PISA や DeSeCo を通じて日本の教育界でもなじみのある言葉になったが、PROG のそれは似て非なるものである。OECD では、リテラシーはコンピテンシーの一部であり、読解・数学・科学の分野別に測定されているが、PROG の場合は、リテラシーは認知能力、コンピテンシーは「人間力」に近い意味で使われている。

PROG はジェネリックスキルを測定するテストということになっているが、活躍するビジネスパーソンの選択する回答と同じ答えを選んだ場合に高得点になるよう設計されており、分野によるバイアスがみられることが報告されている（平山ほか 2020）。たとえば、「A：初対面の人と話すときでも相手と距離をおかず親しく接

する」「B：初対面の人と話すときには距離をとって礼儀正しく接する」のどちらか
を選択させる問題では、A の方が高得点になるが（PROG 白書プロジェクト 2014）、医
療系ではむしろ B の方が望ましい行動として教育されている。つまり、「ジェネリ
ックスキル」といいながら、「汎用性／一般性」のなかに「分野固有性」が潜在的
に入り込んでいるということである。分野によって有利・不利があるのだとすれば、
PROG の得点から、大学教育の質について、学部・学科間の比較をすることは適切
ではないことになる。

　また、CLA+ を受験する学生はボランティアで、主にその組織（大学・学部・
学科など）の教育の質の把握のために用いられる（つまり、サンプル学生の学習成
果を通してその組織の教育が評価される）。一方、PROG の場合は、その組織の特
定の学年の学生全体が受験するのが一般的で、評価結果は個々の学生に返却され、
「PROG の強化書」を通じてリテラシーとコンピテンシーのレベルの向上を自分の
学びと成長の目標として努力することが求められる（つまり、その組織の教育の評
価だけでなく、学生個人の評価としても使われる）。したがって、学生に対してより
直接的に影響を及ぼすことになる。

3）タイプⅢ

　タイプⅢは、汎用的／一般的な学習成果についての間接評価である。代表的な例
として、文科省の「全国学生調査」と「10 年トランジション調査」（「学校と社会をつ
なぐ調査」）を取り上げよう。

(1) 全国学生調査

　全国学生調査は、学生目線から大学教育や学びの実態を把握し、大学の教育改善や
国の政策立案などに活用することを目的として、2019 年度から試行実施されており、
2025 年度からは本格実施されることになっている[9]。対象は 2 年生と最終学年生で
あり、質問項目は、大学で受けた授業の形態、大学での経験とその有用度、大学教育
で身についた知識や能力、平均的な 1 週間の生活時間などからなる。つまり、学生
が評価主体となり、大学の教育活動や、自らの学習活動・学習成果について評価する
ものである。イギリスの NSS（National Student Survey）を参考に作られているが、最終

9）最新版（令和 4 年度）の結果については、以下のウェブサイト参照〈https://www.mext.
go.jp/a_menu/koutou/chousa/1421136.htm（最終確認日：2024 年 10 月 10 日）〉。

学年生だけでなく、2年生も対象にしているのは独自の特徴である。日本の学生の場合、最終学年は他の学年と異なる学習行動をとるため、最終学年だけでは学びの実態が把握できないからだ。また、付加価値分析的な性格も期待されているといえよう。

最新版（令和4年度版）をみると、知識や能力については14項目の質問（4件法）があり、「専門分野に関する知識・理解」以外はほとんどが分野を問わない汎用的／一般的な能力である。肯定的な回答（「身に付いた」「ある程度身に付いた」の合計）は、「外国語を聞く力・話す力」（39％）、「外国語を読む力・書く力」（43％）、「数理・統計・データサイエンスに関する知識・技能」（51％）の3つは低いが、他の11項目は肯定的回答が2/3から3/4以上を占めている。最も高いのは、「専門分野に関する知識・理解」（89％）である。本書の習得度項目はその内実を探る意味もある。大括りで尋ねたときの肯定的回答が、具体的に尋ねたときにも維持されるのか。第1章で示されたように、分野や質問項目についてばらつきはあるものの、総じてこのような高い割合ではない。

今後懸念されるのは、試行実施から本格実施に変わったときに、NSSのように大学別の結果が公表されランキング化されるということにならないか、という点である。社会科学者のキャンベル（Campbell, D. T.）は、早くも70年代の半ばに、さまざまな社会システムについて、後に「キャンベルの法則（Campbell's law）」と呼ばれることになる、次のような悲観的な法則が成り立つことを見出した。「いかなる定量的な社会指標も（ときには定性的な社会指標の場合でも）、それが社会的な意思決定の場でより多く用いられるほど、その指標は退廃への圧力を受けやすくなり、その指標がモニターしようとする社会的プロセスを歪曲し、堕落させがちになる」（Campbell 1976：49）と。間接評価（質問紙調査）の場合は、直接評価（テストや課題）と違って、より肯定的な回答をすることによって高い得点を生み出すことは、評価主体の意志でいくらでもできてしまう。それだけにキャンベルの法則が働かないようなしかけが必要だろう。

(2) 10年トランジション調査

「学校と社会をつなぐ調査」（通称：10年トランジション調査）は、文字通り高校2年生から社会人3年目までの約10年間、計7回にわたって実施されたパネル調査である（溝上・河合塾 2023）。当初の45,311名が最終的には1,486名になるという「パネルの摩耗」は生じているが、高校卒業・大学入学、大学卒業・就職という2回の大きなトランジションの節目をはさんだパネル調査は貴重なデータをもたらした。

第11章　大学教育の質の把握に関する理論的検討　*203*

> 1. 計画や目標を立てて日々を過ごすことができる
> 2. 社会の問題に対して分析したり考えたりすることができる
> 3. リーダーシップをとることができる
> 4. 図書館やインターネットを利用して必要な情報を得たりわからないことを調べたりすることができる
> 5. 他の人と議論することができる
> 6. 自分の言葉で文章を書くことができる
> 7. 人前で発表をすることができる
> 8. 他の人と協力して物事に取り組める
> 9. コンピュータやインターネットを操作することができる
> 10. 時間を有効に使うことができる
> 11. 新しいアイディアを得たり発見したりすることができる
> 12. 困難なことでもチャレンジすることができる
> 13. 人の話を聞くことができる
> 14. 自分とは異なる意見や価値を尊重することができる
> 15. 人に対して思いやりを持つことができる
> 16. 忍耐強く物事に取り組むことができる
> 17. 異文化や世界に関心を持つことができる
> 18. 自分を客観的に理解することができる

図11-3　10年トランジション調査における「資質・能力」の質問項目（溝上・河合塾 2023：178f）

　なかでも本書の目的からみて興味深いのは、資質・能力が、高校2年生から社会人3年目にかけてどのように変化するのか、高校・大学時の学習態度やキャリア意識・属性などが社会人における評価指標（「組織社会化」「能力向上」「資質・能力」）にどのように関連し影響を及ぼすのかが明らかにされている点である。

　「資質・能力」については、図11-3のような項目（5件法）が、高校2年生、大学1・2・3・4年生、社会人3年目の計6回調査されている。

　さらに収集されたデータについて因子分析を行なった結果、以下の四つの資質・能力に整理されている。

　　①他者理解力：項目13、14、15の平均

　　②計画実行力：項目1、10、12、16の平均

　　③コミュニケーション・リーダーシップ力：項目3、5、6、7、8の平均

　　④社会文化探究心：項目2、4、17の平均

　　＊項目9、11、18は因子負荷量が低かったため、分析から除外

　これらの資質・能力の経年的変化を示したのが図11-4である（他者理解力、計画

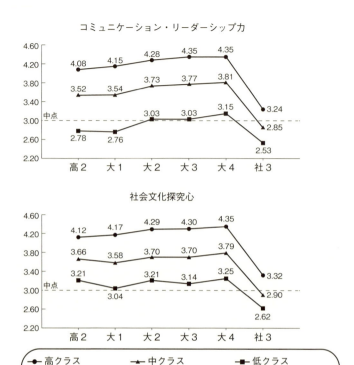

図11-4 資質・能力の経年的変化（高2～社3）（溝上・河合塾 2023：21）

実行力もほぼ同様）。高校2年生から大学4年生まではごくわずかながら上昇し続けるのに対し、社会人3年目には得点が大きく落ち込んでいる。この原因について、溝上らは、当該調査のデータからは明らかにならないとしたうえで、「これまでとは異なる評価基準で自身の資質・能力を見るようになった結果」「「リアリティショック」の影響」という二つの仮説を述べるにとどめている（溝上・河合塾 2023：21）。

　私自身がこのデータをみて改めて感じるのは、〈資質・能力そのもの〉と〈資質・能力についての自己認識〉の違いである。本章で繰り返し述べてきたように、間接評価（質問紙調査）でわかるのは、〈資質・能力そのもの〉ではなく〈資質・能力についての自己認識〉である。社会人になって〈資質・能力そのもの〉が急に低下したとは考えにくく、〈資質・能力についての自己認識〉が低下したということだろう。その点では、評価基準の変化もリアリティショックも同じである。逆にいえば、高

2から大1にかけてほとんど変化がないことは、高校と大学が以前ほど異質な教育機関ではなくなっていることの表れといえるかもしれない。

　もう1点、本書との関連で興味深いのは、高校・大学時の何が社会人における評価指標（「組織社会化」「能力向上」「資質・能力」）に影響を及ぼしているのかという点である。パス解析で影響関係が明らかになったのは、大学3年生の「AL外化」であり、他の変数については直接の効果は認められなかった（溝上・河合塾 2023：26）。「AL外化」は溝上らの研究グループで開発された尺度であり、10年トランジション調査では「議論や発表の中で自分の考えをはっきり示す」「根拠を持ってクラスメイトに自分の意見を言う」「クラスメイトに自分の考えをうまく伝えられる方法を考える」の3項目（4件法）の平均が用いられている。つまり、大学のアクティブラーニングが、社会人としての適応や成長に一定の効果を及ぼすという主張である（パス係数は、それぞれ、0.20、0.16、0.19）。

　以上の二つの知見と本書の知見との比較検討は次節で行うが、二つの点を確認しておきたい。第一に、10年トランジション調査でいわれる「学生の学びと成長」は、「客観的にある資質・能力がどれだけ向上したかということよりも、個人が学び成長していると実感して、一歩でも二歩でも上のレベルを目指して努力するようになること」（溝上・河合塾 2023：75）とみなされているということである。このような見方が、〈資質・能力そのもの〉より〈資質・能力についての自己認識〉を評価することを選択する論拠となっている。

　第二に、その際の「資質・能力」とは、図11-3に示すように、あくまでも汎用的／一般的なものだということである。生徒・学生が具体的に行うのは教科などの具体的な活動だが、それを通して目指すのは「汎用的な資質・能力の育成」だという考えがその背後にはある。この2点目は、本研究とは大きく異なるところである。

4）タイプⅣ

　タイプⅣは、分野別の学習成果についての間接評価である。本研究はこのタイプにあたる。分野別に「態度（attitudes）」を尋ねるような質問紙調査はポピュラーだが（たとえば、PISA調査の読解・数学・科学の各リテラシーについての生徒質問紙調査など）、本研究のように、分野別の「知識・スキル」を細かく尋ねる質問紙調査は珍しく、他に類例は見あたらなかった（第2章参照）。

　本章でこれまで述べてきたように、「知識・スキル」についての評価は、テストや課題などの直接評価で実施されることが多い。「知識・スキル」を質問紙調査など

の間接評価で評価することには限界があり、直接評価の代替にはならないからである。間接評価で把握することができるのは、知識やスキルそのものではなく、それらの獲得感にすぎない。それでもなお、それを把握するのは一定の意味がある。知識・能力の獲得感という「心理的現実」が行動に影響を及ぼすからである。また、質問紙調査では、学習成果に関係すると考えられる他のさまざまな変数について同時に質問できる点も魅力である。

本研究では、大学4年次と卒業後（就職後）1年目・2年目・3年目の4時点で調査を実施している。分野別の学習成果の意味や価値を卒業後にまでわたって検討するうえで、実行可能性（feasibility）の高い方法を示したといえるだろう。

3 習得度による大学教育の質の把握

■ 3-1　本研究の位置づけ

本研究（大学での学びと卒業後の仕事に関する調査）の第一の特徴は、間接評価であって、なおかつ分野別であるという点にあるが、その他にもいくつかの特徴がある。

まず、全国学生調査やNSSのように大学単位で参加している調査ではないため、各大学の大学教育の質を他大学と比較して把握することは、最初から目指していないということだ。あくまでも個人単位で、大学教育の質を尋ねるものになっている。この点は10年トランジション調査も同様である。

本研究と10年トランジション調査は、パネル調査という点でも共通している。本研究は、10年トランジション調査ほどの大きなサンプルではなく、調査期間も短いが、大学在籍時と就職後という大きな移行（トランジション）の前後で調査を実施している。また、10年トランジション調査と同じく、調査項目数が多いため、学習成果とそれに関連する要因の分析が可能であるという強みもある。

■ 3-2　大学教育の質はどう把握されたか

では、本研究において大学教育の質はどう把握されたのか。どの章も興味深いが、とくに大学教育の質の把握に深く関係する第2・3・4・7章を取り上げよう。

1）専門分野習得度と授業経験・学習経験の関連（本書第2章）

第2章では、大学4年生を対象に、人文・社会科学分野の専門分野習得度と関連

する大学教育は何かという問いが立てられている。分析の結果明らかになったのは、専門分野にかかわらず、授業経験よりも学習経験（とくにラーニング・ブリッジング型学習経験）の方が専門分野習得度と相対的に強い有意な正の関連があったということである。「ラーニング・ブリッジング」はもともと、「学習者が、授業外での活動と授業のように複数の異なる活動の間を移行・往還しながら、それぞれにおける学習を統合・結合していること」（河井 2014：138）を指して使われたが、第 2 章では、やや意味を拡張して、授業と授業外の活動、複数の授業間、授業と授業外学習などを自ら関連づけることを指す語として使われている。そしてこの結果から、著者の小山は、アクティブラーニング型授業など授業形態に過度に着目した大学教育改革・授業改善よりも、学生が自らの学習経験を高められるような仕組みづくりの方がより求められると主張している。これは大学教育の質を把握したうえでの提案としてたいへん示唆に富むものである。

　ところで 10 年トランジション調査では、大学のアクティブラーニング（大学 3 年生の「AL 外化」）が、社会人としての適応や成長に一定の効果を及ぼすという知見が得られていた。一見すると、二つの調査の知見の間には離齬があるようにもみえるが、それはどう解釈できるだろうか。まず押さえておかねばならないのは、従属変数の違いである。10 年トランジション調査の方は社会人における評価指標であるのに対し、第 2 章の分析では大学 4 年生での専門分野習得度となっている。もう一つ注意すべきことは、AL 外化が必ずしも授業形態ではなく、参加型授業における学生自身の関与の仕方を問うものであったということである。したがって、授業経験よりはむしろ学習経験の範疇に入れられるべきだろう。

　つまり、二つの調査の知見は離齬というよりもむしろ、学生が自らの学びの主体として授業内外の学習活動に関与していくことの重要性を指摘している点で共通しているとみることができる。

2）専門分野習得度・一般的スキルとジョブスキルおよび社会意識との関連（本書第 3 章）

　次に第 3 章についてみてみよう。第 3 章では、専門分野習得度が卒業後（卒業後 1 年目）のジョブスキルや新自由主義的社会意識に影響を及ぼしているかどうかが、大学時の一般的スキルと対比しながら分析されている。分析の結果、著者の本田が導き出した結論は、①人文社会科学系の 10 分野全体の傾向として、専門分野の習得度はジョブスキルに対してはプラス、新自由主義肯定意識にはマイナスの影響がある、②大学時の一般的スキルはジョブスキルに対してはプラスの影響があり、新自

由主義肯定意識には影響が認められない、③ただし、いずれも専門分野によって異なる、というものであった。

今回の調査でみているジョブスキルは、18項目中13項目がほぼ大学時の一般的スキルと同じなので、両者の相関が高くなるのは当然といえる。興味深いのは、専門分野の習得度からジョブスキルへの影響が直接効果としてはごくわずか（0.064）であるのに対し、大学時の一般的スキルを経由してそれなりの大きさ（0.228）を持つようになるという点だ。直接効果がごくわずかということからすれば、「ほら、やっぱり文系大学教育は仕事の役に立たない」となりそうだが、じつは、一般的スキルを介して間接効果をもたらしているということである。このことは、参照基準に書かれた各分野の知識・理解や能力だけでなく、一般的スキルもあわせて教え学ぶことが重要であることを物語っている。実際、レポートライティングは職場における経験学習に影響をもたらすことが第7章で明らかにされている。一般的スキルのかなりの項目が、レポートライティングを通して育成されるものであることを考えれば、〈レポートライティング➡一般的スキル➡ジョブスキル〉という影響関係が想定できよう。

しかし、もし一般的スキルが新自由主義肯定意識を助長するのだとすれば、それに批判的な人々は一般的スキルを育成することを躊躇するかもしれない。分析対象となった4分野では、社会学以外は有意な影響がみられず、社会学でも0.208（p < 0.10）で、有意傾向にとどまっていた。つまり、一般的スキルは新自由主義肯定意識を助長することはほぼないと考えられる。だが、かといって専門分野習得度のようにそれに抵抗するような影響も及ぼさないということになる。

このように一般的スキルと専門分野習得度の有用性が経済的側面と政治的側面とで相補的・対照的であるというのは、本研究独自のきわめて興味深い知見である。

3）専門分野習得度と仕事における活用度の関連（本書第4章）

第4章では、大学4年次から卒業後3年目までのすべての時点でのデータを用いて、専門分野習得度と仕事における活用度の関連が分析されている。とりわけ重要なのは、専門分野習得度が高いほど、卒業後2年目・3年目と時間が経つにつれ、大学での専門分野の学びを仕事で役立てられるようになるということ、しかも、その活用のさせ方というのは、専門分野の知識・スキルの直接的な活用というよりは、専門分野の学びで培った「学ぶ力」が、仕事に関する知識・スキルを身につけるための「自己啓発」において活かされるという間接的な活用であるということを、有

第11章　大学教育の質の把握に関する理論的検討　*209*

力な仮説として示した点である。「学ぶ力」がどのようなものであるかは十分論じられていないが、専門分野での学びと仕事での学びの両方に使われるということからすれば、何らかの汎用性／一般性をもったものといえるはずである。

このように、第4章の知見は、専門分野習得度が一般的スキルを介してジョブスキルに間接効果をもたらすことを明らかにした第3章の知見と通底している。第3章では卒業後1年目のデータが用いられていたが、第4章は卒業後時間が経つにつれてその効果が薄れるのではなく強まるということを示唆した点で、たいへん興味深い。

4　おわりに

本章では、学生を通して大学教育の質を把握する方法にどのようなものがあるのか、そのなかで専門分野の習得度から大学教育の質を把握することにどんな意義があるのかを明らかにしてきた。まず、大学教育の質の把握を、〈直接評価−間接評価〉〈汎用的／一般的な学習成果−分野別の学習成果〉という2軸で大きく4タイプに分けたうえで、本研究の方法が分野別の学習成果についての間接評価という点でユニークであることを指摘した。そのうえで、とくに汎用的／一般的な学習成果の間接評価についての知見と照合させながら、本研究で得られた知見の独自性と他との関連性を論じた。

そこから、授業経験よりはむしろラーニング・ブリッジングやレポートライティングなど学習経験に着目すべきこと、汎用的／一般的なスキルと分野別の知識・スキルを組み合わせる必要があることが、大学教育への示唆として導き出された。なによりも、「文系大学生は何を学んでいるのか」という問いについて専門分野別に検討し、その習得が仕事にとって直接・間接の効果をもたらしていることを浮き彫りにしてみせようとする点に、本研究の大きな意義がある。

とはいえ、本研究には間接評価であるがゆえの制約がつきまとうことは否定できない。「習得度」といっても、あくまでも学生本人の自己意識によるものでしかない。それは、10年トランジション調査において、社会人3年目で大きく「資質・能力」が低下していたことにもうかがえる。間接評価の結果にはいつも、「資質・能力（についての自己認識）」「習得度（についての自己認識）」という但し書きがついて回るのである。

だが、本研究での専門分野習得度は、分野別参照基準という専門家たちが熟議によって設定した知識・スキルをもとに質問項目が作成されており、汎用的／一般的

な資質・能力よりも解像度を上げたものになっている。所属大学の成績と有意な正の関連があること（第2章）に示されるように、置かれた環境に規定されつつも専門分野の習得度を表す変数として信頼のできるものになっているといえよう。さらに、本研究が、パネル調査によって、その習得度を規定する要因、および習得度の卒業後の仕事や意識に与える影響を詳らかにした意義は大きい。

　今後、さらに分野が広がり、より長期的な影響にまで検討が拡張されることを期待したい。

【文　献】

小野和宏・松下佳代・斎藤有吾, 2023,「専門教育で身につけた問題解決スキルの汎用性の検討——遠い転移に着目して」『日本教育工学会論文誌』47(1), 27-46.

河井亨, 2014,『大学生の学習ダイナミクス——授業内外のラーニング・ブリッジング』東信堂

大学改革支援・学位授与機構, 2021,『高等教育に関する質保証関係用語集（第5版）』

中央教育審議会, 2008,「学士課程教育の構築に向けて（答申）用語解説」

新田英雄・塚本浩司, 2011,「FCI（Force Concept Inventory）とは何か」『大学の物理教育』17(1), 16-19.

平山朋子・斎藤有吾・松下佳代, 2020,「医療分野における汎用的能力の評価方法の検討」『大学教育学会誌』42(1), 105-114.

フローインスティン, A. I., 2002, 米澤彰純・福留東土訳『大学評価ハンドブック』玉川大学出版部（Vroeijenstijn, A. I., 1995, *Improvement and Accountability: Navigating between Scylla and Charybdis: Guide for External Quality Assessment in Higher Education.* J. Kingsley Publishers.）

マズール, E., 2015,「理解か、暗記か？——私たちは正しいことを教えているのか」松下佳代・京都大学高等教育研究開発推進センター編著『ディープ・アクティブラーニング——大学授業を深化させるために』勁草書房, pp. 143-164.

松下佳代, 2017,「学習成果とその可視化」『高等教育研究のニューフロンティア（高等教育研究　第20集）』玉川大学出版部, pp. 93-112.

松下佳代, 2019,「汎用的能力を再考する——汎用性の4つのタイプとミネルヴァ・モデル」『京都大学高等教育研究』25, 67-90.

溝上慎一責任編集・河合塾編, 2023,『高校・大学・社会　学びと成長のリアル——「学校と社会をつなぐ調査」10年の軌跡』学事出版

山田礼子, 2012,『学士課程教育の質保証へむけて——学生調査と初年次教育からみえてきたもの』東信堂

Campbell, D. T., 1979, Assessing the Impact of Planned Social Change. *Evaluation and Program Planning*, 2(1), 67-90.

Kruger, J., & Dunning, D., 1999, Unskilled and Unaware of It: How Difficulties in Recognizing One's Own Incompetence Lead to Inflated Self-Assessments. *Journal of Personality and Social Psychology*, 77(6), 1121-1134.

OECD, 2012, *AHELO Feasibility Study Report, Volume 1 - Design and Implementation.* OECD.

OECD, 2013, *AHELO Feasibility Study Report, Volume 2 - Data Analysis and National Experiences.* OECD.

PROG白書プロジェクト編著／学校法人河合塾・株式会社リアセック監修, 2014,『PROG白書2015——大学生10万人のジェネリックスキルを初公開』学事出版

WSCUC, 2015, *Using Evidence in the WSCUC Accreditation Process: A Guide for Institutions*（2nd ed.）.

事項索引

AHELO　197-199
AL 外化　205
CAAP　3
CBT　196
CLA　3, 199
CLA+　200, 201
COC+ 関連大学　142, 143
COC+ 関連大学出身者　152
COC+ 参加校　142
COC+ 大学　141
COC+ の政策効果　142
COC+ の政策評価　153
ENADE　3
FCI　197
GPA　3, 4
GPS-Academic　200
IR　34
LAA　196
MAPP　3
OECD　197-200
OECD の国際成人力調査
　（PIAAC）　3
Off-JT　81
OJT　81
OSCE　196
PBL 型授業経験　41, 45, 48
PISA　197, 200, 205
PROG　199-201

アイスブレイク　46
アクティブ・ラーニング　46
アクティブ・ラーニング型授業
　48, 152
アクレディテーション機関　194
アメリカの文化的影響　200
アルバイト　138
ある目的を達成するために重要
　となる資質　86
一般教育訓練給付金　155
一般推薦＋AO　12, 109, 112
一般選抜　107
一般的スキル　208
一般的な生活意欲　36
一般的な「能力」　102
一般入試　12, 122
「一般入試」合格者　124
一般＋センター　109, 111
一般＋センター試験　12
医療系大学間共用試験実施評価
　機構　196
英国の全国学生調査（NSS）　3,
　201
英国の大学教育評価制度（TEF）
　2

親の学歴　178

学芸員　159, 185
学習経験　39, 47, 48
　――の因子分析　41
　――の質　36
　学生の――　11
学習時間　11, 45, 48
学習成果　194
学習動機　36
学習の増分　198
学習への取組　177
学術的作法　43, 45-48, 129, 132,
　134, 138
学士力　127, 128, 195
学生の学習のエビデンス　194
学生のニーズを志向したカリキ
　ュラム編成　36
学生の能力・力量　36
学生の学びと成長　205
学生配慮型授業　36
学部時代の経験　173
学部の偏差値　39
学部偏差値　56
学問的知識　36
学問分野　4
学問分野別知識習得度項目　85,
　101
学問分野別の相違　101
学歴社会論　2
「課題」と「対人」　87
学校基本調査　1, 20
学校推薦型選抜　107
学校と社会をつなぐ調査　37
葛藤理論　2
間接評価　193, 194, 202, 206, 209
聞き取り調査の対象者　84
企業規模　72
技術的機能主義　1
規定要因　91
基本的な素養　7, 102
キャリア教育の受講　169
キャンベルの法則　202
求人側の採用に関する論理　82
教育　1
教育訓練給付制度　155
教育と職業の密接な無関係　81
狭義の学習経験　34
共用試験　196
均衡理解　58
勤勉型学習経験　42
「具体的」と「抽象的」　87
グループワーク　46
経営学　70

経営学分野の習得度項目　29
経験学習　13, 128
経済学　59, 95
経済学分野の「参照基準」　8
経済学分野の習得度項目　27
経済的支援　172
言語・文学　20, 56, 59, 74, 75, 88,
　91
言語・文学分野の習得度項目
　21
言語・文学役割理解　56
建設ホワイト型　156
広義の学習経験　34
高校から大学への接続　188
高校時一般スキル　55
高校時スキル　56
高校卒業者の大学進学率　1
高校・大学間の地域移動あり
　148
高校までの学び　124
構造　84
構造方程式モデリング　53
公的職業資格と学歴　156
高等教育機関の多様性　199
公認心理師　187
公募制推薦　110
国民経済理解　58
「ここかしこ」型アクティブ・ラ
　ーニング　46, 48
個別習得度項目　56
コミュニケーション能力　178,
　188
コンピテンシー　200, 201

サークル・部活動の経験　137
在学中の資格課程以外の資格
　161
参加型授業　36, 41
参加型授業経験　41, 45, 48
参照基準　6, 9, 19, 20, 32, 33
参照基準の目的　34
サンプルバイアス　52
ジェネラルなスキル　4
ジェネリックスキル　7, 54, 195
資格課程　159
　――の資格　161
資格取得傾向　13
シグナリング理論　2
自己啓発　71, 72, 77, 78, 169, 208
仕事における論理的な文章執筆
　経験　131, 134
仕事における論理的な文章執筆
　経験（頻度）　132
仕事に専門活用したい　68

仕事に専門知識スキル活用　68
仕事に専門分野の考え方活用
　68
仕事の知識スキル成長予測　70
自己評価　19
自己評価指標　33
資質・能力そのもの　204
資質・能力についての自己認識
　204
自主的な学習時間　169
実演　194
実家の本の数　178
質の尺度　198
質問紙調査　194, 202, 206
指定校推薦　110
指定校推薦＋附属校　12
指定校＋附属校　109, 112
自分自身を統制するような資質
　86
市民的資質　83
地元　141
社会意識　51, 52
社会階層研究　2
「社会科学」分野の卒業者　1
社会学　56, 58, 59, 70, 74, 76, 96,
　99
社会学分野の習得度項目　29
社会人基礎力　195
社会福祉学　70
社会福祉学分野の習得度項目
　31
修士号　185
就職活動の特徴　82
就職活動の歴史的な展開　82
習得した知識と仕事との関連
　85
習得度　11-13, 19, 32, 56
習得度項目　19, 202
習得度（統合）　71
習得度の回答傾向　11
収入　71
10年トランジション調査　202,
　205-207
10分野別の習得度回答者数　20
10分野を統合した習得度　68
重要度の高い項目　60
需給理解　58
授業外学習時間　36
授業経験　39, 48
　——の因子分析　40
授業内容の授業外や自己との関
　連　178
授業内容の理解・興味　178
授業の性質　11
授業は将来役立つ　70
出身大学所在地　141
出身大学偏差値　178
情報収集・整理　133
初期キャリアの特徴　82
職業資格　156

職業資格（の）取得　13, 158
職業的社会化　143
職業的レリバンス　128, 139
職場における経験学習　128-132,
　136
女性専門職型　156
ジョブスキル　12, 59
ジョブスキルの規定要因　55, 56
ジョブ・ローテーション　81
進学決定時期　187
進学先大学の志望度　112
進学を決めた時期　173
新規学卒一括採用　81
新規大卒労働市場の需給構造
　152
新自由主義　52
新自由主義肯定意識　12, 52, 58,
　59, 208
　——の規定要因　58
新自由主義支持の規定要因　59
人的資本論　1
人文科学　20
人文科学・社会科学系の大学院
　生　171
「人文科学」分野の卒業者　1
人文社会科学系の学問分野　58
人文社会系（分野）　173, 187
心理学　70, 99, 101
心理学分野の習得度項目　31
スキル偏向的技術進歩論　2
スクリーニング理論　2
生活時間　189
政治学　70, 93, 95
政治学分野の習得度項目　27
成績　174, 178
成績以外のアウトカム　108
性別　178
ゼミ（活動）　34, 39, 45
ゼミ取り組み度　131, 132, 134,
　138, 139
全国学生調査　3, 201
全国大学生調査　36
専門実践教育訓練給付金　155
専門職　71, 72, 78
専門・職業能力　36
専門書の購読　68
専門的な知識やスキル　51
専門的能力　174
専門の到達度　36
専門分野（の）習得度　51, 52,
　54, 72, 117-119, 207-209
専門分野の検索　68, 72
専門分野の参照基準　33
専門分野別習得度　33, 35, 37-39,
　47, 66, 67, 77, 118
　——と関連する大学教育　48
　——の妥当性　37
総合型選抜　107
卒業後の資格課程以外の資格
　162

卒業後のジョブスキル　52
卒業後の大学教育の有効性認識
　12
卒業論文　34, 39, 45, 128, 137
卒業論文真剣度　131, 134, 138,
　139
卒業論文信仰　137

第1波調査　9, 10
第1波追加調査　9, 10
対応理論　2
大学院進学　13
　——の規定要因研究　172
　——の理由・時期　172
（大学院）進学者ダミー　174
大学院進学要因　187
（大学院）進学理由　184, 187
大学学部卒業者　1
大学から職業への移行　82
大学教育　1, 34, 65
　——の質　2, 13
　——の質の評価　193
　——の職業的レリバンス　84,
　102, 138
　——のユニバーサル化　195
　——への否定的評価の原因
　65
大学教育の分野別質保証のため
　の教育課程編成上の参照基準
　19, 83
大学在学中の地域学習　13
大学時一般スキル　55, 56
大学時代の課外活動　138
大学時代の成績　32
大学時代（在学中）のレポート学
　習行動　13, 129, 130, 138
大学生活　51
大学生のキャリア意識調査　37
大学生の頃に習得した知識と現
　在までの仕事との関連　87
大学卒業時の一般的なスキル
　51
大学での学習への取り組み方
　116
大学での授業経験　65
大学での学び　124
　——の仕事への活用度　66
大学で学ぶ意義　127
大学で身についた能力　120, 121
大学と社会をつなぐライティン
　グ教育　128
大学における専攻分野　51
大学に対するこだわり　112
大学入学後のパフォーマンス
　108
大学入学後の学び方　115
大学入学直前に得意だったこと
　114
大学の教育戦略　139
大学の資格課程以外の資格　160

事項索引　213

大学の資格課程の資格　160
大学の成績　35, 39
大学の選抜性　35
大学の地域教育　141-144, 153
大学の学びを仕事に活用している　68
大学分類　182
第三者的思考　43, 129, 133
第3波　11
第2波調査　11
第2波追加調査　11
代表的な国家資格　156
第4波　11
卓越性 vs 質　199
他者理解　58
ダニング＝クルーガー効果　194
多面的な学習支援の重要性　48
男性工業型　156
地域一致の有無　143, 147
地域関連科目　151
地域教育型授業の受講経験　149, 152
知識と理解　7
知識・能力の獲得感　206
地（知）の拠点大学による地方創生推進事業（COC+）141-143, 147
直接評価　193, 202
テスト　194
哲学分野の習得度項目　23
伝統型　156
特定一般教育訓練給付金　155

日本学術会議　6, 9, 33
　――の「参照基準」　5
入学偏差値　156, 168, 169
　――の低い大学　169
入試難易度　13, 32
入試の多様化　107
入試方法　110
　――による大学選択　113
入試方法「その他」　118, 124
入社前研修　81

年内入試　12, 107, 122, 123, 125
「年内入試」合格者　124
能動的学習　36
能力　7
望ましい授業のタイプ　118

配置転換　81
半構造化面接法　85
汎用的／一般的　195
汎用的／一般的な学習成果　195
汎用的／一般的‐分野別　196
汎用的技能　36, 128, 195
汎用的能力　54, 174, 177, 188, 195
汎用能力　36
ピア・インストラクション　197
ビジネス・フレームワーク　34
ビジネス文書執筆経験　134
非専門職　78
批判的読解　58
標準化 vs 多様性　199
不参加大学　142
物理学の誤概念　197
不平等理解　58
文学　20
文科系の修士課程への進学理由　172
文化的再生産論　2
文系大学教育の職業的レリバンス　81
「文系」の大学教育　5
分析対象者の専攻分野　174
分野間の傾向の違い　77
分野間の相違　5
分野の習得度　8
分野別質保証　33
分野別習得度　6, 187, 189
分野別の学習成果　195
分野別の教育課程編成上の参照基準　33
分野別の「習得度」項目　4
偏差値　55
法学分野の習得度項目　25

法的規範　58
法的説得　58
法的調整　58
法律学　56, 58, 59
簿記　160
保険業界　168

マスプロ型授業経験　41
学び習慣仮説　3, 66, 70, 78, 137
学ぶ力　208
身についていない項目　30
問題発見　58

有効回答　9
優の数　3

ラーニング・ブリッジング　42, 207
ラーニング・ブリッジング型学習経験　42, 45-48, 207
リーダーシップ論　86
理解型学習経験　42, 45-48
理工系　173
リテラシー　200, 201
理念性　84
両親の学歴変数　71
理論的説明　58
臨床心理学　187
臨床心理士　187
歴史学　91, 93, 181
歴史分野の習得度項目　25
レポート　34, 39, 45
レポート学習行動　46-48, 127, 128, 131
　――の因子分析　42
レポートライティング　127, 208
レリバンス型授業経験　41, 46

若手社会人に対する聞き取り調査　82

人名索引

Araki, S. *3*
Arrow, K. J. *2*
Davis, K. *1*
Dunning, D. *194*
Goldin, C. *2*
Katz, L. F. *2*
Kraaykamp, G. *51*
Kruger, J. *194*
Moore, W. E. *1*
Spence, M. *2*
Stubager, R. *51*
van de Werfhorst, H. G. *51*
Veselý, A. *51*

阿形健司 *156, 157*
有本章 *36*
伊賀泰代 *82*
井口尚樹 *82*
石井和也 *151*
石井加代子 *77*
石黒格 *143*
井下千以子 *127*
李永俊 *145, 153*
上西充子 *82*
梅崎修 *51, 82*
浦田広朗 *172*
大多和直樹 *46, 48*
小方直幸 *36, 45, 47*
小野和宏 *195*
尾野裕美 *82*
尾山真 *145*

香川めい *65*
金子元久 *36, 45, 128, 137*
河井亨 *42, 207*
川喜田喬 *82*
河野志穂 *169*
木村拓也 *107*
木村治生 *108*
木村裕 *111*
キャンベル（Campbell, D. T.）
 202
ギンタス, H. *2*
葛城浩一 *36, 46*
小池和男 *2*
コッター, J. P. *86*
小林徹 *77*

小山治 *43, 49, 128-130, 132, 134,*
 144, 145
コリンズ, R. *2*

齋藤僚介 *51*
佐藤一磨 *77*
サトウタツヤ *84*
サロー, L. C. *2*
篠田雅人 *129, 130, 137*
治部眞里 *172*
杉谷祐美子 *127*
頭師暢秀 *145*
鈴木智之 *82*
鈴木宏昭 *127*
妹尾麻美 *82*
曽和利光 *82*

高崎美佐 *82*
多喜弘文 *1*
竹内洋 *2*
田澤実 *51, 82*
舘野泰一 *51*
田中久美子 *145*
東原文郎 *82*
塚本浩司 *197*
次橋秀樹 *110*
辻功 *156*
常見陽平 *82*
デューイ, J. *48*
豊田秀樹 *53*
豊永耕平 *65, 182*

中澤務 *127*
中嶌剛 *82*
中原淳 *128, 130*
中村高康 *108*
難波功士 *83*
新田英雄 *197*
二宮祐 *83, 86*
仁平典宏 *52*

パスロン, J. C. *2*
服部泰宏 *82*
濱口桂一郎 *81*
濱嶋朗 *143*
濱田国佑 *51*
濱中淳子 *51*

林雄亮 *72*
日下田岳史 *129, 130, 137*
平野大昌 *77*
平山朋子 *200*
福井康貴 *82*
藤村正司 *172*
ブルデュー, P. *2*
古屋星斗 *82*
ブレイク, R. R. *86*
フローインスティン
 （Vroeijenstijn, A. I.） *191,*
 199
ベッカー, G. S. *1*
ボウルズ, S. *2*
星野利彦 *172*
堀内史朗 *145*
本田由紀 *2-4, 49, 51, 128*

マズール（Mazur, E.） *197*
松坂暢浩 *145*
松下佳代 *194, 196*
三隅二不二 *1*
溝上慎一 *37, 51, 130, 202-205*
宮本太郎 *52*
三輪哲 *72*
ムートン, J. S. *86*
武藤浩子 *82*
村岡貴子 *128*
村澤昌崇 *36, 172*
村瀬洋一 *174*
両角亜希子 *36, 45*

矢野眞和 *3, 51, 66, 70, 78, 137*
山口恵子 *145, 153*
山口浩 *82*
山口泰史 *143*
山田哲也 *83*
山田浩之 *157, 158*
山田礼子 *194*
山村滋 *109*

柳永珍 *145*
ロビンス, S. P. *86*

渡辺健太郎 *51*
渡辺行郎 *2*

執筆者紹介（＊は編者）

本田由紀＊（ほんだ ゆき）
東京大学大学院教育学研究科教授
担当：序章，第1章，第3章

小山 治（こやま おさむ）
京都産業大学全学共通教育センター
准教授
担当：第2章，第7章，第8章

椿本弥生（つばきもと みお）
東京都立大学大学教育センター 教学
IR推進室准教授、大学院経営学研究
科准教授（兼任）
担当：第4章

二宮 祐（にのみや ゆう）
群馬大学学術研究院准教授
担当：第5章

香川めい（かがわ めい）
大東文化大学社会学部准教授
担当：序章，第6章

河野志穂（かわの しほ）
新潟大学人文社会科学系法学部助教
担当：第9章

久保京子（くぼ きょうこ）
東京大学多様性包摂共創センタージ
ェンダー・エクイティ推進オフィス
特任研究員
担当：第10章

松下佳代（まつした かよ）
京都大学大学院教育学研究科教授
担当：第11章

文系大学生は専門分野で何を学ぶのか
専門分野別習得度から考える

2025年3月31日　　初版第1刷発行

編　者　本田由紀
発行者　中西　良
発行所　株式会社ナカニシヤ出版
〒606-8161　京都市左京区一乗寺木ノ本町15番地
　　　　　　　Telephone　　075-723-0111
　　　　　　　Facsimile　　075-723-0095
　　　Website　https://www.nakanishiya.co.jp/
　　　Email　　iihon-ippai@nakanishiya.co.jp
　　　　　　　郵便振替　01030-0-13128

印刷・製本＝ファインワークス／装幀＝白沢 正
Copyright © 2025 by Y. Honda
Printed in Japan.
ISBN978-4-7795-1854-6

各部・各章扉イラスト：Colorful lines oil painting abstract background and texture. 作成者：v.stock

本書のコピー，スキャン，デジタル化等の無断複製は著作権法上の例外を除き禁じられています。本書を代行業者等の第三
者に依頼してスキャンやデジタル化することはたとえ個人や家庭内での利用であっても著作権法上認められていません。

ナカニシヤ出版・書籍のご案内　表示の価格は本体価格です。

「最近の大学生」の社会学
2020 年代学生文化としての再帰的ライフスタイル　小川豊武・妹尾麻美・木村絵里子・牧野智和 [編著]　Z 世代？ コロナ世代？ スマホ世代？さまざまにカテゴライズされる現代学生の複雑な実像に迫る！ 2700 円＋税

文系大学教育は仕事の役に立つのか
職業的レリバンスの検討　本田由紀 [編]　人文・社会科学系の大学教育は仕事に「役立っている」のではないか。調査結果に基づいて，さまざまな角度から検討を行う。　　　　　　　　　　　2600 円＋税

現場の大学論
大学改革を超えて未来を拓くために　崎山直樹・二宮祐・渡邉浩一 [編]　何が起こっているのか、そして、それにどう関わるべきなのか問うために。状況に即した思考を積み上げ、開かれた議論の契機を拓く。　2600 円＋税

反「大学改革」論
若手からの問題提起　藤本夕衣・古川雄嗣・渡邉浩一 [編]　これから大学はどうなっていくのだろうか。今後の大学を担う若手たちが現状の批判的検討を通じて、より望ましい方向性を模索する。　　2400 円＋税

ファシリテーションとは何か
コミュニケーション幻想を超えて　井上義和・牧野智和 [編著]　ファシリテーションが要請される時代を私たちはどう読み解けばよいのか。ファシリテーションがさまざまな現場で求められる社会に迫る。　2400 円＋税

テストは何のためにあるのか
項目反応理論から入試制度を考える　光永悠彦 [編著] 西田亜希子 [著]　大学受験における共通テストを年複数回行うような制度はどうすれば実現可能か。これからの大学入試制度を考えるための必携書。3300 円＋税

テストは何を測るのか
項目反応理論の考え方　光永悠彦 [著]　そのテスト，大丈夫？　PISA などに用いられている公平なテストのための理論（＝項目反応理論）と実施法をわかりやすく解説。　　　　　　　　　　　3500 円＋税

プラットフォーム資本主義を解読する
スマートフォンからみえてくる現代社会　水嶋一憲・ケイン樹里安・妹尾麻美・山本泰三 [編著]　ビッグ・テックの「しかけ」を、わかりやすく、この 1 冊で。身近な切り口から解説する画期的な入門書！2400 円＋税

認知資本主義
21 世紀のポリティカル・エコノミー　山本泰三 [編]　フレキシブル化、金融化、労働として動員される「生」──非物質的なものをめぐる現代のグローバルな趨勢「認知資本主義」を分析。　　　　2600 円＋税

自立へのキャリアデザイン [第 2 版]
地域で働く人になりたいみなさんへ　旦まゆみ [著]　なぜ働くのか？　ワーク・ライフ・バランス、労働法、ダイバーシティ……，グローバルに考えながら地域で働きたい人のための必携テキスト。　1800 円＋税

〈京大発〉専門分野の越え方
対話から生まれる学際の探求　萩原広道・佐野泰之・杉谷和哉・須田智晴・谷川嘉浩・真鍋公希・三升寛人 [編著]　異分野の人と話すだけで、学際的なのか？大学院生たちが手探りで磨き上げた「学際」とは何か？2700 円＋税

大学授業で対話はどこまで可能か
「21 世紀の教養教育」を求めて　鬼塚哲郎・川出健一・中西勝彦 [編著]　「どうしたら授業から足が遠のいている状態から抜け出せるのだろう？」と考えている学生たちと向き合った革新的な授業実践の記録。　2600 円＋税